Malte Prietzel
Krieg im Mittelalter

Malte Prietzel

Krieg im Mittelalter

Die Herausgabe des Werkes wurde durch
die Vereinsmitglieder der WBG ermöglicht.
Gedruckt auf säurefreiem und alterungsbeständigem Papier
Printed in Germany

Besuchen Sie uns im Internet: **www.wbg-darmstadt.de**

ISBN-13: 978-3-534-16715-9
ISBN-10: 3-534-16715-5

Inhaltsverzeichnis

Einleitung

Kaum etwas vermag über eine Gesellschaft so viel Aufschluss zu geben wie die Kriege, die sie führt. Mit welchen Mitteln die Heere kämpfen, wie sich die Menschen im Kampf verhalten, warum sie ihr eigenes Leben und das anderer riskieren, wie sie die exzessive Gewaltanwendung rechtfertigen und wie sie mit den Folgen des Krieges umgehen – alles dies sind Fragen, die unterschiedlichste Charakteristika einer Gesellschaft betreffen: politische Strukturen, soziale Gliederung, wirtschaftliche und technische Entwicklung, aber auch religiöse Überzeugungen, moralische Wertvorstellungen und mentale Mechanismen, mit deren Hilfe die Menschen Geschehnisse interpretieren und verarbeiten. Was Krieg für eine Gesellschaft bedeutet, ist daher nicht durch Beschreibung strategischer Pläne und taktischer Manöver zu erfassen, auch nicht nur durch den Blick auf äußerliche gesellschaftliche Strukturen. Krieg ist Teil der Kultur. Sinnvolle Kriegsgeschichte ist Kulturgeschichte.

Kultur meint dabei nicht im Sinne eines emphatischen Kulturbegriffs das Schöne, Wahre, Edle, sondern den umfassenden Sinnzusammenhang, innerhalb dessen Fakten bewertet, geordnet und zu einem Ganzen zusammengefügt werden. Es geht der Kulturgeschichte also um Tatsachen, zugleich aber darum, wie die Tatsachen von den Zeitgenossen bewertet werden, welcher Sinn ihnen zugeschrieben wird und wie sie in das eingeordnet werden, was die Zeitgenossen wissen und glauben.

Die mittelalterlichen Kriege bieten mithin eine vorzügliche Gelegenheit, um etwas über die mittelalterliche Gesellschaft zu erfahren. Die Darstellung zielt dabei nicht darauf, in enzyklopädischer Pedanterie Kriege aufzulisten und Schlachten nachzuerzählen. Vielmehr gilt es, wichtige Strukturen, entscheidende Entwicklungen und grundlegende Verhaltensweisen durch die Konzentration auf prägende Zeitabschnitte und aussagekräftige Beispiele zu erfassen. Die Abbildungen sollen dabei nicht nur den Text illustrieren, sondern ein eigenständiges Mittel zur Erkenntnis sein.

Geografisch beschränkt sich die Darstellung auf jene Gebiete, die für das Kriegswesen im deutschen Sprachbereich besonders relevant waren, also auf das Karolingerreich und seine Nachfolgereiche, d.h. den Raum, den heute Deutschland, Frankreich und die Benelux-Staaten einnehmen. Die ersten drei Jahrhunderte des Mittelalters finden keine Berücksichtigung, weil hier aus Quellenmangel vieles im Spekulativen bleiben müsste. Hingegen werden die Strukturen und Verhaltensweisen, welche die Kriegführung der Zeit vom 8. bis in das 11. Jahrhundert kennzeichnen, in drei Kapiteln näher betrachtet, denn diese Zustände bilden die Grundlage für die weiteren Entwicklungen. Drei weitere Abschnitte behandeln grundlegende Veränderungen in späterer Zeit, zum einen in den Jahren um 1100, zum anderen im 14. und 15. Jahrhundert. Zwei Kapitel widmen sich Themen, die in dieser chronologischen Abfolge nicht angemessen abzuhandeln sind: den Befestigungsanlagen und ihrer Bekämpfung sowie dem Kriegswesen der Städte. Ein weiterer Abschnitt behandelt die Kämpfe des Deutschen Ordens gegen Prußen und Litauer als Beispiele für religiös motivierte Kriege. Da sich die zeitgenössischen Quellen weitgehend auf die Taten adliger Krieger und deren Deutungsmechanismen beschränken, sind Adlige zwangsläufig auch in dieser Darstellung überrepräsentiert. Schließlich wird nur der Krieg zu Lande behandelt, da der Seekrieg für die mittelalterliche Gesellschaft, zumal in Deutschland, weit weniger relevant war.

Als „Krieg" werden im Folgenden alle größeren organisierten Kampfhandlungen begriffen, nicht nur solche zwischen Staaten und Königreichen, sondern auch bewaffnete Auseinandersetzungen zwischen Fürsten oder Städten, insbesondere innerhalb des Heiligen Römischen Reichs, also Konflikte, die traditionell als „Fehden" bezeichnet werden. Diese Benennung ist forschungsgeschichtlich problematisch, was hier jedoch unberücksichtigt bleiben kann. Entscheidend ist im vorliegenden Zusammenhang, dass in

Bezug auf die Kampfführung und ihre Folgen die Unterschiede zwischen „Krieg“ und „Fehde“, vor allem bei den größeren „Fehden“, gering sind.

Auch wenn sich dieses Buch mit Krieg im Mittelalter befasst, sollte doch keineswegs das Klischee verstärkt werden, im Mittelalter habe es nur Krieg und Gewalt gegeben. Im Gegenteil: Man verzeichnete auch lange friedliche Perioden. Außerdem strebte man immer wieder mit großem Einsatz und häufig mit Erfolg danach, Frieden zu bewahren oder wiederherzustellen. Zur Erreichung dieser Ziele verfügte man über vielfältige Praktiken, deren Beschreibung allein ein ganzes Buch füllen könnte. Ferner dachte man durchaus darüber nach, ob und wann ein Krieg überhaupt zu rechtfertigen sei. Die Doktrin, die für das ganze Mittelalter verbindlich blieb, formulierte Augustinus (354–430), einer der bedeutendsten und wirkungsmächtigsten christlichen Theologen überhaupt. Augustinus argumentierte, wenn man angegriffen würde, dürfe man sich verteidigen. Dies gelte insbesondere, wenn das Christentum von Heiden bedroht sei. In einem solchen Krieg müsse man als Ziel die Beendigung der Feindseligkeiten, den Friedensschluss, im Auge haben. Zudem müsse man soweit möglich als guter Christ handeln, etwa dem geschlagenen Feind gegenüber barmherzig sein. Schließlich müsse der Krieg auf Befehl der staatlichen Obrigkeit geführt werden. Seien diese Bedingungen erfüllt, handele es sich um einen gerechten Krieg. Nur ein solcher sei legitim. Eroberungskriege hingegen galten Augustinus als Verbrechen. Allerdings war seine Doktrin in der Praxis schlecht umzusetzen. Beide Parteien waren sicherlich ganz unterschiedlicher Meinung darüber, wer denn der Angreifer sei und wer sich nur selbst verteidige. Und wie wollte man jemanden zur Einstellung der Kampfhandlungen zwingen, der einen ungerechten Krieg führte? Mittelalterliche Probleme sind manchmal noch immer aktuell.

I Fränkischer Adliger, um 800.

Organisation und Ausrüstung der Heere im 8. bis 11. Jahrhundert

I.

Das Karolingerreich und der Krieg

In diesem Jahr wurde kein Heereszug unternommen." Mit diesem lakonischen Satz zum Jahr 792 hielten die sogenannten Fränkischen Reichsannalen ein ungewöhnliches Faktum mit der gebührenden Aufmerksamkeit fest. Tatsächlich notieren diese Aufzeichnungen, die jeweils wenige Jahre nach den Ereignissen am Hof Karls des Großen entstanden, sonst fast jedes Jahr einen Kriegszug: 793 sollte Krieg gegen die Awaren im Bereich des heutigen Ungarn geführt werden, aber das Heer zog dann gegen die Sachsen, in das heutige Niedersachsen. Gegen dieses Volk führte Karl der Große seit langen Jahren Krieg. Feldzüge gegen die Sachsen werden in den Reichsannalen auch in den folgenden sechs Jahren erwähnt. Weitere Kriege kamen hinzu. 796 kämpfte man außer gegen die Sachsen auch gegen die Awaren, 797 in Nordspanien gegen die Araber, 798 nördlich der Elbe, 799 wieder gegen die Awaren, zudem gegen die Bretonen. Im Jahr

2 Das Karolingerreich um 800.

800 zog Karl der Große dann nach Italien, wo er unter anderem zum Kaiser gekrönt wurde.

Krieg war also für das Karolingerreich ein alltägliches Phänomen, zumal die Reichsannalen und andere Quellen nur größere Kampfhandlungen schriftlich festhalten, vorzugsweise solche, an denen Karl der Große persönlich teilnahm. Das Führen von Kriegen galt den Chronisten als eine der wesentlichen Beschäftigungen des Herrschers, ja eine seiner vornehmsten Pflichten.

Das Reich Karls des Großen verdankte seine Existenz Kriegen. Die Franken hatten nach der Völkerwanderung zunächst zwischen Rhein und Schelde gesiedelt und dann ihr Reich stetig ausgeweitet. Karl der Große selbst fügte schließlich noch weitere Gebiete hinzu, vor allem Nord- und Mittelitalien sowie Sachsen. Damit hatte das Reich seine größte Ausdehnung erreicht. Es erstreckte sich jetzt von der Elbe bis zum Ebro, von der Kanalküste bis nach Rom und umfasste rund 1 Million Quadratkilometer, war aber für spätere Verhältnisse sehr dünn besiedelt. Nur 10 bis 12 Millionen Menschen lebten in seinen Grenzen.

Unter Karls Nachfolgern zerfiel das Reich, insbesondere in ein Ost- und ein Westreich, aus denen Jahrhunderte später Deutschland und Frankreich hervorgehen sollten. Ab 911 wurde dann das östliche, ab 987 auch das westliche Frankenreich von Herrschern regiert, die nicht mehr aus der karolingischen Dynastie stammten. Wenigstens bis in das 11. Jahrhundert hinein aber blieben diese Gemeinwesen von jenen Strukturen geprägt, die in karolingischer Zeit etabliert worden waren. So bestimmte auch das Kriegswesen der Karolingerzeit – von der Organisation der Heere und ihrer Ausrüstung über Strategie und Taktik bis zum Verhalten der Kämpfer – wesentlich die Kriegführung in späteren Jahrhunderten.

Die Zusammensetzung der Heere

Während die karolingischen Herrscher in den Randregionen ihres Reichs ständig Kriege führten, waren im Inneren die Jahrzehnte um 800 relativ friedlich. Karl der Große und sein Umfeld nutzten dies, um im Bereich der Kultur und der Verwaltung weitreichende Reformen durchzuführen. Diese Bestrebungen führten dazu, dass in größerer Zahl als zuvor Texte niedergeschrieben wurden, die Historiker als Quellen nutzen können. Hinsichtlich der Kriegführung sind hier neben Chroniken insbesondere Anordnungen wichtig, welche der Kaiser nach Beratung mit den Großen des Reichs erließ und die schriftlich festgehalten wurden: die sogenannten Kapitularien. Freilich wirft ihre Interpretation insofern Probleme auf, als es sich um normative Quellen handelt, d.h., diese Texte schreiben nur vor, was sein sollte. Wie genau die Anordnung wirklich umgesetzt wurde, ja ob dies überhaupt geschah, lässt sich mangels entsprechender Nachrichten häufig nicht feststellen. Misstrauisch macht, dass sich manche Bestimmungen in mehreren Kapitularien finden; der Kaiser und sein Hof glaubten also offenbar selbst nicht immer an die Wirksamkeit ihrer Anordnungen. Immerhin ergeben Vergleiche mit anderen Quellen, dass die Anordnungen, die das Heer betreffen, dessen Strukturen zutreffend wiedergeben.

Ein Kapitular, das von Anfang 808 stammt, gibt über die Aufstellung und die Zusammensetzung des Heeres Auskunft. Der Text trägt eine bezeichnende Überschrift: „Ein Brief über die Kapitel für die Aufstellung des Heeres, den die Königsboten haben müssen“. Die Beauftragten des Königs also sollten diese Anordnungen in Händen haben, um sich bei der Einberufung des Heeres daran zu halten.

Der erste Satz lautet: „Dass jeder freie Mann, der vier Hufen als Eigentum oder als Lehen von irgendjemandem besitzt, sich selbst vorbereite und zum Heer aufbreche, sei es mit seinem Lehnsherrn, wenn sein Lehnsherr aufbricht, sei es mit seinem Grafen.“

Der Kaiser wollte also für dieses Heer nur Vermögende heranziehen. Wer mehr als vier Hufen besaß, sollte in den Krieg ziehen. Anordnungen, die Feldzüge in anderen Jahren betreffen, setzten diese Marge anders an, bemaßen sie aber ebenfalls nach Hufen (807 hatte man z.B. drei Hufen Besitz gefordert) und damit nach den grundlegenden Leistungs- und Ordnungseinheiten in der Grundherrschaft der Karolingerzeit. Als Hufe bezeichnete man einen Bauernhof mit dem dazugehörigen Land, aber auch die entsprechende Fläche eines größeren Landguts, eines Herrenhofs. Wer vier Hufen besaß, war also relativ wohlhabend. Er musste es auch sein, denn für seinen Heeresdienst konnte er keine Entlohnung erwarten.

Wie das Kapitular zeigt, konnte der Krieger die vier Hufen auf zweierlei Art besitzen: Zum Ersten als Eigentum, also so, dass das Land dem Krieger gehörte und er es an seine Nachkommen vererben konnte. Wie jeder freie Mann hatte er die Pflicht, das Land zu verteidigen und seinem Fürsten im Kampf beizustehen, wenn sein Alter und seine Gesundheit es zuließen. Wer aufgrund dieses sogenannten Gefolgschaftswesens in den Krieg zog, tat das als Untergebener des Grafen, also des zuständigen königlichen Amtsträgers in jenem Gebiet, in dem er lebte.

Zum Zweiten konnte der Krieger die vier Hufen als Lehen besitzen. Seit der ersten Hälfte des 8. Jahrhunderts verliehen die karolingischen Herrscher Land an ihre Gefolgsleute. Der Lehnsmann oder Vasall wurde also nicht Eigentümer des Landes, sondern nur Nutznießer. Starb er oder missachtete er seine Pflichten, fiel das Land an den Lehnsherrn zurück, der es wieder verleihen konnte. Als Gegenleistung für die Übertragung des Lehens musste der Lehnsmann seinem Herrn schwören, ihm treu zu sein sowie ihm mit Rat und Tat beizustehen, ihn also zu beraten und mit Waffen zu unterstützen. Der Lehnsherr war seinerseits seinem Vasallen ebenfalls zu Beistand verpflichtet. Die direkten Lehnsleute des Königs oder eines anderen Herrn wiederum konnten ihrerseits Teile ihres Lehens an andere als Lehen ausgeben. Wenn der König das Heer aufbot, zogen die Lehnsmänner jeweils, wie es das Kapitular vorsah, im Aufgebot ihres Lehnsherrn ins Feld. Auch Bischöfe und Äbte erhielten Lehen vom König und mussten dementsprechend mit ihren Vasallen in den Krieg ziehen.

Im Lauf der Zeit machte das Lehnswesen einige Veränderungen durch. So setzte sich die Verebbarkeit der Lehen durch, denn die Lehnsmänner hatten begreiflicherweise ein Interesse daran, das Lehngut an ihre Kinder weiterzugeben. Schließlich konnten auch Frauen ein Lehen erben – was eigentlich gegen den Sinn der Einrichtung war, denn Frauen konnten ja nicht selbst in den Krieg ziehen; sie mussten also einen Ersatzmann für das Heer stellen. Auch wurden andere Arten von Besitzungen als Lehen vergeben, zum Beispiel Zollrechte, Burgen oder Münzprägestätten.

Zusätzlich zu jenen, die vier Hufen oder mehr besaßen, versuchte der Kaiser, auch diejenigen, die ärmer waren, zur Heerfolge heranzuziehen. Dies regelte das Kapitular im zweiten Satz: „Wer aber drei Hufen als Eigentum besitzt, dem soll einer hinzugestellt werden, der eine Hufe hat und ihm Hilfe leistet, damit jener für beide (Heeresdienst leisten) kann. Wer aber nur zwei (Hufen) als Eigentum hat, dem soll ein anderer hinzugestellt werden, der ebenso zwei Hufen hat, und einer von ihnen soll zum Heer aufbrechen, der andere ihm helfen. Wer aber nur eine Hufe Eigentum hat, dem sollen drei hinzugestellt werden, die ebenso viel haben und ihm Hilfe leisten, und nur dieser (eine) soll aufbrechen; die drei aber, die ihm Hilfe geleistet haben, sollen zu Hause bleiben."

Diese Anordnung war wahrscheinlich schwer durchzusetzen. Wer von jenen Männern, deren Besitz hier zusammengefasst wurde, sollte derjenige sein, der in den Krieg zog? Wer legte das fest, und nach welchen Maßstäben? Wer nicht ins Feld ziehen wollte, ergriff zudem wohl kaum die Initiative, um jemanden zu finden, mit dessen Eigentum oder Lehen zusammen er auf vier Hufen kam.

Dieses ganze System war ohnehin nicht rigoros durchzuführen, denn manche Leute waren unabkömmlich. Das Kapitular regelte daher Ausnahmefälle. Vor allem lag dem Kaiser daran, dass seine Verwaltung weiter funktionierte. Jeder Graf konnte daher zwei Heerbannpflichtige zu Hause zurücklassen; er konnte unter Umständen selbst daheim bleiben und einen Vertreter ins Feld schicken. Der Graf musste ferner sehen, dass seine Privatangelegenheiten geregelt wurden, während er abwesend war. Zwei der ihm unterstehenden einsatzfähigen Männer durfte er daher aus diesem Grund zurücklassen. Bischöfe und Äbte durften gleichfalls zwei Kampffähige in ihren Bistümern und Klöstern lassen.

Wie aus anderen Quellen hervorgeht, handelte es sich bei den Leuten, welche den hier genannten Mindestbesitz aufwiesen, um diejenigen, die dem Kaiser im gesamten Reich und auch außerhalb seiner Grenzen zur Verfügung stehen mussten. Daneben gab es noch eine sozial weiter gefasste Art des Aufgebots, welche die Kapitularien mit dem fränkischen Wort „lantweri" bezeichnen. Die Landwehr umfasste alle kampffähigen Männer, doch durften diese nur dann einberufen werden, wenn ihr heimatliches „regnum" bedroht war. Mit diesem Wort bezeichnete

3 In der Kirche St. Benedikt in Mals (Südtirol) zeigt ein Wandgemälde aus der Zeit um 800 einen Mann, dem das Schwert in seinen Händen mehr als Statussymbol denn als Waffe beigegeben ist. Es handelt sich sicherlich um einen jener ranghohen Adligen, die an der Spitze ihrer Lehnsleute in den Krieg zogen.

4 Schwert, hergestellt ca. 925–950. Die Scheide sowie die Verzierungen an Griff, Knauf und Parierstange entstanden um 1000 – vermutlich, als das Schwert in die Stiftskirche von Essen gelangte, der es noch heute gehört. Durch die Veränderungen am Griff war das Schwert nicht mehr zum Kampf zu gebrauchen. Aus der Waffe wurde eine Insignie.

man die großen administrativen Unterteilungen des karolingischen Reiches wie Aquitanien, Schwaben, Bayern, Sachsen. Trotz der Bezeichnung „regnum" (d.h. Königreich) standen sie keineswegs unter der Herrschaft eines Königs, sondern unter der eines Herzogs.

Schließlich gab es noch Elitetruppen, die in den Quellen „Scharen" („scarae") heißen. Sie wurden wohl vom kaiserlichen Hof direkt verpflegt und besoldet. Ihre Aufgaben lagen in speziellen Einsätzen, manchmal als Garnisonen wichtiger Befestigungen, manchmal in schnellen, auch riskanten Vorstößen in Feindesland, die nicht auf dauerhafte Eroberung zielten, sondern nur auf die Verwüstung des Landes, vielleicht auch auf die Beschaffung von Informationen. Diese „scarae" hatten dementsprechend wohl nur geringe Stärken von einigen hundert Mann, waren aber wahrscheinlich besonders gut bewaffnet und, wenn sie Vorstöße in feindliches Gebiet unternahmen, sicherlich beritten.

Die Aufbietung des Heeres konnte der Kaiser auch insofern den Notwendigkeiten anpassen, als er nicht immer alle Männer aus dem ganzen Reich aufbot, die über den entsprechenden Grundbesitz verfügten. Bei kleineren Konflikten wurde nur ein Teilaufgebot angefordert, indem etwa nur aus denjenigen „regna", die dem Kriegsschauplatz am nächsten waren, die Krieger dieser Besitzkategorie einberufen wurden. Auch war es möglich, den Kriegsdienst nach Entfernung zum Kriegsschauplatz zu staffeln. In einem Kapitular hieß es beispielsweise über das sächsische Aufgebot: „Wenn es aber notwendig ist, gegen die Länder Spanien und Awarien ein Heer auszuschicken, dann sollen je fünf Sachsen einen sechsten vorbereiten lassen; und wenn es gegen das Land Böhmen geht, sollen zwei einen Dritten vorbereiten; wenn es aber notwendig ist, die Heimat gegen die Sorben (d.h. die Slawen im Elberaum) zu verteidigen, dann sollen alle kommen."

Das Heeresaufgebot war also wohlüberlegt geordnet. Doch immer wieder zeigen die Bestimmungen der Kapitularien, dass die Regelungen nicht überall Beachtung fanden. Einige Heerbannpflichtige kamen zu spät zum Versammlungspunkt des Heeres. Manche verließen das Heer ohne Erlaubnis, wofür sie mit dem Tod bestraft werden sollten. Wieder andere versuchten auf unterschiedlichsten Wegen, ganz um die Heerfolge herumzukommen. Einige von ihnen bestachen schlicht die zuständigen Amtsträger. Andere erklärten, sie seien Gefolgsleute Pippins und Ludwigs, zweier Söhne Karls des Großen; sie müssten also mit ihnen und nicht mit ihrem Vater ins Feld ziehen. Manche wandelten diese Ausflucht etwas ab: „Es gibt dann auch einige, die daheim bleiben und sagen, ihr Lehnsherr bleibe zu Hause und sie müssten bei ihm bleiben, was auch immer der Kaiser befehle. Andere aber gibt es, die sich dann als Vasallen solchen Lehnsherren unterstellen, von denen sie wissen, dass sie zu Hause bleiben."

Wie häufig alle diese Vorkommnisse waren, lässt sich nicht feststellen. Deutlich wird aber, dass Anstrengungen des Kaisers nötig waren, um möglichst viele Heerbannpflichtige wirklich zur Teilnahme an einem Feldzug zu bewegen. Wie groß das Heer war, das sich tatsächlich in Marsch setzte, hing jedenfalls nicht nur davon ab, wie viele Leute eigentlich dazu verpflichtet waren. Im August 807 wurde sogar ein Feldzug abgebrochen, weil es nicht gelang, am Rhein genug Truppen zu sammeln.

Diejenigen, die sich der Teilnahme an einem Kriegszug entziehen wollten, waren keine Verweigerer aus Gewissensgründen. Angst vor den Risiken mag hingegen eine Rolle gespielt haben, doch sollte man dieses Motiv in einer an Kampf und Ehre orientierten Adelsgesellschaft nicht zu hoch einschätzen. Wichtiger dürfte gewesen sein, dass manche Krieger gewiss subjektiv der Meinung waren, aus guten Gründen gar nicht in den Krieg ziehen zu können. Daheim bleiben durfte, wer dort gebraucht wurde, selbstredend auch, wer krank war. Aber ob jemand tatsächlich so unabkömmlich oder so krank war, dass er nicht mitkommen musste, bestimmten der Graf und der Lehnsherr. Der Betroffene selbst sah dies womöglich anders. Ein Problem durfte auch gewesen sein, dass die Heerbannpflicht ganz schematisch an den Besitz gekoppelt war und die individuelle wirtschaftliche Lage nicht berücksichtigt wurde. Schon eine Missernte im Vorjahr mochte ausreichen, um die Einnahmen, welche der Krieger von seinen Bauern erhielt, entscheidend sinken zu lassen. Er selbst mochte sich den Kriegszug dann wohl kaum noch finanziell zumuten.

Häufig mangelte es den Kriegern sicherlich auch schlicht an der nötigen Motivation. Wer Strapazen auf sich nahm, sogar sein Leben in Gefahr brachte, musste sich dafür einen Gewinn versprechen können: die Gunst des Kaisers, ein neues Lehen, reiche Beute. Oder der Krieger musste meinen, seine Heimat und damit letztlich seinen eigenen Besitz zu schützen. Wer nicht glaubte, das eine erreichen zu können oder das andere tun zu müssen, dürfte naheliegenderweise nach Möglichkeiten gesucht haben, seine Heerfolgepflicht zu umgehen.

Außer den grundsätzlichen Anordnungen des Kaisers war für die Zusammensetzung der Heere auch die Gliederung der einzelnen Kontingente von großer Bedeutung. Wie das Kapitular von 808 angibt, kommandierten die Grafen die Freien aus ihren Grafschaften, die Lehnsherren ihre Lehnsmänner. Dies zeitigte weit reichende Folgen.

Erstens: Die Größe der einzelnen Abteilungen hing davon ab, wie groß die Grafschaft und wie mächtig der Lehnsherr war. Anders als im neuzeitlichen Heer gab es also keine Truppeneinheiten, die nach einer festen Vorschrift geformt und zumindest nach ihrer Sollstärke gleich groß waren.

Zweitens: Jeder Heerbannpflichtige musste seinem Grafen oder seinem Lehnsherrn, dazu selbstredend dem König oder Kaiser gehorchen. Darüber hinaus gab es keine einheitliche Hierarchie im Heer, keine Dienstränge. Das Heer erhielt seinen Zusammenhalt im Wesentlichen aus persönlichen Bindungen. Das galt umso mehr, als im Lauf der Zeit das Gefolgschaftsaufgebot seine Bedeutung verlor und die Heere nur noch aus Lehnsaufgeboten bestanden, die wiederum ausschließlich aufgrund persönlicher Bindungen existierten. Das Heer der Karolingerzeit war also keine Institution, sondern ein Personenverband – und Entsprechendes galt für alle europäischen Heere des Früh- und Hochmittelalters. Dieser Umstand schuf konkrete Probleme: Wer kommandierte, wenn zwei Grafen vor Ort waren, aber nicht der König? Musste ein Vasall den Anordnungen eines Lehnsherrn folgen, der nicht sein Lehnsherr war? Die Schwierigkeiten waren sogar noch grundsätzlicherer Art: Einige Heere lösten sich während eines Feldzugs einfach auf, weil der König gestorben war und damit die Verpflichtung zu Heerfolge und Gehorsam entfiel.

Drittens: Die Krieger zogen unter dem Kommando jener Männer in den Krieg, denen sie auch in ihrer Heimat, außerhalb des Heeres, unterstanden: demjenigen des Grafen oder ihres Lehnsherrn. Sie kämpften außerdem an der Seite von Kameraden, die sie schon von daheim kannten, aus ihrer Grafschaft oder als Mitvasallen, und denen sie nach dem Feldzug zu Hause wieder begegnen würden. Die Krieger heirateten zudem häufig Töchter von gleichrangigen Männern aus der Grafschaft oder Töchter ihrer Mitvasallen. Auch die Väter dieser Krieger hatten das meist getan, ihre Söhne würden es in der Regel ebenso machen. In den einzelnen Abteilungen kämpften also zu einem Gutteil Verwandte Seite an Seite: Vater und Sohn, Onkel und Neffe, Brüder, Cousins. Der soziale Zusammenhalt war daher stark, denn man ließ seine Verwandten und seine Nachbarn nicht so leicht im Stich wie Leute, die man kaum kannte. Außerdem war die soziale Kontrolle sehr effektiv und weitreichend. Wer im Krieg allgemein akzeptierte Normen verletzte, traf hinterher immer wieder auf Männer, die das noch gut im Gedächtnis hatten. Es gab keine soziale Trennung von Zivilleben und Kriegsdienst.

Viertens: Die Männer in den Aufgeboten der einzelnen Lehnsherren und Grafen übten daheim Funktionen aus, die man im weiteren Sinn als politisch bezeichnen kann. Sie waren anwesend, wenn der Graf seine Gerichtstage hielt, und mögen häufig als Schöffen amtiert haben. Sie unterstützten ihren Lehnsherrn und ihre Mitvasallen bei politischen oder juristischen Konflikten. Sie übten Herrschaft aus – als Herren über Bauern, als Beauftragte ihres Lehnsherrn oder des Königs. Das Heer vereinte damit einen wesentlichen Teil

5 Abbildungen von Kriegern der Karolingerzeit finden sich vor allem in Handschriften, die biblische Geschehnisse wiedergeben. Diese Illustration aus der zweiten Hälfte des 9. Jh. zeigt den israelitischen Feldherrn Joab wie einen zeitgenössischen Heerführer mit Brünne und Helm, in der Hand eine Flügellanze, begleitet von mehreren Kriegern. Vor ihm reitet ein Krieger mit seinem Feldzeichen, das die Form eines Drachen hat.

der politischen Schicht, ja: Das Heer *war* die politische Schicht.

Wie weit die Identität von militärischem Aufgebot und politischer Elite ging, zeigt sich daran, dass die Feldzüge meist mit einer Veranstaltung begonnen wurden, die in den lateinischen Quellen „placitum" oder „placitum generale" heißt. Es handelte sich um eine Versammlung der politisch relevanten Männer zu politischer Beratung. Dementsprechend kamen auch „placita" außerhalb eines Feldzugs vor – aber nur selten. Mit gutem Grund: Alle, die politisch zählten, waren zum Heer einberufen – und wer politisch zählen wollte, musste zusehen, dass er wirklich dabei war. Kampffähigkeit und Teilhabe an der Herrschaft hingen zusammen.

Das karolingische Heer reflektierte also in vielen Punkten die zeitgenössische Gesellschaft und die Strukturen der Verwaltung: Der Herrscher vermochte Anordnungen zu erlassen, welche die Aufstellung des Heeres zentral regelten und die Möglichkeit erkennen lassen, flexibel und grundsätzlich effektiv auf militärische Erfordernisse zu reagieren. Dieselben Anordnungen aber zeigen auch, dass er seine Vorstellungen nicht immer durchsetzen konnte – nicht zuletzt deswegen, weil er seine Herrschaft nicht auf Institutionen gründen konnte. Auch das Heer stellte keine Institution dar, besaß vor allem keine einheitlichen, zentral verordneten Organisationsformen und Hierarchien, sondern war ein Konglomerat aus einzelnen Kontingenten, die ihrerseits lediglich Personenverbände waren. Ihre Angehörigen wurden also nicht durch die Zugehörigkeit zu einer Institution, zu einer militärischen Einheit im neuzeitlichen Sinn, zusammengehalten. Die sozialen Bindungen innerhalb dieser Kontingente aber waren eng, weil sich militärische und politische Lebenskreise sowie emotionale Bindungen überschnitten, ja weitgehend identisch waren. Da die militärische Macht des Herrschers zu großen Teilen auf diesen Kontingenten beruhte, war sie abhängig von der Kooperation mit deren Befehlshabern, den Großen und den Grafen. Beide Gruppen aber sollten sich im Lauf des 9. Jahrhunderts immer mehr Spielraum gegenüber den Herrschern verschaffen können. Dies zeigte sich nicht zuletzt daran, dass das Grafenamt erblich wurde, der Herrscher die Inhaber also nicht mehr nach Gutdünken absetzen konnte. Damit sank die militärische Potenz der karolingischen Herrscher.

Die Größe der Heere

Wenn es um die Größe mittelalterlicher Heere geht, steht die Forschung fast immer vor demselben Problem: Es finden sich in den Quellen nur selten Zahlenangaben darüber, und wenn, dann sind sie kaum verlässlich. Am vertrauenswürdigsten wären Angaben über die Stärke eines Heeres verständlicherweise dann, wenn sie jemand aus dieser Truppe niedergeschrieben hätte und wenn die Genauigkeit der Zahlen für das Funktionieren dieses Heeres von Bedeutung gewesen wäre. Dies träfe z. B. bei Soldlisten, Musterungsrollen, Abrechnungen und Ähnlichem zu. Solche Aufzeichnungen und überhaupt entsprechendes Verwaltungsschriftgut gibt es jedoch erst am Ende des Mittelalters. Für frühere Epochen bleibt man daher ganz auf Angaben von Chronisten angewiesen, doch erstens verfügten sie wohl meist selbst nicht über zuverlässige Informationen und zweitens waren sie aufgrund ihrer Parteinahme nur zu gern bereit, nicht zutreffende, aber ihren Zwecken dienende Zahlen weiterzugeben.

Wie wenig zuverlässig die Zahlenangaben in Chroniken sind, zeigt ein gut dokumentiertes Beispiel vom Ende des Mittelalters. Es betrifft die Schlacht von Azincourt, in der sich 1415 Engländer und Franzosen gegenüberstanden. Bis zum Ende des 15. Jahrhunderts hielten 27 Autoren detailliertere Auskünfte über dieses Treffen fest. Ihre Zahlangaben schwanken zwischen 6000 und 100 000 Mann für das englische und zwischen 8000 und 150 000 Mann für das französische Heer. Auch die Größenverhältnisse zwischen beiden Heeren werden höchst unterschiedlich angegeben. Manche Chronisten behaupten, die Franzosen seien den Engländern sechsfach überlegen gewesen; andere sprechen von einer mehr als 17-fachen Übermacht der französischen Truppen. Einige Autoren hingegen meinen, die Engländer seien den Franzosen an Zahl überlegen gewesen, aber dies waren französische Chronisten, die verzweifelt versuchten, die Niederlage ihres Heeres weniger blamabel erscheinen zu lassen. Durch solche Quellenkritik und weitere Überlegungen kommen plausible moderne Schätzungen darauf, dass sich bei Azincourt 6000 – 7000 Engländer und rund 25 000 Franzosen gegenüberstanden. Für die Heere früherer Jahrhunderte zu entsprechend verlässlichen Zahlen zu kommen, ist aber viel schwieriger, weil die Überlieferungslage weitaus schlechter ist. Im früheren Mittelalter sind für viele Schlachten und Feldzüge gar keine genaueren Angaben über den Ablauf, geschweige denn über Heeresstärken überliefert, und noch seltener mehrere Angaben, die man gegeneinander abwägen kann.

Lange Zeit glaubte die Forschung den Zahlenangaben der Chronisten recht weitgehend, bis deren Unzuverlässigkeit erkannt wurde. Doch rechnete man nun zu pessimistisch, weil man einem Trugschluss aufsaß: Aufgrund von glaubwürdigen Quellen aus dem 15. Jahrhundert lässt sich nachweisen, dass die Heere in dieser Epoche – wie jene bei Azincourt – im Vergleich zur Neuzeit recht klein waren. Da die staatlichen Strukturen jedoch im früheren Mittelalter noch geringer entwickelt waren als im späteren, glaubte man, dass folglich im früheren Mittelalter die Heere noch kleiner gewesen sein müssten. Doch diese Folgerung ist nicht zwingend. Wie groß ein Heer ist, das ein Staat aufstellen kann und will, hängt nicht nur davon ab, wie viele Krieger er maximal zum Dienst heranziehen, zum Kriegs-

schauplatz befördern und dann mit Lebensmitteln versorgen kann. Wichtig ist vielmehr auch, wie diese Krieger ausgerüstet sind, wie schnell sie eingesetzt werden können, wie effektiv sie kämpfen wollen usw. Ferner kommt es darauf an, wie viel Aufwand ein Gemeinwesen und seine einzelnen Angehörigen angesichts einer bestimmten Bedrohung zu treiben gewillt sind.

Tatsächlich gibt es Hinweise darauf, dass einige Heere, welche die Karolinger aufboten, durchaus größer waren als manche Heere des 15. Jahrhunderts – trotz des geringeren Entwicklungsstandes. Da man den Zahlenangaben der Quellen nicht trauen mochte, versuchte man zu ermitteln, über wie viel Besitz der karolingische Herrscher im Reich verfügte, wie viele niedere Herrschaftsträger direkt von ihm abhängig waren und wie viele Krieger somit ins Feld geschickt werden konnten.

170 Pfalzen, also temporäre königliche Residenzen, sind mit Name und Lage eindeutig belegt. Ferner sind 611 Zusammenballungen von Königsgut („fisci") zu identifizieren. Hinzu kamen sicherlich Pfalzen und „fisci", die heute nicht mehr festzustellen sind. Außerdem gab es rund 500 Abteien im ganzen Reich, von denen rund 200 dem Königtum direkt unterstellt waren, also in besonderem Maß Heerfolge leisten mussten. Darüber hinaus zählten zum Reich 189 Bischofssitze und 140 bedeutendere befestigte Plätze. Demnach müsste es weit über 1500 große Besitz-Einheiten gegeben haben, die der königlichen Autorität unterstanden. Zu dieser Zahl treten noch die Besitzungen der großen Laien-Adligen hinzu, die direkte Vasallen des Königs waren. Insgesamt mag man also rund 2000 Besitz-Einheiten annehmen, die heerfolgepflichtig waren. Nimmt man nur an, dass diese – vorsichtig geschätzt – im Durchschnitt je 20 Vasallen besaßen, dann ergibt sich ein Heer von 1500 oder 2000 mal 20 Mann, also von 30 000 bis 40 000 Mann.

Auf anderem Weg bestätigt sich dieses Ergebnis. Es gab 700 „pagi" (Gaue, Verwaltungsbezirke), die im Allgemeinen einem Grafen unterstanden; dieser war wiederum dem König verantwortlich. Rund 500 Grafen mag es gegeben haben. Gab es nur 50 Heerfolgepflichtige pro Grafschaft, dann konnte man im Heer ebenfalls 30 000 – 35 000 Mann zählen. Da das Heer, wie gesagt, die politisch relevante Schicht des Frankenreichs umfasste, umfasste auch diese ungefähr 30 000 Männer.

Diese Anzahl von Kriegern wurde aber gewiss nie vollständig aufgeboten, schon weil einige aus Gründen von Krankheit, Alter oder Unabkömmlichkeit ihrer Pflicht nicht genügen konnten. Auch reichte für kleinere Feldzüge ein Teilaufgebot aus. Bei größeren Feldzügen mögen aber in der Karolingerzeit durchaus 10 000 oder 20 000 Mann teilgenommen haben. Wie groß ein bestimmtes Heer genau war, bleibt unbekannt – auch deswegen, weil zur Zahl der eigentlichen Kämpfer eine unbekannte Anzahl Diener, Trossknechte und so fort hinzutrat. In späteren Jahrhunderten wurden die Heere dann tendenziell kleiner – nicht weil die politischen Strukturen verfielen, sondern weil diese Heere zwar effektiver, aber teurer wurden.

Bewaffnung und Ausrüstung

Außer von der Zahl der Kämpfer hing die Einsatzfähigkeit der Heere auch von Bewaffnung und Ausrüstung ab. Die Kapitularien formulierten daher auch Regeln über die Ausrüstung der einzelnen Kämpfer. Einmal wurde beispielsweise gefordert, jeder müsse „eine Lanze, einen Schild und einen Bogen mit zwei Sehnen, dazu zwölf Pfeile" mitbringen. Weiterhin hieß es in demselben Text: „Sie (die Krieger) sollen Brünnen und Helme haben." Andere Texte verlangten in Einzelheiten eine davon differierende Ausrüstung. In einem Brief an Abt Fulrad von Saint-Quentin forderte Karl der Große z. B., es solle „jeder Reiter einen Schild und eine Lanze, ein Schwert und ein Kurzschwert, einen Bogen und einen Köcher mit Pfeilen" besitzen. Bei allen Unterschieden im Detail setzen die verschiedenen Listen doch eines als selbstverständlich voraus: Nicht der Kaiser stellte die Ausrüstung für seine Krieger, sondern diese mussten sie selbst mitbringen.

6 Schwert, zweite Hälfte des 9. Jh. oder 10. Jh. Länge: 90,3 cm; Parierstange: 11,2 cm.

Damit erhebt sich unmittelbar die Frage, welche finanziellen Mittel der Einzelne aufbringen musste, um gemäß den Wünschen seines Herrschers in den Krieg zu ziehen. Anhaltspunkte bietet hier ein Gesetz aus der Karolingerzeit. Ihm zufolge kostete ein Helm 6, eine Brünne 12, ein Schwert mit Scheide 7 Schillinge, ein Paar Beinschienen 6 Schillinge, eine Lanze und ein Schild zusammen 2 Schillinge. Der Preis eines Hengstes wurde mit 7, derjenige einer Stute nur mit 3 Schillingen angesetzt; Hengste wurden vorgezogen, weil sie etwas kräftiger gebaut und aggressiver als Stuten waren. Die vollständige Ausrüstung samt Pferd kostete diesem Gesetz zufolge also 36 bis 40 Schillinge.

Die Wertangaben meinen jeweils Pauschalbeträge, die bei Gerichtsurteilen angesetzt werden sollten, wenn ein solches Stück gestohlen, beschädigt oder zerstört worden war. Die Zahlen sind dementsprechend als Durchschnittswerte gedacht und als solche ganz realistisch. Ausrüstungsgegenstände in schlechtem Zustand waren selbstredend billiger, aber man konnte sich auch teurer ausrüsten, mit neuen, aufwändig verzierten Waffen.

Die genannten Beträge sind – wie alle mittelalterlichen Geldangaben – sehr schwer einzuordnen, weil die Kostenrelationen ganz andere waren als heute. Man weiß zum Beispiel, dass eine Kuh um das Jahr 800 zwei Schillinge kostete. Die gesamte genannte Ausrüstung und das Pferd waren also so viel wert wie 18 oder 20 Kühe. Dieses Faktum lässt sich aber erst dann richtig bewerten, wenn man weiß, dass Kühe viel wertvoller waren als heute. Von einem großen Königshof ist zufällig bekannt, dass er mehr als 2000 Hektar groß war und es auf ihm nur 45 Kühe gab. Ein Bauer, der eine einzige Kuh besaß, war geradezu wohlhabend.

Die Ausrüstung eines Panzerreiters war also sehr teuer – vor allem deswegen, weil die Waffen und die Ausrüstungsgegenstände zum größten Teil aus Eisen bestanden. Dieses Material aber war selten und daher teuer, zumal man für Waffen Eisen bester Qualität brauchte. Außerdem war die Verarbeitung aufwändig und damit wiederum kostspielig. Nicht jeder Freie konnte sich eine derartige Bewaffnung in dieser Vollständigkeit leisten, zumal jeder Krieger auch die Kosten, die während des Feldzugs für Verpflegung anfielen, selbst tragen musste; allenfalls unterstützte ihn sein Lehnsherr. Insbesondere Pferd und Brünne, erst recht die Beinschienen kamen nur für die Wohlhabenden in Frage, nämlich für die kampfkräftige Elite des Heeres: die Panzerreiter.

Nicht so wohlhabende Männer besaßen gewiss nur Teile der Ausrüstung, sie konnten allenfalls als leichte, ungepanzerte Reiterei oder als Fußtruppe dienen. Es ist auch damit zu rechnen, dass – in der Karolingerzeit wie in späteren Epochen – diese teuren Waffen so lange benutzt wurden, wie es nur irgend möglich war, dass sie immer wieder ausgebessert sowie vom Vater auf den Sohn und auf den Enkel vererbt wurden, dass ältere Modelle, die technisch schon überholt waren, dennoch in großer Zahl Verwendung fanden. Was gar nicht mehr benutzbar war, wurde nicht weggeworfen, sondern eingeschmolzen. Deshalb sind nur wenige Waffen aus dem früheren Mittelalter erhalten. Auch werden bei archäologischen Untersuchungen auf mittelalterlichen Schlachtfeldern nur sehr selten Waffen gefunden, denn ihr Materialwert führte dazu, dass Ausrüstungsgegenstände von gefallenen und verwundeten Kriegern nicht einfach liegen gelassen, sondern aufgesammelt und weiterverwendet wurden.

Schild und Lanze bildeten die Grundausstattung. Wer militärisch überhaupt sinnvoll eingesetzt werden sollte, musste diese beiden Waffen besitzen. Der Schild war in der Karolingerzeit rund und maß 80 bis 100 Zentimeter im Durchmesser. Er bestand aus preiswerten Materialien, nämlich aus einigen Lagen Holz, die mit Leder bespannt und mitunter mit eisernen Beschlägen versehen waren. Die Lanze war ein Stab aus gehärtetem Holz, der ungefähr zwei oder zweieinhalb Meter lang war und eine Eisenspitze aufwies. Fußkämpfer wie Reiter benutzten sie gleichermaßen. Sie konnte wie ein Speer geschleudert werden, man konnte sie jedoch auch in der Hand behalten und als Stichwaffe nutzen. Erst um 1100 wurde es üblich, dass ein Reiter die Lanze unter dem Arm festklemmte und den Gegner auf diese Weise aus dem Sattel stieß.

Das Schwert war ganz aus Eisen, und zwar aus festem Eisen und daher teuer: 7 Schillinge. Es bestand aus einer geraden Klinge und einem Griff; beide waren durch eine Parierstange vonei-

7 Flügellanzenspitze, zweite Hälfte des 9. Jh. oder 10. Jh.; Gesamtlänge 54,7 cm, Länge des Blattes 41,4 cm. Die an der Tülle angebrachten, hervorstehenden „Flügel" sollen das zu tiefe Eindringen der Spitze in den getroffenen Körper verhindern.

nander getrennt, die die Hand des Schwertträgers schützen sollte. In diesem Grundaufbau gab es das Schwert schon seit langen Jahren, und es sollte in ganz ähnlicher Form über das Ende des Mittelalters hinaus in Gebrauch bleiben. Auch die Länge der Klinge blieb ungefähr dieselbe, so lange wie man Hieb- und Stichwaffen benutzte. Sie lag um 800 zwischen 90 bis 100 cm; länger als 110 cm wurden Degen, Schwerter, Säbel und ähnliche Waffen auch später kaum einmal. Diese Maße ergaben sich daher, dass die Waffe transportiert werden musste – und zwar am Körper des Kriegers, weil er sie bei sich tragen wollte, und außerdem in einer Scheide, weil die Klinge scharf war. Wollte man die Waffe am Körper tragen und leicht aus der Scheide ziehen können, kam eigentlich nur in Frage, sie am Gürtel zu tragen, und damit war die Länge vorgegeben; die Klinge durfte nicht länger sein, als ihr Träger von der Hüfte bis zu den Sohlen maß. Außerdem war eine Klinge nur bis zu einer gewissen Länge gut mit einem Arm zu beherrschen. War sie länger, wurde sie zu schwer.

Auch wenn sich die Grundform des Schwertes nicht änderte, gab es doch wichtige Neuerungen in Details. Bis in die Zeit um 800 hatte man Schwerter nur so schmieden können, dass ihr Schwerpunkt in der Klinge lag; das erschwerte die Handhabung der Waffe. Ferner war das Ende der Klinge fast rund, so dass dieses Schwert eine reine Hieb-, keine Stichwaffe war. Spätestens in der Mitte des 9. Jahrhunderts konnte man nun Schwerter herstellen, die über eine wirkliche Spitze verfügten. Außerdem lag der Schwerpunkt jetzt in der Parierstange, so dass man die Waffe leichter führen konnte. Dieser neue Schwerttyp wurde vor allem im Rheinland produziert. Herausragende Werkstätten gab es in der Umgebung von Solingen, also einer Stadt, die heute noch für ihre Klingen berühmt ist. Aus dieser Gegend stammen einige Schwerter, die noch erhalten sind und die durch die Qualität der Arbeit hervorragen. Der Hersteller gab seinen Waffen stolz ein Markenzeichen, indem er die Klingen mit seinem Namen kennzeichnete: „Ulfberht“. Seine Nachfolger behielten diesen Namen dann bei. Es ist das erste Mal in der abendländischen Geschichte, dass man einen Waffenhersteller namhaft machen kann. Um das Jahr 925 erschienen dann

8 Schwert, um 800. Auf der Klinge die Inschrift „Ulfberht“. Knauf und Parierstange sind mit Silber und Buntmetall verziert.

Produkte eines anderen Handwerkers, der ebenfalls außergewöhnlich qualitätvolle Stücke herstellte und diese ebenfalls durch eine Inschrift mit einem Namen kennzeichnete: „Ingelri". Solche Stücke waren sicherlich besonders teuer. Überhaupt waren Schwerter aufgrund ihres hohen Preises um 800 keineswegs, wie ab dem 12. Jahrhundert, die übliche Waffe der gepanzerten Reiter. Die meisten Kämpfer verließen sich vielmehr auf ihre Lanze, während Schwerter den reichen und mächtigen Magnaten vorbehalten waren und zugleich ein Repräsentationsobjekt darstellten.

Der Helm bestand aus Metall und bedeckte nur den Schädel, nicht das Gesicht. Allenfalls schützte ein schmaler Steg, der von der Stirnseite herabreichte, die Nase. Die Ohren waren bei einigen hochwertigen Stücken durch an den Helm montierte Platten bedeckt. Der Hals war allenfalls durch einen Kettenpanzer geschützt. Der Helm schützte also wichtige und empfindliche Körperteile nicht oder nur schlecht. Gleichwohl gab es um 800 erste wichtige technische Verbesserungen. Bisher waren die Helme der germanischen Völker schlicht halbrund gewesen. Jetzt stellte man Helme her, die nach oben hin konisch zuliefen. Dies konnte für den Träger des Helms unter Umständen lebenswichtig werden. Schwerthiebe gegen den Kopf wurden von oben geführt. Trafen sie von oben auf die Mitte eines halbrunden Helms, betrug der Auftreffwinkel fast 90 Grad. Die Wucht des Schlages traf also fast optimal auf sein Ziel. Lief der Helm aber nach oben konisch zu, so war der Auftreffwinkel spitzer, die Wucht des Hiebes wurde zur Seite abgelenkt.

Mit der „Brünne" ist ein Kettenhemd oder ein Schuppenpanzer gemeint, vielleicht auch unspezifisch beide Arten der Körperpanzerung. Ein Kettenhemd bestand aus einer Vielzahl kleiner Ringe aus Eisen, die ineinander verflochten waren. Dadurch ergab sich ein zuverlässiger Panzer, der gleichwohl beweglich blieb. Reste solcher Hemden aus der Karolingerzeit sind erhalten; in den folgenden Jahrhunderten wurde das Kettenhemd zum üblichen Ausrüstungsstück der Panzerreiter. Ein Schuppenpanzer, auch Schuppenhemd genannt, war ein langes ledernes Kleidungsstück, welches den Oberkörper und die Arme bedeckte, bis zu den Oberschenkeln reichte und dicht mit Metallplättchen benäht war, und zwar so, dass diese Plättchen einander überlappten wie Fischschuppen. Solche Schuppenpanzer scheinen die Krieger auf den zeitgenössischen Abbildungen zu tragen; allerdings sind keine Überreste dieser Panzer erhalten. Ob Kettenhemd oder Schuppenpanzer – für beide brauchte man viel Metall und dieses war sehr aufwändig verarbeitet. Die „Brünne" stellte daher das teuerste Stück der Ausrüstung dar. Ganz wohlhabende Reiter konnten sie und den Helm durch weitere Panzerung ergänzen: durch Arm- und Beinschienen, das heißt Eisenstücke, die Ober- und Unterarme, Ober- und Unterschenkel schützen sollten.

Der hohe Preis für die Panzerung war eine gute Investition, wenn man sich die Kosten leisten konnte. Denn die Offensivwaffen vermochten wenig gegen diese Panzerung auszurichten. Das Kettenhemd widerstand recht zuverlässig Schwerthieben, Lanzenstößen und Pfeilschüssen, der Schuppenpanzer grundsätzlich ebenfalls, wenn auch sicherlich etwas weniger effektiv. Der Helm schützte zwar nicht das Gesicht, aber doch einen wesentlichen Teil des Kopfes. Kamen noch Arm- und Beinschienen dazu, war der so Ausgerüstete nicht unverwundbar, aber unvergleichlich besser geschützt als jemand, der diese Panzerung nicht besaß.

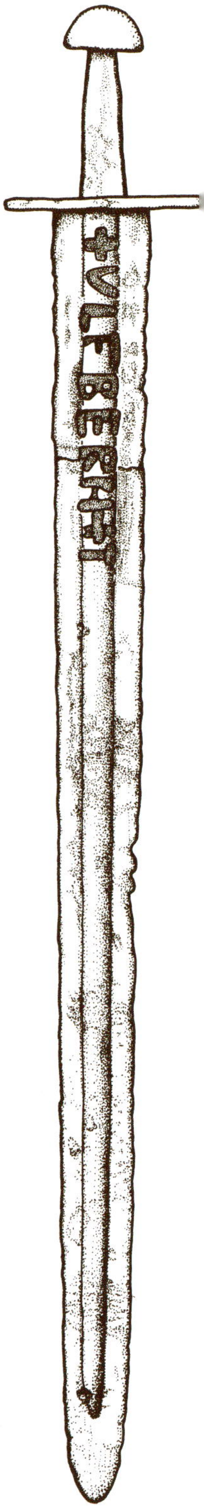

9 und 10 „Ulfberht"-Schwert, 10. Jh., Foto und Umzeichnung.
Länge: 90,5 cm; Gewicht: 1,1 kg; Länge der Parierstange: 12,1 cm.
Im Gegensatz zum wenigstens 100 Jahre früher zu datierenden „Ulfberht"-Schwert ist die Parierstange deutlicher ausgeprägt.

Wie wichtig die Panzerung für das karolingische Heer war, wird wiederum aus den Kapitularien ersichtlich. Aus gutem Grund kümmerten sich die karolingischen Herrscher darum, dass diese wichtigen Defensivwaffen nicht in die Hände der Feinde gelangten. Schon 779 verbot Karl der Große den Export von Brünnen aus dem Reich, 803 weitete er das Verbot auf die Armschienen aus, 805 erließ er ein allgemeines Verbot, Brünnen und Waffen zu Slawen und Awaren zu exportieren. Selbst herstellen konnten diese Völker solche Panzerungen nicht, jedenfalls nicht in der Zahl, die sie hätten brauchen können, denn ihr technisches Können war weniger entwickelt.

Doch auch innerhalb des Karolingerreiches stellte die Verfügbarkeit von Brünnen ein Problem dar, das die Herrscher beschäftigte. Karl der Große erließ die folgende Anordnung: „Festgelegt ist, dass kein Bischof, kein Abt und keine Äbtissin oder irgendein Kirchvorsteher eine Brünne oder ein Schwert ohne unsere Erlaubnis irgendeinem Mann von außerhalb schenken oder verkaufen darf, nur seinen Vasallen. Und wenn es geschehen sollte, dass es in einer Kirche oder an einem heiligen Ort mehr Brünnen geben sollte, als für die (Lehns-)Männer des Vorstehers dieser Kirche ausreichen, dann muss der Kirchvorsteher den König fragen, was man mit ihnen tun solle.“

Vorausgesetzt wurde offenbar, dass Bischöfe, Äbte und Äbtissinnen einen Vorrat von Brünnen besaßen und mit ihnen gegebenenfalls ihre Vasallen ausstatteten. Karl der Große befürchtete nun nicht, dass diese Brünnen an äußere Feinde gelangten, sondern dass sie Brünnen aus der Hand der Prälaten, die ihm mit ihren Vasallen zur Heerfolge verpflichtet waren, womöglich in die Hände von Männern innerhalb seines Reiches kamen, bei denen dies nicht der Fall war. Die Brünnen hätten damit dem karolingischen Heer nicht mehr zur Verfügung gestanden. Wenn dies ein ernstes Problem darstellte, hieß das doch wohl, dass selbst innerhalb des Karolingerreiches diese Panzerungen knapp waren. Noch einmal zeigt sich damit, dass diejenigen, die Brünnen besa-

11 Helme sind seltener erhalten als z.B. Schwerter. Dieses Stück wurde aus einem einzigen Stück Eisen getrieben und dann mit Buntmetallspangen verziert. Es stammt aus dem 10.–12. Jh.

12 Teil eines Kettenhemdes aus dem 10. Jh. (vergrößert).

führen, die Formation zu halten und gegebenenfalls sofort wieder zu schließen, ebenso in Formation zu manövrieren. Dabei müssen sie auch lernen, sich unterzuordnen, ihren Vorgesetzten zu gehorchen, ihren Kameraden zu vertrauen – kurz, sie müssen Disziplin zeigen. Ferner reicht es nicht aus, alles dies einmal zu lernen, sondern es muss immer wieder geübt werden. Schließlich ist es von Vorteil, wenn die Truppe das Erlernte und Geübte auch praktisch angewendet hat, also über Kampferfahrung verfügt.

Das alles erfordert zum einen, dass die Kämpfer einen Sinn darin sehen, wenn sie alle diese Mühen und Gefahren auf sich nehmen. Entweder halten sie ihre Tätigkeit deswegen für sinnvoll, weil das Ziel des Kampfes ihren eigenen Interessen dient, oder deswegen, weil sie dafür bezahlt werden. Zum anderen benötigen die Kämpfer Zeit, um zu üben. Diese Zeit können sie durchaus aufbringen, wenn sie nebenher ihren Lebensunterhalt selbst verdienen. In diesem Fall aber müssen sie alle nahe am Ort der Ausbildung wohnen, beispielsweise alle aus einer Stadt kommen. Sonst bleibt nur die Möglichkeit, sie auch für das Üben zu besolden.

Bei der Panzerreiterei waren diese Voraussetzungen gegeben, weil sie aus Adligen bestand und diese für den Kampf von Erwerbsarbeit freigestellt waren. Sie hatten ihr Lehen gerade zu dem Zweck erhalten, dass sie zum Kampf bereitstehen würden – und das schloss die Ausbildung zum Kampf ein. Adlige waren zum tapferen Kämpfen auch motiviert, weil sie ihr Sozialprestige im Wesentlichen durch diese Tätigkeit begründet sahen. Außerdem entwickelten sie einen Ehrenkodex, der insbesondere auf Tapferkeit Wert legte.

Auch jene Fußtruppen, die im späteren Mittelalter erstmals wieder in der Lage waren, der Panzerreiterei standzuhalten, fanden diese Voraussetzungen vor, wenn auch unter ganz anderen Umständen. Es handelte sich bei ihnen unter anderem um kommunale Aufgebote, z. B. in den großen flandrischen Städten und der Schweizer Eidgenossenschaft, die dort übten, wo sie wohnten, und die für ihre Stadt, deren Ziele und damit letztlich für ihre eigenen Interessen kämpften. Für Fürstentümer kam diese Organisationsform aufgrund ihrer Ausdehnung nicht in Frage, zumal die Adligen kaum daran interessiert waren, ihre Bauern zu bewaffnen oder gar an Waffen auszubilden. Außerdem waren kommunale Milizen nicht auf lange Zeit und damit nicht in weiter Entfernung von ihrer Heimat einsetzbar, denn ihre Mitglieder mussten die Gelegenheit erhalten, ihrem Beruf nachzugehen und damit Geld zu verdienen. Kommunale Aufgebote blieben aus diesen Gründen von begrenzter Bedeutung.

Die effektiven Fußtruppen, die am Ende des Mittelalters erschienen, bestanden daher meist aus Söldnern. Da sie für das Üben wie für das Kriegführen bezahlt wurden, waren sie bestrebt zu beweisen, dass sie erfolgreich kämpften. Darüber hinaus sammelten sie wertvolle militärische Erfahrungen, entwickelten häufig einen festen Zusammenhalt innerhalb ihrer Einheit und verfügten sogar über eine rudimentäre Art von Berufsethos. Aufgrund dieser Vorteile erwiesen sie sich schließlich auch gegenüber den städtischen Aufgeboten als erfolgreicher.

Söldner aber mussten bezahlt werden – und zwar besser als etwa Handwerker, denn ihre Arbeit war schließlich höchst gefährlich. Diese hohen Summen Geldes musste das politische Gemeinwesen aufbringen, indem es durch Steuern und andere, indirekte Abgaben Gewinne aus den Tätigkeiten seiner Untertanen abschöpfte. Das wiederum erforderte ein entwickeltes verwaltungstechnisches Instrumentarium, das erst im späteren Mittelalter langsam entstand. Außerdem setzte die Steuereinziehung wie die Soldzahlung eine Verbreitung von Geldwirtschaft voraus, die ebenfalls erst in späteren Zeiten gegeben war.

Die Überlegenheit der gepanzerten Reiterei gegenüber der Infanterie war also eine Frage der politischen und finanziellen Organisation. Vom Ausnahmefall der kommunalen Aufgebote abgesehen, setzte funktionierende Infanterie längere Zeit dienende, ausgebildete und erfahrene Kämpfer und damit ein beachtliches Maß an staatlicher Organisation voraus. Als die europäischen Fürsten fähig wurden, solche Heere aufzustellen, auszubilden und zu unterhalten, schwand die Überlegenheit der gepanzerten Reiterei auf dem Schlachtfeld.

Doch sollte man nicht übersehen, dass Reiterei, wie gesagt, keineswegs in jeder Lage den Fußtruppen überlegen war. Wenn diese Situationen in den Quellen weniger beachtet, die Taten der

Reiter hingegen ausgeschmückt werden, dann liegen hier nicht nüchterne Bewertungen des Geschehens, sondern kulturell und ideologisch geprägte Wahrnehmungsmechanismen zugrunde. Die Reiterei bestand weitgehend aus Adligen und zum Selbstbild des Adels gehörte es seit der Karolingerzeit, dass ein Adliger zu Pferd, und zwar als Panzerreiter, kämpfte. Die Adligen schenkten daher dieser Waffengattung verständlicherweise mehr Beachtung. Zugleich stärkte der Stolz auf die Kampfesweise, die dem Adel gemäß schien, das Selbstverständnis gegenüber den Nicht-Adligen, die den Großteil der Fußtruppen stellten. Die Sichtweise der Kämpfer übertrug sich auf die Autoren der Quellen, die großenteils aus derselben Gesellschaftsschicht stammten. Auch scheinbar nüchterne Fakten über die Organisation von Truppen und deren Wirksamkeit auf dem Schlachtfeld sind also stets kritisch zu hinterfragen.

15 Karolingische Krieger.

Kriegshandwerk und Kriegerethos

II.

Die Vorbereitung eines Feldzuges

Wohl im Jahr 806 forderte Karl der Große schriftlich Fulrad, den Abt von Saint-Quentin, einem bedeutenden Kloster in Nordfrankreich, zur Teilnahme an einem Feldzug auf: „Es soll dir hiermit bekannt sein, dass wir unsere allgemeine Versammlung im gegenwärtigen Jahr nach Ostsachsen einberufen haben, an den Fluss Bode, an den Ort Stassfurt. Daher befehlen wir dir, dass du mit allen deinen Leuten, die gut bewaffnet und vorbereitet sein sollen, am 18. Juni, also sieben Tage vor dem Fest Johannes' des Täufers, an den genannten Ort kommen sollst. In solcher Weise vorbereitet sollst du mit deinen Männern zum genannten Ort kommen, dass du von dort aus gehen kannst, wohin wir befehlen, und zwar kriegsmäßig, das heißt mit Waffen und Zubehör und sonstigem Kriegsmaterial an Lebensmitteln und Kleidung. So nämlich, dass jeder Reiter einen Schild und eine Lanze, ein Schwert und ein Kurzschwert, einen Bogen und einen Köcher mit Pfeilen hat. Und auf euren Karren sollt ihr Kriegsmaterial unterschiedlicher Art mitführen: Spitzhacken und Äxte, Bohrer, Beile, Schaufeln, Spaten und andere Dinge, wie man sie im Heer gebrauchen kann. Lebensmittel aber sollt ihr so viel mitnehmen, dass sie von jener Versammlung an drei Monate reichen, Waffen und Kleidung aber ein halbes Jahr. Und wir befehlen euch insbesondere, dass ihr dafür sorgen sollt, dass ihr friedfertig zum genannten Ort reist, durch welchen Teil unseres Reiches euch euer Weg auch führt, das heißt, dass ihr außer Gras und Holz und Wasser nichts von den übrigen Dingen anzurühren wagt; und die Leute jedes Einzelnen von euch sollen gemeinsam mit den Karren und ihren Fuhrknechten ziehen und immer bei ihnen sein, bis zum genannten Ort, denn die Abwesenheit des Herrn gibt seinen Leuten kein Recht, Übles zu tun."

Dieser Brief ist ein einmaliges Zeugnis für die Vorbereitung eines Krieges im Karolingerreich, denn ein ähnliches Schreiben ist sonst nicht erhalten. Aus Quellen anderer Art lässt sich jedoch schließen, dass das, was Karl hier befahl, bei anderen Kriegszügen ebenfalls allgemein vorgeschrieben wurde.

Für die Organisation eines Feldzugs ergibt sich aus diesem Text eine wichtige Feststellung: Die Vorgaben des Herrschers für die Kriegsvorbereitungen waren im Grunde recht locker. Der Kaiser befahl seinen Großvasallen, rechtzeitig, gut ausgerüstet und mit genug Proviant am genannten Ort zu sein. Wie sie das bewerkstelligten, wann sie aufbrachen, welchen Weg sie wählten, wie viel Ausrüstung und Verpflegung sie genau mitnahmen, wie genau sie diese an den Sammelpunkt transportierten – alles das waren Fragen, die nicht der Kaiser regelte. Er überließ es den Befehlsempfängern.

Diesem Verfahren wohnten eklatante Schwierigkeiten inne. Schon beim Anmarsch gab es ein Problem, das Karl der Große im Brief an Fulrad sehr deutlich ansprach: Es bestand die Gefahr, dass die Truppen des Kaisers innerhalb des Reichs Lebensmittel und Futter rauben würden, dass sie also sein eigenes Reich ausplünderten. Wenn schwer bewaffnete Männer in großen Gruppen durch das Land zogen, konnte sich ihnen an den einzelnen Orten kaum jemand ernsthaft entgegenstellen. Der Versuchung, billig zu leben, mochten viele von ihnen wohl kaum widerstehen, zumal der Feldzug für die Krieger eine schwere finanzielle Belastung darstellte. Die Verpflegung dieser Kontingente im Feindesland war damit gewiss ein noch schwerwiegenderes Problem. Fraglich musste auch sein, ob alle Kontingente immer so gut mit Waffen und Werkzeugen ausgerüstet waren, wie der Kaiser es vorgeschrieben hatte.

Der Kaiser hatte also nur mangelhafte Möglichkeiten, die Einhaltung seiner Bestimmungen hinsichtlich der Bewaffnung, der Verproviantierung und sogar des Verhaltens im eigenen Land zu kontrollieren, geschweige denn durchzusetzen. Man könnte womöglich vermuten, dass er dies auch gar nicht wollte und dass er deswegen nur sehr lockere Vorschriften über den Marsch und die Versorgung des Heeres erließ. Das ist aber nicht plausibel. Wahrscheinlich sah der Kaiser keine Chance, seine Vorstellungen detailliert durchzusetzen; daher begnügte er sich damit, weit gefasste Normen zu verkünden, deren Einhaltung er weitgehend den Befehlshabern der Kontingente überließ. Diese konnte er dann zur Rechenschaft ziehen, wenn ihre Abteilungen zu schlecht ausgerüstet waren oder gar marodierten.

Die Vorbereitung des Feldzugs und seine logistische Durchführung waren also dezentral organisiert, weil eine zentrale Organisation seitens des Kaisers und seines Hofes nicht möglich war. Die Kriegführung war insofern in ihren Strukturen weniger ausgefeilt, als sie es in späteren Zeiten war. Eine solche zentrale Planung war aber ganz offensichtlich gar nicht nötig. Die Karolinger konnten trotzdem ihre Kriege führen und sie gewannen sie auch lange Zeit. Es fragt sich jedoch, wie denn konkret ein Feldzug geplant, die Versorgung sichergestellt, ein Gefecht geführt wurde – und ob man grundsätzlich, auf einer theoretischen Ebene, über Kriegführung nachdachte.

Theoretische Überlegungen über den Krieg

Die mittelalterliche Kriegführung wurde von Historikern des 19. und 20. Jahrhunderts für unorganisiert und stümperhaft gehalten. Dieses Fehlurteil gründete auf der anachronistischen Prämisse, dass Strategie, Taktik und Logistik der eigenen Zeit zeitlose Gültigkeit beanspruchen konnten. Man übersah dabei, dass im Mittelalter hinsichtlich der Kommunikation, der Verkehrsverbindungen und der gesellschaftlichen Strukturen ganz andere Voraussetzungen herrschten und folglich auch die Kriegführung anderen Maßstäben gehorchen musste. So machte man sich lange Zeit kaum die Mühe, in den Quellen nach Zeugnissen für Taktik und Strategie zu suchen.

Das Vorurteil über mittelalterliche Kriegskunst sah man darin bestätigt, dass man keine theoretischen Werke über Krieg ausmachen konnte, die aus der Erfahrung geschöpft waren. Lediglich einige Bücher, die technische Fragen abhandelten, kannte man; vor allem betraf dies Werke

16 Illustrationen aus der Karolingerzeit streben nicht danach, taktische Details wiederzugeben. Auch der hier gezeigte Angriff von Berittenen auf eine Befestigung symbolisiert den Kampf eher, als er ihn darstellt. Diesem Zweck dient auch die Darstellung der Gefallenen. Buchmalerei, zweite Hälfte des 9. Jh.

über Belagerungstechnik. Bücher, die sich grundsätzlich mit Kriegführung und militärischer Organisation widmeten, gab es zwar, aber es handelte sich bis ans Ende des Mittelalters ausschließlich um Werke aus der Antike. Das beliebteste unter ihnen trug den Titel „Abriss des Militärwesens" („Epitoma rei militaris") und stammte von einem Autor namens Vegetius, der um das Jahr 400 lebte. Er übte ein hohes Amt am kaiserlichen Hof aus, war also kein Soldat, der aus einem reichen Fundus von Kampferfahrungen seine Lehren gezogen und sie nun für die Nachwelt festgehalten hätte.

Spätestens seit der Mitte des 9. Jahrhunderts erfreute sich das Buch deutlich steigender Beliebtheit. Ein Bischof widmete Kaiser Karl dem Kahlen ein Exemplar des Werks, ein anderer verschenkte eines an den Markgrafen von Friaul. In den folgenden Jahrhunderten entstand eine Vielzahl von Exemplaren. Seit der Mitte des 14. Jahrhunderts wurde das Werk dann in die Volkssprachen übersetzt. Auch diese Versionen wurden in vielen Kopien verbreitet. Außerdem wurden Zitate des Vegetius häufig in Sammlungen von Aussprüchen berühmter Autoren übernommen; diese sogenannten Florilegien erfreuten sich im Mittelalter großer Beliebtheit. Ein Zeugnis für die Wertschätzung der „Epitoma" liegt schließlich darin, dass einzelne Sätze aus dem Werk in den Schriften vieler mittelalterlicher Autoren zitiert werden – ob nach dem Original oder nach einem Florilegium, lässt sich im Allgemeinen nicht mehr ermitteln.

In der Mitte des 9. Jahrhunderts fiel die Aufmerksamkeit von Hrabanus Maurus auf diesen Text. Er war einer der bedeutendsten Gelehrten seiner Zeit und zugleich als Erzbischof von Mainz einer der mächtigsten Geistlichen im Karolingerreich. Wohl in seinem letzten Lebensjahr äußerte sich der 856 verstorbene Hraban schriftlich dazu, wie man richtig Krieg führen solle. Auf diese Weise wollte er König Lothar II. durch Rat hilfreich zur Seite stehen, als dessen Reich von den Einfällen der Normannen bedroht war. Hraban stellte einige Ausschnitte aus den ersten beiden Büchern der „Epitoma" zusammen, die ihm relevant erschienen, und widmete diese kleine lateinische Schrift dem König.

Bei einem Vergleich zwischen Hrabans Werk und seiner Vorlage fällt sofort auf, dass der Erzbischof keineswegs wörtlich abschreibt, sondern paraphrasiert. Weiterhin erweist sich schnell, dass er aus Vegetius' Werk nur einen kleinen Teil der Kapitel ausgewählt hat. Er paraphrasiert recht getreulich die 18 ersten Kapitel aus dem ersten Buch der „Epitoma", die Auswahl und Ausbildung der Rekruten behandeln; vier dieser Kapitel lässt er jedoch aus (Kapitel 3, 8, 13, 17). Aus dem zweiten Buch der „Epitoma" gibt Hraban nur die Kapitel 23 und 24 wieder, in denen es um Übungen an den Waffen geht. Die Bücher 3 und 4 berücksichtigt er gar nicht. Hraban konzentriert sich offenbar bewusst auf Themen, die ihm besonders relevant erscheinen.

Dieser Befund bestätigt sich, wenn man den Inhalt jener Kapitel aus Buch 1 betrachtet, die Hraban nicht übernommen hat. Sie betreffen Dinge, die in der Karolingerzeit nicht üblich waren und für die es auch keine Entsprechung gab. Vegetius überlegt z.B., ob als Rekruten eher junge Männer aus der Stadt oder vom Land genommen werden sollten. Für Hraban ist dies gegenstandslos, denn er kennt keine Städte, allenfalls etwas größere Ansiedlungen von ein paar Hundert Menschen, und er käme gar nicht auf die Idee, dass man aus deren Bevölkerung Krieger aussuchen könnte, handelt es sich bei den Bewohnern doch teils um Kaufleute, teils um Unfreie.

Auch die wenigen Hinzufügungen Hrabans zum Text seiner Vorlage zeigen, dass er bewusst damit umgeht. Als Vegetius etwa betont, wie wichtig es sei, das Aufspringen auf das Pferd an einem Holzpferd zu üben, fügt Hraban hinzu: „Diese Geübtheit im Aufspringen ist aber beim Volk der Franken optimal." An anderer Stelle ergeht sich Vegetius über die Wichtigkeit, Männern schon in jungem Alter das Waffenhandwerk beizubringen. Hraban kommentiert das mit den Worten: „Daher gibt es das volkssprachliche und den Unsrigen wohlbekannte Sprichwort, das folgendermaßen lautet: In seiner Knabenzeit könne man aus einem Menschen einen Reiter machen, in älteren Jahren aber selten oder nie." Beide Hinzufügungen verweisen also auf die Bedeutung, welche der Kriegsdienst zu Pferd für den fränkischen Adel mittlerweile erhalten hatte.

Obwohl Hraban im Wesentlichen Aussagen von Vegetius paraphrasiert, gestaltet er durch seine gezielte Auswahl also durchaus eine eigene Stellungnahme. Er legt Lothar II. nahe, auf die Auswahl und Ausbildung seiner Soldaten zu achten, wenn er die Normannen besiegen wolle. Der Verfasser versucht allerdings nicht, durch seine Originalität zu brillieren, sondern stützt sich auf einen antiken Text, eine „auctoritas", die durch ihr Alter und ihre Herkunft aus der verehrten Antike Beachtung verdient.

Hrabans Vorgehen resultiert aus den gelehrten Traditionen, in denen er steht. Mittelalterliche Gelehrte strebten nicht nach Originalität, sondern danach, die Qualität des eigenen Werks und des eigenen Denkens gerade durch zahlreiche und deutliche Verweise auf die „auctoritates" zu belegen. Hrabans Schrift zeigt also, was im 9. Jahrhundert und darüber hinaus an theoretischem Denken über Kriegführung überhaupt möglich war. Ein Traktat über Kriegführung, das ganz aus eigenen Erfahrungen schöpft, ist aufgrund dieser Denkschemata von Hraban nicht zu erwarten und überhaupt erst in den allerletzten Jahrzehnten des Mittelalters, am Übergang zur Neuzeit, vorstellbar.

Der Nutzen des Vegetius lag für das Mittelalter jedenfalls nicht darin, dass man sein Werk in vollem Umfang beim Wort nehmen konnte. Praktische Konsequenzen zeitigte Hrabans Schrift ohnehin nicht. Es gibt keinen Beleg dafür, dass Lothar II. oder ein anderer Heerführer der Zeit sie überhaupt zur Kenntnis genommen hätte. Mit Sicherheit halfen Hrabans Darlegungen nicht, das konkrete Problem zu lösen und die Normannen zu schlagen.

Wie für Hraban aber konnte auch für andere die Vegetius-Lektüre immerhin ein Leitfaden sein, um sich mit Kriegführung grundsätzlich auseinander zu setzen. Entsprechendes gilt für andere antike Autoren, die über Kriegführung schrieben, deren Werke aber weniger verbreitet waren. Als im 16. Jahrhundert einige Verfasser begannen, eigenständige theoretische Überlegungen über Kriegführung zu formulieren, knüpften auch sie bezeichnenderweise an die antiken Vorbilder an.

Was die praktische Kriegführung anging, so orientierte sie sich im Mittelalter nicht an grundsätzlichen, nach wissenschaftlichen Kriterien erarbeiteten Überlegungen und darauf gründenden abstrakten Regeln. Dies war auch gar nicht denkbar, da die maßgeblichen Männer, welche die Heere führten, lange Zeit nicht lesen und schreiben konnten. Auch als im 14. und 15. Jahrhundert die Lese- und Schreibfähigkeit in den Führungsgruppen der Heere verbreitet war, fingen nur zögernd einige an, ihre Erfahrungen und die Folgerungen daraus schriftlich festzuhalten. Wie man sich im Krieg klug und moralisch richtig verhielt, lernte man im Mittelalter fast ausschließlich durch das praktische Vorbild von Feldherren und Kameraden sowie durch Erzählungen von Älteren.

Logistik

Grundbedingung für jede erfolgreiche Kriegführung muss die Sorge dafür sein, dass die eigenen Truppen angemessen mit Waffen, Munition und Lebensmitteln versorgt werden. Auch hier gilt, dass im Mittelalter keine Quellen zu erwarten sind, die sich ausdrücklich und detailliert dazu äußern, wie der Nachschub organisiert wurde. Daher sind wichtige Fakten aus unterschiedlichen Texten herauszuziehen und zu kombinieren.

Von großer Bedeutung ist selbstredend die Marschgeschwindigkeit. Bei passablen Witterungsverhältnissen konnte eine Fußtruppe mit Tross etwas mehr als 20 km am Tag zurücklegen und diese Leistung an den nächsten Tagen wiederholen. Dieser Durchschnittswert liegt offensichtlich in der Leistungsfähigkeit von Soldaten und Zugtieren begründet. Er findet sich ähnlich bei den Reisen des deutschen Königshofs im Mittelalter und am Anfang des Ersten Weltkriegs bei den Kämpfen an der Westfront, bis der Stellungskrieg langen Märschen ein Ende setzte. Größere Tagesleistungen waren möglich, ließen sich aber nicht beliebig oft wiederholen, ohne dass ein Ruhetag eingelegt werden musste. Bei schlechtem Wetter, das die Wege und Flüsse schwerer oder gar nicht passierbar machte, sank die Marschleistung verständlicherweise. Ein Trupp Berittener konnte demgegenüber rund 50 km täglich im Marschtempo zurücklegen, wenn der Feind weit weg war. Wenn das Heer in Feindesnähe marschierte und kampfbereit sein musste, vermochten Reitertrupps nur rund 30 km täglich zurückzulegen.

Zum Transport von Gütern auf dem Landweg verwendete man in der Karolingerzeit vor allem zweirädrige Karren, deren Maximalladung rund 500 kg betrug; diese Karren werden im Brief an Fulrad und auch sonst häufig erwähnt. Seltener waren vierrädrige Wagen, die rund 650 kg transportieren konnten. Die zweirädrigen Karren konnten von Ochsen oder Pferden gezogen werden. Pferde waren schneller, sie schafften rund 30 km am Tag, Ochsen nur die Hälfte. Dafür waren Ochsen widerstandsfähiger. Außerdem konnten sie leichter verpflegt werden, denn sie brauchten nur Gras oder Heu, jeweils rund 20 kg am Tag. Da man im Allgemeinen nur im Sommerhalbjahr Krieg führte, reichte es also aus, die Ochsen ausgiebig grasen zu lassen. Ein Pferd aber benötigte nicht nur ungefähr 5 kg Gras oder Heu pro Tag, sondern dazu ungefähr dieselbe Menge Futtergetreide.

Der Transport mit Ochsenkarren war insofern am effektivsten, als die Tiere nicht mit ihrer eigenen Ladung gefüttert werden mussten. Aber sie waren deutlich langsamer als die Kampftruppen, ob Fußsoldaten oder Reiter. Im Feindesland blieb daher die Wahl zwischen zwei Möglichkeiten: Entweder passte man den Vormarsch der Krieger dem Tempo der Ochsen an – dadurch verlor das Heer seine Beweglichkeit. Oder das Heer marschierte den Ochsen voraus; dann aber musste ein Teil der Truppen als Bewachung beim Tross zurückgelassen werden und die Schlagkraft des Heeres sank.

Beweglichkeit und Schlagkraft des Heeres wurden besser bewahrt, wenn man Pferdekarren verwendete. Doch auch dabei gab es grundlegende Schwierigkeiten, die am einfachsten eine Beispielrechnung aufzeigt: Wenn man einen Karren mit zwei Pferden bespannte und mit 500 kg Getreide belud, dann fraßen die beiden Pferde zusammen jeden Tag 10 kg, der Karrenführer brauchte pro Tag 1 kg Getreide. Pferde und Karrenführer zusammen benötigten jeden Tag also etwas mehr als ein Fünfzigstel der Ladung. Die Reichweite betrug also knapp 50 Tage, bei 30 km am Tag dementsprechend 1500 km. Tatsächlich dürfte sie geringer gewesen sein, denn man musste Ruhetage einlegen und mit schwierigem Gelände und ungünstiger Witterung rechnen. Plausibel wäre also eine Reichweite von vielleicht 1200–1400 km. Sollte das Pferd mit dem Wagen wieder zur Versorgungsbasis zurück, dürften Hin- und Rückweg je rund 600–700 km betragen haben.

Allerdings sollten die Pferde nicht nur hin- und herlaufen, sondern Ladung transportieren. Nimmt man an, der Karren transportierte Getreide und brachte es 300 km weit, also die Hälfte seiner Reichweite, dann brauchte er dafür wenigstens 10 Tage, ebenso lange für den Rückweg. Für diese 20 Tage benötigten die beiden Pferde 200 kg Getreide, der Karrenführer 20 kg. Der Wagen konnte also nur 280 kg, gut die Hälfte seiner ursprünglichen Ladung, am Zielort abladen. War der Karren wieder am Ausgangsort, konnte er wieder beladen werden und abermals 10 Tage später wieder am Zielort eintreffen. Alle 20 Tage also konnte solch ein Karren 280 kg Getreide am Ziel abliefern.

Wenn diese Menge Getreide für 20 Tage reichen sollten, entfielen auf einen Tag 14 kg. Ein Reiter braucht pro Tag 1 kg Getreide, ein Pferd 5 kg, zusammen 6 kg. Zwei Reiter und zwei Pferde benötigen pro Tag also 12 kg. Das heißt, die 280 kg, die ein Wagen alle 20 Tage abliefern konnte, reichten nur aus, um zwei Reiter samt zwei Pferden sowie zwei Fußsoldaten für diese Zeit zu versorgen.

Das war ein sehr uneffektives Verhältnis. Für ein Heer von 1000 Berittenen brauchte man unter diesen Umständen also 500 Pferdekarren. Hinzu kam ja noch, dass sich beim Heer nicht nur Kämpfende befanden, sondern auch Diener, Pferdeknechte usw. Außerdem benötigte das Heer einen Tross, der stets bei ihm war, nämlich Karren für Kriegsmaterial, Kleidung, Kranke und Verwundete. Auch diese Pferde und deren Führer mussten gefüttert werden. Man brauchte also weitere Transportkarren, die hin- und herpendelten.

Aus diesen Modellrechnungen ergibt sich, dass man ein Heer, zumal einige Tausend Mann, nur unter großem Aufwand auf größere Entfernung auf dem Landweg versorgen konnte. Von größter Bedeutung ist außerdem die Jahreszeit. Im Winterhalbjahr, wenn die Zug- und Reitpferde kein Gras finden konnten, wenn die Menschen feste Unterkünfte brauchten, wenn der Transport aufgrund der Witterung noch schlechter zu bewerkstelligen ist, dann wuchsen die logistischen Probleme nochmals beträchtlich an.

Die Kriegführenden standen mithin vor mehreren Möglichkeiten: Zum Ersten konnten sie versuchen, Wasserwege zu nutzen. Auf dem Wasser ließen sich die Güter schneller und mit weniger Aufwand transportieren. Das galt noch am Ende des Mittelalters, wo sich diese Unterschiede in Geld ausdrücken lassen: 1345 z. B. transportierte man eine Ladung Wein von Beaune in Burgund zunächst auf dem Landweg bis zur Saône, dann diesen Fluss und die Rhône hinab bis Avignon. Auf beiden Wegabschnitten kostete der Transport die gleiche Summe Geldes, doch betrug die Strecke vom Produktionsort bis zum Fluss nur 27 km, diejenige auf dem Wasser aber 300 km, also mehr als das Zehnfache. Ende des 15. Jahrhunderts war der Transport von französischer Artillerie samt Munition auf dem Landwege zehnmal so teuer wie ein Transport über dieselbe Distanz auf dem Wasserweg. Der Transport zu Wasser setzte aber selbstredend voraus, dass es geeignete schiffbare Flüsse gab. Gegebenenfalls musste man bei der Planung eines Feldzuges auf die Gewässer Rücksicht nehmen.

Zum Zweiten konnte man versuchen, aus dem Land zu leben – also die Bauern auszuplündern. Die Suche nach der Verpflegung verlangsamte allerdings den Vormarsch. Außerdem vermochte ein Landstrich ein paar Tausend Mann, die plötzlich einfielen, nur für kurze Zeit zu ernähren. Dann waren die Vorräte aufgezehrt, die Bauern hungerten, das Heer musste Lebensmittel über größere Entfernungen heranschaffen und stand damit wieder vor dem Transportproblem.

Zum Dritten konnte man bei der Planung eines Feldzuges in Feindesland Versorgungsbasen anlegen, die dem Kriegsgebiet nahe lagen. Dorthin konnte man nach und nach auf effektiven Versorgungswegen, auf dem Wasser oder mit Ochsenkarren, Verpflegung, aber auch Waffen, Kleidung usw. schaffen und dort lagern, bis die Dinge gebraucht wurden. Stieß dann das Heer in feindliches Gebiet vor, mussten die Versorgungsfahrzeuge nur von diesen vorgeschobenen Basen zum Heer und zurückfahren.

Alle diese Möglichkeiten wurden im Lauf des Mittelalters angewandt, selbstredend konnte man sie auch miteinander kombinieren. Aber wie auch immer ein Feldzug ablief – die Versorgung eines nennenswerten Heeres ergab sich nicht von allein. Es brauchte dazu erhebliche Planung und Erfahrung – in der Karolingerzeit wie in späteren Epochen. Die administrativen Strukturen mögen simpel erscheinen, aber sie reichten aus, um fast jedes Jahr diese Probleme zufrieden stellend zu lösen. Die Logistik hielt mit Strategie und Wehrverfassung Schritt.

Langfristige strategische Planungen

Strategie ist nach Clausewitz, dem 1831 verstorbenen preußischen General und berühmten Autor des kriegstheoretischen Klassikers „Vom Kriege“, „die Lehre vom Gebrauch der Gefechte zum Zweck des Krieges“, im Unterschied zur Taktik, die „die Lehre vom Gebrauch der Streitkräfte im Gefecht“ darstellt. Im Mittelalter freilich benutzte man beide Begriffe nicht, schon gar nicht in den Volkssprachen. Das Deutsche hat beide Worte auf dem Umweg über das Französische übernommen; dort ist das Wort Strategie erst 1562, das Wort Taktik erst 1690 belegt. Im Mittelalter benutzte man auch keine anderen, inhaltlich entsprechenden Wörter. Begrifflich konnte man zwischen beiden Bereichen planenden Handelns im Krieg nicht unterscheiden, ja man konnte überhaupt die Grundsätze für Planungen nicht mit solchen abstrakten Begriffen fassen. Das erschwerte die grundsätzliche Diskussion dieser Fragen, heißt jedoch keineswegs, dass man Kriege und Gefechte ohne jede Überlegung führte.

Zunächst ist zu fragen, ob und inwiefern Feldzüge langfristig vorbereitet wurden, ob und inwiefern Verkehrswege gesichert und Ausgangsbasen für das Heer angelegt wurden, wie also eine strategische Infrastruktur hergestellt und unterhalten wurde. Anders gesagt: Wie rational, wie geplant konnte man um 800 überhaupt mit Räumen und Verkehrswegen umgehen?

Zum Jahr 837 berichten die Annalen von Saint-Bertin von Streitigkeiten zwischen Kaiser Ludwig dem Frommen und seinem Sohn Lothar, der in Italien herrschte. Der Kaiser habe daraufhin seinem Sprössling angekündigt, er werde mit seinem Heer nach Rom kommen, „zur Verteidigung der heiligen römischen Kirche und um daselbst sein Gebet zu verrichten“. Lothar argwöhnte mit gutem Grund, sein Vater wolle ihn in Wahrheit zur Rechenschaft ziehen. Er reagierte entsprechend: „Lothar aber ließ die Engpässe durch starke Mauern schließen.“

Diese Handlung ist nicht überraschend. Lothar, Kaiser Ludwig und der Annalist von Saint-Bertin wussten, dass es nur wenige Übergänge über die Alpen gab und dass man diese an geeigneten Stellen durch Befestigungen verschließen konnte, so dass niemand mehr hinüberkam. Dieses Minimum an strategischen Überlegungen ist ziemlich banal.

Doch führte die Bedeutung der Alpenpässe im früheren Mittelalter zu weiter reichenden politischen Maßnahmen. Nicht nur aus militärischen, sondern auch aus wirtschaftlichen Gründen versuchte das karolingische Königtum, diese wichtigen Verkehrswege zu kontrollieren. Schon vor ihnen hatten dies die Könige der Langobarden so gemacht, die in Italien herrschten, und nach den Karolingern taten es die Könige aus den Häusern der Ottonen und Salier ebenso.

Wenn Lothar so plötzlich die Pässe durch Befestigungen versperrt haben soll, ist das wohl eher so zu verstehen, dass er vorhandene Anlagen instand setzen und ausbauen ließ. Solche Befestigungen waren jedenfalls in den Jahren zuvor vorhanden, und es gibt weitere Nachrichten darüber, dass im 9. Jahrhundert diese Passengen militärisch gesperrt wurden. Die Befestigungen – ob permanent oder nur im Notfall besetzt – gehörten darüber hinaus zu einem großen System zur Sicherung der Alpenübergänge.

Auf den Passhöhen gab es Hospize, die eigentlich primär für Pilger gedacht waren, aber im Bedarfsfall auch von kleineren Truppenabteilungen genutzt werden konnten. Ferner sind für die

17 Sachsen um 800.

Jahre 842/843 entlang der römerzeitlichen Straße von Bregenz (in Vorarlberg, nahe dem Bodensee gelegen) nach Chur, also an der Route über Julier- und Septimerpass und der Engadinstraße, eine Kette von gasthausähnlichen Unterkünften belegbar. Auch sie waren nicht primär militärisch gedacht, aber im Notfall militärisch nutzbar, zumal sie zum Reichsgut zählten, also direkt dem König unterstanden.

Die karolingischen Herrscher bemühten sich ferner langfristig und mit Erfolg, die kirchlichen Bindungen von Teilen des Alpenraums an Italien zu lösen. In den Alpen liegende Bistümer, die bislang zu einer italienischen Kirchenprovinz gezählt hatten, wurden aus dieser herausgelöst und einem nordalpinen Erzbistum unterstellt. Das Bistum Chur kam auf diese Weise an das Erzbistum Mainz, Säben/Brixen im Etschtal an Salzburg, Lausanne an Besançon. Die Folgen wirken bis heute nach: Die Alpen wurden zum Großteil dem italienischen Einflussgebiet entzogen.

Durch planvolle Schenkungspolitik sorgten die Karolinger und ihre Nachfolger ferner dafür, dass große nordalpine geistliche Institutionen Land in Norditalien und an den Alpenübergängen erhielten. Dieser Fernbesitz war für diese Klöster und Bistümer schwer zu verwalten, aber er diente seinem Zweck: Er sicherte dem karolingischen Königtum, später den Ottonen und Saliern den Zugang nach Italien.

Schon 774 erhielt das große Kloster St. Martin in Tours Land und eine Burg am Gardasee, dazu Besitz in und bei Pavia. Die Abtei Saint-Denis (bei Paris gelegen) bekam Land im Veltlin in der heutigen Schweiz, das Kloster St. Gallen Besitz am Lago Maggiore, das Kloster Reichenau solchen am Comer See. Das Musterbeispiel für diese Praxis aber stammt aus späterer Zeit: Als im Jahr 1007 von Heinrich II. das Bistum Bamberg gestiftet wurde, erhielt es Besitz im Oberrheintal als Ausgangsbasis zu den Schweizer Alpenpässen, dazu Besitz bei Kufstein, also dort, wo der Inn aus den Alpen tritt und von wo aus man das Inntal und damit die Brennerroute kontrolliert, vor allem aber Besitz an der Route, die von Bamberg via Regensburg über den Pyhrn-Pass nach Villach in Kärnten führte; auf diese Weise wurde ein wichtiger Übergang über die Ostalpen nach Italien gesichert.

Wie militärische Strategie durch Politik vorbereitet wurde, zeigt sich deutlich am Beispiel von Bergamo, einer Stadt in Norditalien, welche die parallel zum Po verlaufende Ost-West-Achse beherrschte. Am Ende des 9. Jahrhunderts stritten sich der in Norditalien herrschende Wido und der ostfränkisch-bayerische König Arnulf um die Vorherrschaft in Norditalien. Da der Bischof von Bergamo auf Seiten Widos stand, bewilligte Arnulf dem Domkapitel mehrere Gunsterweise, damit es sich auf seine Seite schlug. Damit hatte er Erfolg. Er konnte Bergamo schließlich einnehmen und militärisch halten; das war die Grundlage zu einem späteren Feldzug, der ihm die Eroberung ganz Norditaliens erlaubte.

Bei all diesen Beispielen ging es nicht nur um militärische Ziele, sondern um politische, verkehrstechnische und wirtschaftliche. Gleichviel: Die Handlungen der Herrscher zeigen, dass hier durchdachte Pläne zu Grunde lagen, welche die geografischen Gegebenheiten erkannten und auf sie folgerichtig reagierten. Beim Beispiel der Alpen ist also durchaus langfristiges strategisches Vorgehen erkennbar.

Ähnliches belegt auch das Beispiel der Sachsenkriege Karls des Großen. Die Sachsen bewohnten am Ende des 8. Jahrhunderts das Gebiet des heutigen Bundeslands Niedersachsen, dazu Westfalen und den Nordteil des heutigen Sachsen-Anhalt. Mitten durch dieses Gebiet floss die Weser. Da Flüsse, wie schon gesagt, den Transport von Gütern erleichterten, sicherten sich die Karolinger wichtige Positionen an diesem Fluss.

Schon vor Beginn der Sachsenkriege verfügte Karl der Große am Oberlauf der Fulda (die sich bekanntlich mit der Werra zur Weser vereinigt) über die Klöster Fulda und Hersfeld, die ihm treu ergeben waren. Weiter nördlich, an der Grenze zu Sachsen, nahe bei Fritzlar am Weserzufluss Eder, entstand wenig später die Büraburg. Dort wurde sogar ein Bistum eingerichtet, das aber keinen Bestand hatte. Im Lauf der Auseinandersetzungen ließ Karl der Große dann wiederum weiter nördlich, schon im Sachsenland, starke Befestigungen erbauen: die Eresburg an der Diemel, einem Weserzufluss, und Herstelle an der Weser, unterhalb von Hannoversch Münden. Die Büraburg, die Eresburg sowie Herstelle hatten erstens die Aufgabe, errungenes Gebiet dauerhaft zu sichern. Zweitens aber dienten sie als Aufmarsch- und Versorgungsbasis für die Vorstöße, welche die Truppen Karls nach Sachsen unternahmen.

Weiter flussabwärts entstanden an der Weser im Verlauf der Eroberung Sachsens zwei Bischofssitze (Minden und Verden) sowie ein weiteres großes Kloster, Corvey, Letzteres allerdings erst, als sich Sachsen schon fest in der Hand der Franken befand. Auch diese geistlichen Institutionen waren den karolingischen Herrschern treu ergeben. Sie halfen ihnen, Sachsen militärisch zu sichern, insbesondere die wirtschaftlich und strategisch wichtige Weser. Zugleich breiteten sie das Christentum unter den Sachsen aus und sicherten das Land auf diese Weise. Außerdem nahmen sie Mönche und Kleriker aus sächsischen Adelsfamilien auf und banden diese damit letztlich an das Königtum. Was die Einrichtung von geistlichen Institutionen betraf, gingen die karolingischen Herrscher in Westfalen ganz ähnlich vor: bei den Bistümern Osnabrück, Münster, Paderborn sowie den Stiftskirchen in Essen, Werden und so fort.

Die Karolinger waren also sehr wohl in der Lage, langfristig strategisch zu denken und ihre Beschlüsse mit Ausdauer zu verfolgen – mit Erfolg: Sachsen wurde erobert, Italien wurde von den Karolingern beherrscht. Für spätere Zeiten ließe sich Ähnliches zeigen.

Die Strategie bei Feldzügen

Die Untersuchung der langfristigen Planungen lässt von vornherein vermuten, dass die Karolinger auch einzelne Feldzüge sorgsam planen konnten. Tatsächlich fallt das Vorurteil, im Mittelalter habe es keine strategischen Überlegungen gegeben, in dem Moment in sich zusammen, in dem man sich von ihm löst. Daher ist es nicht sinnvoll, die Operationen des karolingischen Heeres nacheinander zu analysieren. Eine aussagekräftige Schilderung reicht, um die grundsätzliche Möglichkeit zu strategischen Planungen deutlich zu machen.

Ludwig, später der Fromme genannt, war der jüngste Sohn Karls des Großen und der einzige, der ihn überleben sollte. Zu Lebzeiten seines Vaters verwaltete er in dessen Auftrag Aquitanien, also das Gebiet zwischen Loire und Pyrenäen, um sich auf diese Weise auf die eigenständige Herrschaft vorzubereiten. Dabei führte er auch Kriegszüge an, vor allem gegen die in Spanien herrschenden Mauren. Bald nach Ludwigs Tod im Jahr 840 verfasste ein namentlich nicht zu identifizierender Geistlicher von dessen Hof, der wegen seiner sternkundlichen Kenntnisse „Astronomus" genannt wird, eine Lebensbeschreibung dieses Karolingers. Dabei schilderte er auch einen Feldzug nach Nordspanien im Jahr 806:
„Unterwegs teilte er (Ludwig) (…) sein Heer, den größeren Teil führte er mit sich gegen Tortosa, die anderen Truppen schickte er mit Isembard, Hademar, Bera und Burrell in Eilmärschen ins Landesinnere, damit sie dort den Ebro überschreiten und den in ihrem Lager festsitzenden Feinden aus dem Hinterhalt in den Rücken fallen oder ihnen wenigstens durch Streifzüge in der Gegend Schrecken einjagen sollten. Sie rückten des Nachts vor und verbargen sich am Tag im Schatten der Wälder, bis sie die Cinca und den Ebro zugleich schwimmend überquerten. Für diesen Marsch brauchten sie sechs Tage, am siebten setzten sie über. Als sie alle das Hindernis unversehrt überwunden hatten, verwüsteten sie weitherum das Land der Feinde und kamen bis zu einem großen Dorf namens Villa Rubea; hier machten sie große Beute, weil die Feinde ganz unvorbereitet waren und nicht im Entferntesten etwas ahnten."

Nun aber sammelte sich eine überlegene maurische Truppe, die Franken zogen sich zurück, die Feinde setzten ihnen nach:
„Darauf ließen jedoch die Unsrigen die Beute zurück, stellten sich den Feinden Auge in Auge gegenüber, leisteten ihnen heftigen Widerstand und jagten sie mit Christi Hilfe in die Flucht. Wen sie ergriffen, den töteten sie, und fröhlich holten sie ihre Beute wieder, die sie zurückgelassen hatten; schließlich kamen sie, zwanzig Tage nach der Trennung, heiter gestimmt und mit nur geringen eigenen Verlusten zum König zurück. König Ludwig nahm sie freudig auf, und nachdem er das feindliche Land überall verwüstet hatte, kehrte er nach Hause zurück."

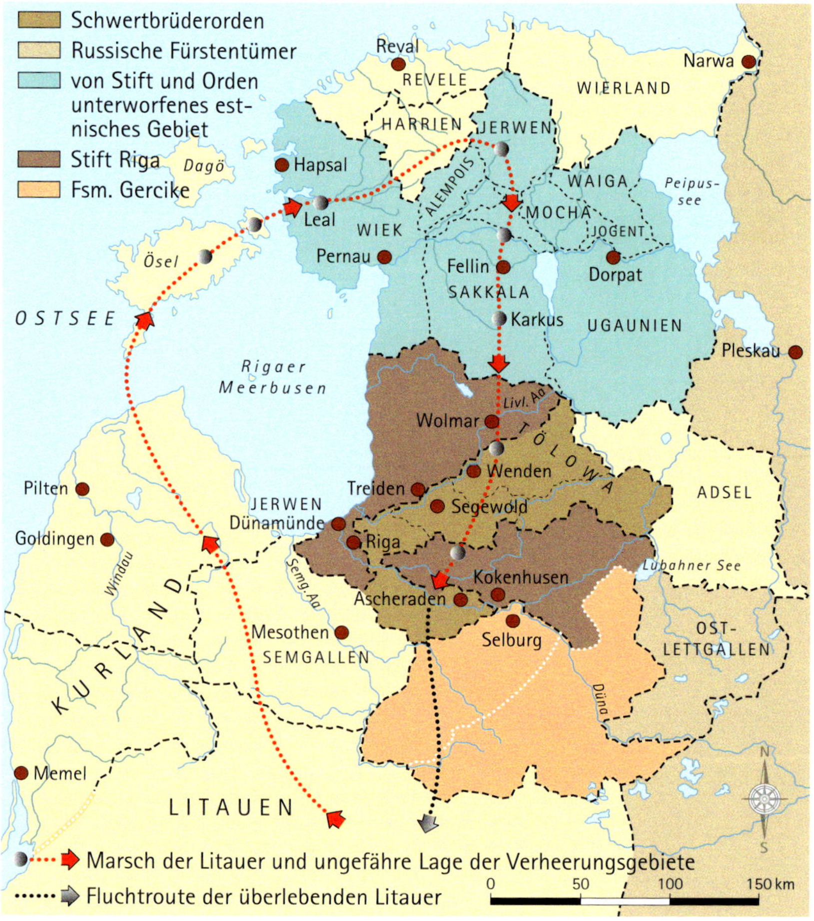

18 Einige Verwüstungszüge im späteren Mittelalter lassen sich kartieren – wie dieser Zug, den wenige Hundert Litauer im Winter 1218/19 nach Estland unternahmen. Sie legten in drei Wochen 800 km zurück und überquerten zwei Mal die zugefrorene Ostsee. Kurz bevor sie heimischen Boden erreichten, mussten sie ihre große Beute allerdings wieder aufgeben.

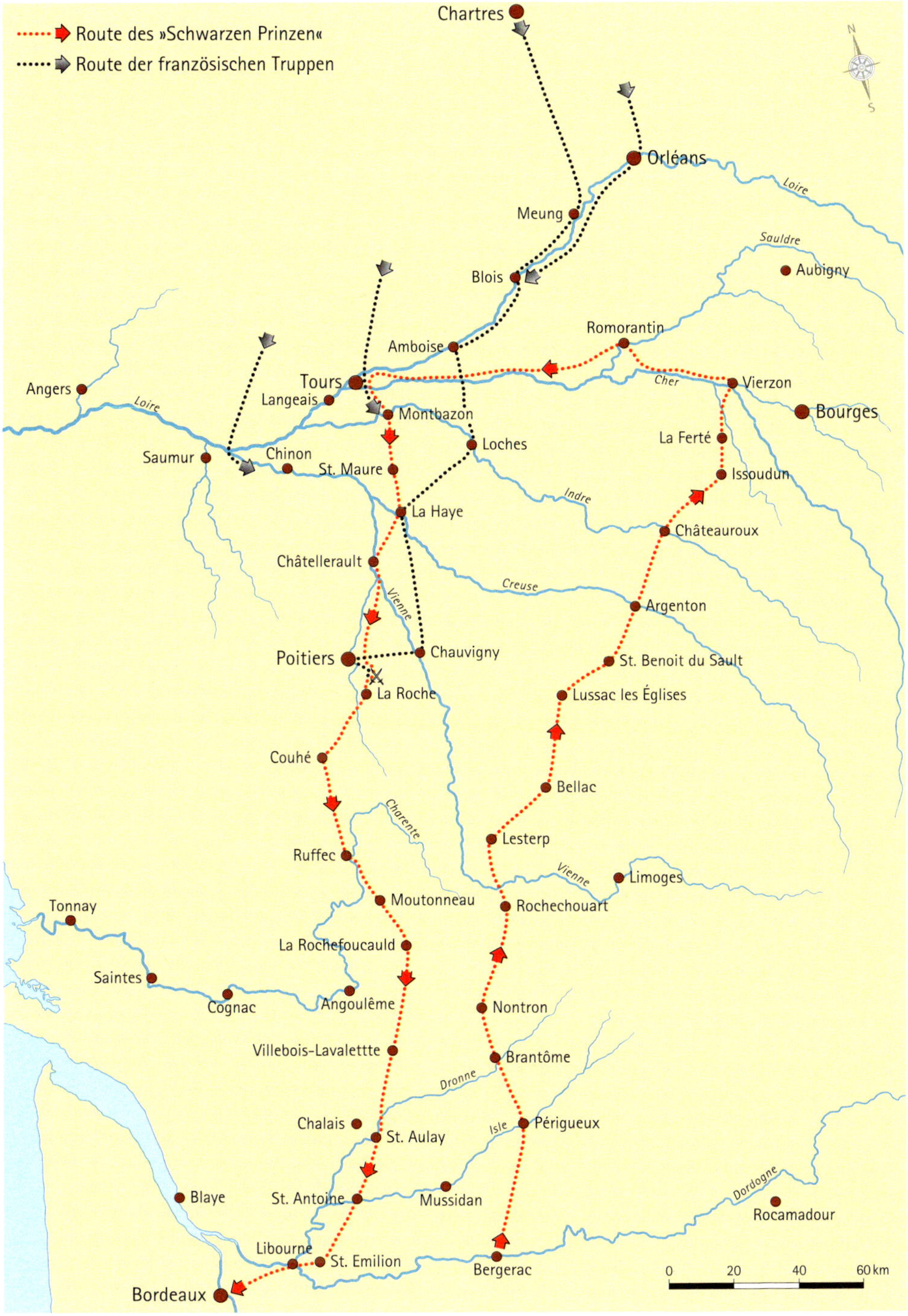

19 Am 4. Aug. 1356 brachen 7000 Mann unter der Führung des englischen Thronfolgers aus der englisch besetzten Guyenne zu einem Verwüstungszug auf. In knapp zwei Monaten legten sie rund 600 km zurück. Am 19. Sept. 1356 vernichteten sie bei Poitiers ein französisches Heer und nahmen König Johann II. von Frankreich gefangen.

Diese Unternehmung stellte sicherlich keine Ausnahme unter den Operationen karolingischer Heere dar. Im nächsten Jahr, 807, fand dem Astronomus zufolge ein ganz ähnlicher Vorstoß statt. Erwähnungen in anderen Quellen weisen darauf hin, dass in anderen Gebieten und in anderen Jahren Ähnliches geschah. Wahrscheinlich sind dies Beispiele für das Vorgehen der schon erwähnten „Scharen“, jener recht kleinen, aber gut bewaffneten und schnellen Elitetruppen. Über diese Vorgänge wurde jedoch meist nicht so detailliert berichtet. Der Astronomus schildert diese Unternehmung sicherlich auch deswegen so genau, weil sie indirekt zum Ruhm seines Helden Ludwig beiträgt, der den Oberbefehl hat. Angesichts dieser Darstellungsabsicht mag er seine Schilderung in einigen Einzelheiten geglättet haben, aber in ihren Grundzügen ist sie sicherlich zuverlässig. Denn der Autor hätte seinen Lesern keine Episoden zumuten können, die ihnen nicht realistisch erschienen wären.

Ludwig der Fromme verfolgte dem Astronomus zufolge im Jahr 806 einen durchdachten Plan. Während die Hauptmacht unter seinem persönlichen Befehl die wichtige Stadt Tortosa angriff, unternahm eine kleinere Abteilung einen Vorstoß in den Rücken des Feindes. Um den Gegner zu überraschen, marschierte sie nachts. Das Gelände kannten ihre Anführer genau, denn es war sicher kein Zufall, wo die Abteilung den Ebro überschritt. Im feindlichen Hinterland konnte diese Truppe dann viel feindliches Gut zerstören und erbeuten. Darüber hinaus gelang es ihr, ein überlegenes maurisches Kontingent zu schlagen. Im 19. Jahrhundert hätte man von einem erfolgreichen Kavallerie-Raid gesprochen.

Gewiss: Der Krieg war nicht entschieden, aber das war auch nicht das Ziel. Die kleine Truppe, sicherlich gut ausgebildet, bestens bewaffnet und hoch motiviert, hatte einen begrenzten Auftrag, und sie errang einen respektablen Erfolg – aufgrund kühler Planung und schneller Durchführung. Von bloßem Dreinschlagen ist hier keine Spur zu sehen. Das Unternehmen zeigt vielmehr, wie nüchtern und zweckdienlich in der Karolingerzeit strategisch geplant werden konnte.

Das heißt nicht, dass alle Unternehmungen karolingischer Krieger an Aufwand und Planung mit dieser vergleichbar waren. Außerdem gab es selbstverständlich Fehlschläge. Die Feinde der Karolinger konnten schließlich auch denken, planen und kämpfen. Trotz aller Imperfektion aber wussten die Heerführer der Karolingerzeit ihre Feldzüge grundsätzlich erfolgreich zu planen. In späteren Jahrhunderten war dies prinzipiell nicht anders.

Beute

„Nachdem er das feindliche Land überall verwüstet hatte, kehrte er nach Hause zurück.“ Dieser Satz, den der Astronomus in seinem Bericht über den Feldzug des Jahres 806 formuliert, beschreibt nach den Auffassungen, die sich seit dem 18. Jahrhundert vom Kriegsrecht gebildet haben, ein Verbrechen: Es ist nicht statthaft, ein feindliches Land planmäßig zu verwüsten und Nichtkombattanten in Mitleidenschaft zu ziehen. Im Mittelalter und darüber hinaus aber galt beides als legitime Kriegshandlung. Viele Feldzüge bestanden in nichts anderem als im Verwüsten von Dörfern, Niederbrennen von Ernten, Ermorden von Menschen. Der Gegner sollte zum Nachgeben gezwungen werden, indem man seine materiellen Grundlagen zerstörte. Feldschlachten hingegen waren im Allgemeinen selten, denn sie boten zwar die Chance, das gegnerische Heer mit einem Schlag entscheidend zu schwächen oder gar zu vernichten, doch bestand auch das Risiko, selbst empfindliche Verluste zu erleiden. Außerdem waren in einigen Gegenden und in langen Perioden des Mittelalters die Befestigungsanlagen den Angreifern so stark überlegen, dass sich der Sieger einer Feldschlacht mit der Belagerung einer Burg oder Stadt aufhalten musste, dabei Zeit und Kraft vergeudete und der Erfolg auf freiem Feld daher kaum weitere Erfolge brachte.

In ähnlicher Weise wie das Verwüsten von Landstrichen galt seit dem 18. Jahrhundert auch das Plündern und Beutemachen als Verbrechen. In der Karolingerzeit wie im ganzen Mittelalter hingegen war es ebenfalls eine legitime Handlung, ja ein legitimes Kriegsziel. Das Eigentum der Unterlegenen gehörte den Siegern.

Dieses Beutemachen war meist eine individuelle Angelegenheit. Nach dem Kampf ging jeder los und sah zu, was er ergattern konnte. Das zog Gefahren mit sich. Wer als Erster plünderte, konnte sich die besten Stücke sichern. Daher bestand die Tendenz, den Kampf etwas zu früh als gewonnen anzusehen und sich auf die Beute zu stürzen – mit fatalen Konsequenzen, wenn sich der Feind wieder sammelte. Auch gab es im ganzen Mittelalter immer wieder Berichte über Abteilungen, die eine fette Beute machten – das feindliche Lager, einen Wagenzug oder Ähnliches – und dann so auf das Rauben bedacht waren, dass sie die Annäherung einer neuen feindlichen Truppe nicht mehr rechtzeitig bemerkten.

Dieser Profit aus dem Krieg war immer eine riskante Sache. Voraussetzung für Beute war ein militärischer Sieg, also ein Kampf, und dabei konnte man umkommen. Wenn man aber überlebte und wenn etwa der Schatz eines fremden Herrschers erobert (dies war bei den Awaren 795 und 796 der Fall) oder wenn ein bedeutendes heidnisches Heiligtum eingenommen wurde (wie die Irminsul in Sachsen 772), dann fiel für die einzelnen Krieger ein lohnenswerter Teil ab.

Doch nicht nur die einzelnen Kämpfer konnten hoffen, Beute zu machen, auch die karolingischen Könige taten es. Sie verlangten von unterworfenen Stämmen Tribute in beachtlicher Höhe. Mitunter wurden diese Abgaben allerdings „Geschenke“ genannt, um den Stolz der Zahlenden nicht zu sehr zu verletzen. Die Langobarden mussten, bis sich Karl der Große ihr Reich ganz unterwarf, jedes Jahr 12 000 Schillinge zahlen –

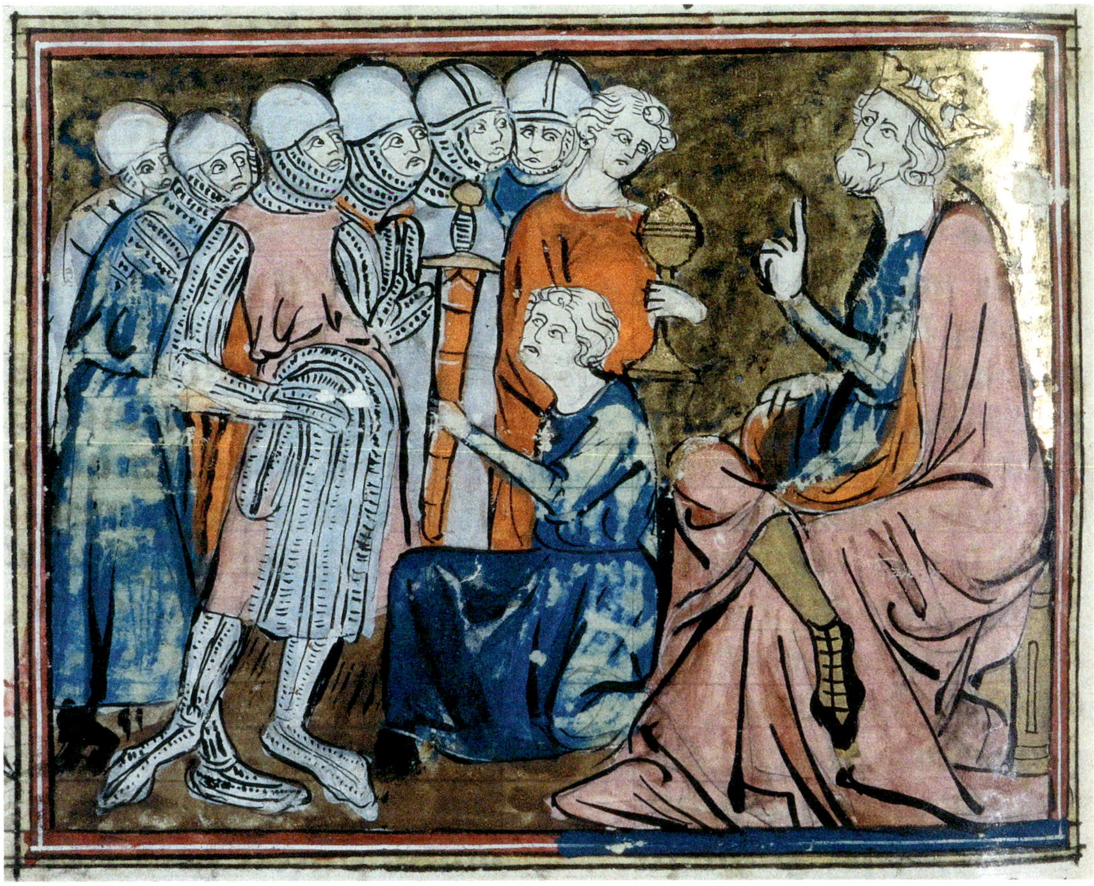

20 Eine Handschrift eines Romans aus dem 14. Jh. illustriert eine selbstverständliche Sitte, welche die Chronisten des früheren Mittelalters nicht detailliert festhalten: Der König verteilt nach dem Sieg Beutestücke an seine Getreuen.

eine enorme Summe. Die weniger entwickelten Gebiete an der Ostgrenze des Frankenreiches zahlten in Naturalien: die Thüringer einen Schweinezins, die Sachsen (vor Beginn der eigentlichen Sachsenkriege) zunächst Kühe, später Pferde; diese Veränderung wird gemeinhin als Indiz dafür gewertet, dass die Reiterei im fränkischen Heer um die Mitte des 8. Jahrhunderts immer wichtiger wurde.

Neben diesen jährlichen Tributzahlungen kamen auch einmalige Zahlungen vor. Die sogenannten Annalen von Saint-Bertin, die in enger Verbindung zum westfränkischen Hof entstanden, berichten zum Jahr 844 von Geschehnissen in Italien, in dessen Norden der Karolinger Lothar I. herrschte: „Herzog Siginulf von Benevent unterwarf sich mit allen Seinigen der Botmäßigkeit Lothars und verpflichtete sich zu einer Buße von 100 000 Goldstücken an ihn." Das Wort Buße deutet an, dass Siginulf nach Darstellung Lothars ein abtrünniger Untertan war. Das stimmte insofern, als die Beneventaner schon seit 812 einen jährlichen Tribut in Höhe von 7000 Goldstücken leisten mussten. Offenbar aber hatten sie ihn eine Zeitlang nicht gezahlt und sich auch sonst unbotmäßig gezeigt. Wenn Siginulf sich gerade zu diesem Zeitpunkt wieder unterwarf und eine so ungeheure Summe zu zahlen bereit war, hatte er gewiss einen sehr konkreten Grund – wahrscheinlich drohte der Einmarsch eines fränkischen Heeres. Die Geldbuße war also im Grunde eine Art von Erpressung. Diese Praxis galt den karolingischen Herrschern keineswegs als verwerflich oder als mit der herrscherlichen Würde nicht vereinbar. Es war ganz im Gegenteil eine einträgliche Angelegenheit, die den Ruhm des Königs erhöhte.

Indirekt trugen auch solche Tribute zur Motivation mancher Krieger bei, denn der König behielt die Zahlungen nicht für sich. Zumindest einen wesentlichen Teil übereignete er an Personen, die er sich verpflichten wollte. Nutznießer waren wohl in erster Linie die großen Magnatenfamilien, die über reichen Besitz verfügten und deren Beistand sich der König sichern wollte. Aber für die Magnaten galt letztlich dasselbe wie für den König. Auch sie mussten sich die Treue ihrer Gefolgsleute und Lehnsmänner durch zusätzliche Gaben sichern. Was sie vom König bekamen, reichten sie daher gewiss zum Teil an ihre Leute weiter. In ähnlicher Weise verfuhren die Herrscher mit Landbesitz, als sie Alemannien, Bayern und das Langobardenreich eroberten. Sie enteigneten den Landbesitz eines Teils der unterworfenen Führungsschicht und verteilten ihn an ihre Gefolgsleute, die wiederum einen Teil ihres Gewinns an ihre Leute weitergegeben haben dürften. Diese Verteilung von Kriegsgewinnen war eine wichtige Klammer karolingischer Herrschaft.

Die Aussicht auf solche materiellen Vorteile mochte manchen veranlassen, sich dem Heer des Kaisers anzuschließen anstatt wie andere nach Ausflüchten zu suchen. Für den Herrscher hatte das sogar den Vorteil, dass ihm Kämpfer zur Verfügung standen, die hoch motiviert waren. Allerdings konnte sich diese Mechanik auch zum Nachteil des Herrschers auswirken. Wenn keine Aussicht auf attraktiven Gewinn bestand, blieb ein Teil des Heeres womöglich lieber zu Hause. Außerdem fehlte dem Herrscher, wenn er keine Tribute einbringen konnte, eine wichtige Möglichkeit, die Großen seines Reichs an sich zu binden und auf diese Weise seine Stellung zu sichern. Die karolingischen Herrscher waren insofern auf Gewinne aus ihren Kriegen angewiesen. Die militärische Schwäche des Reiches ab ungefähr 820 erklärt sich unter anderem wohl daraus, dass diese Gewinne nicht mehr flossen. Dort, wo die Karolinger noch mit Aussicht auf Erfolg Kriege hätten führen können, an der Ostgrenze ihres Reichs, boten die kulturell geringer entwickelten slawischen Völker wenig Aussicht auf attraktive Beute.

Den karolingischen Herrschern und ihren Kriegern ging es also häufig nicht um Eroberung von Land und Erreichung irgendwelcher politischer Ziele, wie es tausend Jahre später Generalstäbler und Historiker in Clausewitz'scher Tradition als Zweck von Kriegen sahen. Es ging schlicht um Raub. Das Beutemachen war eine allgemein akzeptierte und angewandte Strategie.

Die Taktik im Gefecht

Wer verstehen will, wie sich mittelalterliche (auch frühneuzeitliche) Kämpfer im Gefecht verhielten, muss zunächst Vorstellungen aus dem Weg räumen, die heute fälschlich als selbstverständlich gelten. Seit dem Ersten Weltkrieg hat sich in das kollektive Bewusstsein eingeprägt, dass ein Soldat dem feindlichen Feuer ausweichen, sich zu diesem Zweck flach auf den Boden legen oder sich sogar in einem Schützengraben verbergen müsse. Diese Verhaltensweisen wurden jedoch erst von der technischen Entwicklung am Ende des 19. Jahrhunderts erzwungen, nämlich dem Umstand, dass Gewehre und Geschütze nun schneller, weiter und mit höherer Treffgenauigkeit schossen. In den Jahrhunderten zuvor, als Schusswaffen und Kanonen weniger leistungsfähig waren, hatten Truppen im Gefecht anders agiert. Dies gilt in noch stärkerem Maß für das Mittelalter, denn Pulverwaffen traten erst ganz am Ende dieser Epoche auf und waren in der Feldschlacht kaum von Nutzen.

Im Mittelalter wurde das Verhalten im Gefecht dadurch bestimmt, dass Fernwaffen der Fußsoldaten – Bogen und Armbrust – eine recht geringe Reichweite sowie verhältnismäßig wenig Zielgenauigkeit und Durchschlagskraft besaßen. Sogar ein Geschoss der effektivsten Fernwaffen, des Langbogens und der Armbrust, konnte man mit Hilfe eines Schildes auf 200 Meter Entfernung mit großer Wahrscheinlichkeit abwehren. Bevor sich diese beiden Waffen im 14. Jahrhundert verbreiteten, war man in 100 Metern Entfernung zum Gegner vor dessen Geschossen relativ sicher. Die mittelalterliche Artillerie – Wurfmaschinen, später auch Kanonen – war so schwerfällig und verfügte über eine so langsame Schussfolge, dass sie im Gefecht auf freiem Feld kaum zu gebrauchen war. Angesichts dieser Umstände war es im Kampf nicht nötig, dem feindlichen Feuer auszuweichen. Andererseits bedeutete die verhältnismäßig geringe Wirksamkeit der Fernwaffen auch, dass man nicht hoffen konnte, nur durch eigenen Beschuss mit Pfeilen oder Armbrustbolzen eine erfahrene, disziplinierte feindliche Truppe in die Flucht zu schlagen. Die Entscheidung musste im Nahkampf fallen.

Die heute verbreitete Vorstellung vom Nahkampf und von mittelalterlicher Gefechtstaktik überhaupt wird wiederum hauptsächlich von anachronistischen Darstellungen in Filmen bestimmt, in denen ein Angriff von Fußtruppen meist so aussieht: Männer rennen ungeordnet auf den Feind zu, schwingen schreiend ihre Schwerter, stoßen schließlich auf den Feind, der sich häufig ganz genauso verhält und ihnen entgegenläuft. Eine Kavallerie-Attacke wird ähnlich inszeniert, nur sitzen die Kämpfer auf Pferden. Dies sind heroisierende, dramatisierende Darstellungen, die mit der Realität wenig zu tun haben.

Bei einem Angriff auf freiem Feld wäre es höchst gefährlich gewesen, auf eine gegnerische Truppe zuzusprinten und atemlos bei ihr anzukommen, denn diese wäre einfach abwartend stehengeblieben und hätte ihre Kräfte geschont. Man musste sich dem Feind langsam nähern. Dies war umso wichtiger, als im Nahkampf jeder darauf achten musste, dass er nicht plötzlich Feinde zugleich vor sich und in seinem Rücken hatte. Die Krieger mussten sich also gegenseitig schützen und zu diesem Zweck unbedingt eine geschlossene, kompakte Formation einhalten. Das aber ging nicht, wenn sie zu schnell vorrückten, zumal über unebenen Boden.

Ein Angriff mit Infanterie sah also sinnvollerweise folgendermaßen aus: Die Angreifer stellten sich außerhalb der Schussweite von feindlichen Bogen und Armbrüsten in einer kompakten Gliederung auf, Mann an Mann, mehrere Glieder tief. Dann rückte die Truppe vor, zügig, aber nicht zu schnell. Zwischendurch hielt sie an, um die Reihen zu schließen, und marschierte dann weiter. In geringer Entfernung zum Feind wurden abermals die Reihen geordnet, um möglichst geschlossen auf den Feind zu treffen, dann erst begann der Sturmlauf – mit Kriegsgeschrei. Die Angegriffenen waren nun einer extremen psychischen Belastung ausgesetzt. Sie sahen Hunderte entfesselter, brüllender, bewaffneter Männer auf sich zu laufen. Der Impuls, einfach wegzurennen, war gewiss groß. Taten die Angegriffenen das nicht, liefen die Angreifer ihrerseits auf eine imposante Linie von abwehrbereiten, ebenfalls bewaffneten und brüllenden Männern zu. Auch das bedeutete höchsten Stress. Das mochte dazu führen, dass die Angreifer ihren Mut verloren. In der Frühen Neuzeit ist gut dokumentiert, dass es oft zum heroischen Handgemenge gar nicht kam: Entweder rannten die Angegriffenen weg oder die Angreifer.

Eine Kavallerie-Attacke lief grundsätzlich ähnlich ab, war allerdings etwas komplizierter, weil Pferde Fluchttiere sind. In den Savannen, in denen ihre Vorfahren ursprünglich lebten, konnten sie sich vor Raubtieren nur durch Weglaufen in Sicherheit bringen. Daher wollen Pferde instinktiv über diese Fluchtmöglichkeit verfügen. Sie rennen nicht ohne Weiteres auf unüberwindliche Hindernisse wie eine feindliche Fuß- oder Reitertruppe in geschlossener Ordnung zu. Pferde mussten durch Training an diese Situation gewöhnt werden. Selbst dann kam es sicherlich vor, dass einige scheuten, andere durchgingen. Damit die Ordnung nicht aufbrach, trabten die Reiter nur auf den Feind zu und ordneten immer wieder ihre Reihen. Erst ganz zum Schluss gingen sie auf Kommando alle gleichzeitig zum Galopp über, um möglichst geschlossen mit Wucht auf den Feind zu treffen. Die Distanz, bei der losgaloppiert werden sollte, ist in Dienstvorschriften der Frühen Neuzeit festgehalten, und auch noch in einer Vorschrift der britischen Armee von 1937, der letzten, die sich noch mit einer Kavallerie-Attacke beschäftigt. Sogar in diesem Jahr, als es schon längst Maschinengewehre gab, sollte diese Distanz lediglich 50 Yards betragen.

Angriff wie Verteidigung erforderten also Nervenstärke und Mut. Beide Eigenschaften waren nicht einfach angeboren, sie mussten antrainiert werden, zumal wenn sie in so extremen Situationen wirksam sein sollten. Außerdem musste jeder einzelne Kämpfer darauf vertrauen können, dass seine Nebenleute nicht wegliefen, er selbst aber stehen blieb und sich der feindlichen Übermacht gegenüberfand. Auch dieser Korpsgeist konnte nur durch Training erworben werden.

Die Truppen mussten also das Gefecht geübt haben, bevor sie das erste Mal im Kampf standen, und sie mussten weiter üben. Dies galt umso mehr, als außer Abwehr und Angriff auch Manöver wie Schwenkungen zu trainieren waren. Der Kampf zu Pferd war dabei selbstredend schwieri-

21 Der Schöpfer dieser karolingerzeitlichen Illustration zu den biblischen Büchern der Makkabäer legt mehr Wert auf Dramatik als auf Realismus. Ein besonderes Augenmerk scheint er jedoch auf die dichte Ordnung zu richten, welche die Fußkämpfer wie die Reiter einhalten.

ger als derjenige zu Fuß einzuüben. Zum Drill im Verband kam noch die individuelle Ausbildung mit den Waffen hinzu. Auch diese war für einen Reiter begreiflicherweise schwieriger als für einen Fußsoldaten.

Diese Ausbildung bot die Grundlage dafür, dass die Kämpfer auch kompliziertere taktische Manöver vollführten, Hinterhalte legten, Flankenangriffe versuchten, wagemutige schnelle Raids durchführten und so fort. Diese taktischen Finessen kamen auch im früheren Mittelalter durchaus vor, wie die neuere Forschung mittlerweile entgegen den Annahmen der älteren nachgewiesen hat. Wenn diese Manöver nur selten belegt sind, dürfte das sogar im Wesentlichen an den Quellen liegen, die Details des Kampfes, zumal taktischer Art, im früheren Mittelalter kaum einmal erwähnen. Wichtiger als Überlegungen, ob eine Truppe in einem bestimmten Land zu einer bestimmten Zeit irgendein bestimmtes Manöver auszuführen vermochte, sind ohnehin die Folgen der taktischen Gegebenheiten.

Die Zeit, welche alle diese Übungen kosteten, konnten die Kämpfer nur erübrigen, wenn sie dafür entlohnt wurden oder dank eines hinreichenden Vermögens unabhängig von Erwerbsarbeit waren. Die Möglichkeiten, Kämpfer zu besolden, waren jedoch im früheren Mittelalter aufgrund der geringen Ausbildung der staatlichen Strukturen sehr beschränkt. Aus demselben Grund war es schwierig, dass der Fürst die vollständige Ausrüstung für alle Kämpfer zur Verfügung stellte. Die Karolinger und die auf sie folgenden Herrscher aus anderen Geschlechtern mussten daher für ihre Kriegführung auf eine geburtsständische Elite zurückgreifen, die aufgrund von Landbesitz in der Lage war, gut ausgebildet und ausgerüstet in den Krieg zu ziehen, und die ein Standesethos besaß, dass ihr genau dies vorschrieb. Die waffentechnischen und administrativen Gegebenheiten trugen auf diese Weise entscheidend dazu bei, dass der Adel im Mittelalter eine militärisch und politisch dominierende Rolle spielte.

Ruhm und Ehre

Die Regeln der Taktik bestimmten nicht allein das Verhalten der Kämpfer. Auch die ihnen anerzogenen Verhaltensnormen hatten Einfluss darauf. Deutlich zeigt sich dies an einem Bericht, den der Bearbeiter der Fränkischen Reichsannalen verfasste. Drei hochrangige Abgesandte Karls des Großen trafen bei einem Feldzug gegen die Sachsen mit ihren Truppen 782 am Süntel (einem Gebirgszug in der Nähe von Hameln) den Grafen Theoderich, einen Verwandten des Herrschers, und dessen Kontingent. Die drei Abgesandten fügten sich jedoch nicht den nahe liegenden taktischen Erfordernissen:

„Wie sie sich aber nun untereinander besprachen, fürchteten sie, der Ruhm des Sieges könne dem Namen Theoderichs zufallen, wenn er im Kampf bei ihnen wäre. Daher beschlossen sie, ohne ihn die Sachsen anzugreifen, ergriffen die Waffen und rückten, als ob sie es nicht mit einem zur Schlacht geordneten Feinde zu tun, sondern Fliehende zu verfolgen und Beute zu machen hätten, so schnell als jeden sein Ross tragen mochte, dahin vor, wo die Sachsen vor ihrem Lager in Schlachtreihe standen. So übel der Anmarsch, so übel war auch der Kampf selbst; sobald das Treffen begann, wurden sie von den Sachsen umringt und fast bis auf den letzten Mann niedergehauen."

Es ging den drei Gefolgsleuten Karls des Großen also um Ruhm und um Ansehen unter ihren Zeitgenossen, die ihre Stellung in der Gesellschaft – ihre Ehre – erhöhen sollten. Der mittelalterliche Adel, zumal jener des 8. bis 11. Jahrhunderts, fasste Ehre nicht – wie man es im 19. Jahrhundert tat – als inneres Gefühl oder inneren Wert auf, der sich auf die charakterliche Integrität eines Menschen bezog. Vielmehr war die adlige Ehre äußerlich wahrnehmbar, etwa am Respekt, der einem Mann von anderen erwiesen wurde. Auch ein Amt oder ein Lehngut war eine „Ehre". Dementsprechend konnte man im Plural von Ehren, „honores", sprechen. Der Begriff Ehre beziehungsweise Ehren beschrieb insofern umfassend die soziale Stellung einer Person. Außerdem war der adlige Ehrbegriff agonal angelegt, also auf Kampf und Wettbewerb: Die Ehre des einen bemaß sich immer im Verhaltnis zur Ehre des anderen. Die eigene Ehre konnte, ja musste man auf Kosten der Ehre eines anderen ausweiten.

Das Gegenteil der Ehre war die Schande, und was man als Schande betrachtete, zeigt sehr deutlich, wie sich dieser Ehrbegriff definierte und wie aggressiv er war. Eine große Schande war es beispielsweise, wenn jemand den Tod durch die Hand eines unstandesgemäßen Gegners erlitt. Begreiflicherweise berichten dies dann nur die Chronisten der jeweiligen Gegenseite, und zwar voller Häme: Adlige aus dem Heer Heinrichs IV. seien von Bauern erschlagen worden, schreibt ein Gegner des Herrschers. Ein Parteigänger desselben Monarchen erzählt wiederum, Heinrichs Kontrahenten, den Gegenkönig Hermann von Salm, habe eine Frau getötet – aber dessen Parteigänger behaupteten, der Täter sei ein Mann gewesen, und dies täten sie, „damit sie diese Schande übertünchten". Der Hersfelder Mönch Lampert berichtet, ein Widersacher des Klosters sei „von irgendeinem äußerst niedrigen Unfreien (…) oder, wie andere sagen, von einer Tänzerin" tödlich verwundet worden. In ganz ähnlicher Weise war es eine Schande, an einer unrühmlichen Krankheit zu sterben. Ein italienischer Verfasser etwa hält genüsslich fest, der ihm verhasste Kaiser Arnulf sei an Läusen gestorben. Eine Quelle aus dem östlichen Frankenreich erzählt über den Herrscher des Westreiches, Karl den Kahlen, er sei vor dem Heer seines Widersachers geflohen und auf der Flucht verschieden – an Durchfall. Seine Leute hätten die Leiche zum Begräbnis heimbringen wollen, aber sie habe zu sehr gestunken, so dass man sie „in irgendeinem Kloster in Burgund" habe bestatten müssen.

Vergrößern konnte ein Adliger seine Ehre nicht zuletzt durch ruhmreiche Waffentaten, wie es die Befehlshaber der karolingischen Truppen 782 am Süntel vorhatten. Eine ähnliche Episode schildert Ekkehard von Aura aus einem Feldzug Kaiser Heinrichs V. gegen die aufständischen Sachsen im Jahr 1115 über Graf Hoier von Mansfeld:

„Als einige Tage lang beide Seiten einander drohten und sich schonten, griff ein Held namens Hoier, der sich durch viele kriegerische Taten und besonders durch die Tötung Pfalzgraf Siegfrieds größten Ruhm am Hof des Königs erworben hatte, mit einer ausgewählten Schar junger Leute, die wie er selbst des Abwartens müde waren, die Sachsen, seine Landsleute, kühn an. Er kämpfte mit der Wildheit eines Löwen und bezahlte seine brennende Ruhmsucht mit seinem eigenen Tod, und viele fielen mit ihm."

Bezeichnend sind zwei Aspekte, die der Chronist beiläufig, aber deutlich formuliert: Zum einen hatte Graf Hoier sich schon erfolgreich um Ruhm bemüht, also seine Ehre vergrößert, indem er einen bekannten, ranghohen Adligen erschlagen hatte. Zum anderen griff er mit „jungen Leuten" an – damit meinten die Zeitgenossen nicht nur Adlige, die jung an Jahren waren, sondern insgesamt solche, die sich eine anerkannte, gesicherte Stellung in der Gesellschaft, über die Ältere schon längst verfügten, erst noch erwerben mussten. Gemeinhin erwartete man daher von ihnen besondere Kühnheit, freilich fürchtete man zugleich ihren Übermut.

Nicht nur die Gier nach Ruhm und Ehre, sondern auch Ehrverletzungen konnten nach den Schilderungen der Chronisten Kampfhandlungen verursachen. Als 891 die Normannen in das ostfränkische Reich eingefallen waren und König Arnulf sich ihnen mit seinem Heer näherte, geschah nach Regino von Prüm Folgendes: „Als sie seine Scharen herankommen sehen, verschanzen sie sich an der Dyle in gewohnter Weise durch Werke aus Holz und Erde und reizen die Truppen mit Hohngelächter und Schimpfreden. (…) Der König, wutentbrannt, befiehlt dem Heer abzusitzen und im Fußkampf mit den Feinden zu ringen."

Reginos Schilderung legt nahe, dass sich die Normannen in ihren Verschanzungen sicher fühlten und den Angriff ihrer Gegner nur zu gerne provozierten. Doch der Chronist äußert an Arnulfs emotionaler Reaktion keinerlei Kritik; sie ist für ihn ganz verständlich. Wer beleidigt wird, muss versuchen, die Ehrverletzung zu rächen. Hier geschieht es mit Erfolg: Arnulf trägt einen eindeutigen Sieg davon.

Neben den Spott, die herabsetzende Äußerung über den Gegner, trat die Prahlerei, die überhebliche Darstellung des eigenen Vermögens, welche die eigene Ehre vergrößerte und damit indirekt die Ehre des Feindes minderte. Widukind von Corvey erzählt, dass im Jahr 915 der Herzog von Franken mit seinem Heer gegen die Sachsen marschiert sei. „Als sich dieser der Burg Eresburg näherte, da sagte er – wie man überliefert –, dass es für ihn keine größere Sorge gebe, als dass die Sachsen sich nicht vor ihren Mauern zu zeigen wagten, wo er mit ihnen kämpfen könne. Kaum hatte er dies gesagt, da liefen ihm schon die Sachsen entgegen, eine Meile vor die Burg, und nachdem der Kampf begonnen hatte, erlitten die Franken solche Verluste, dass die Sänger deklamierten, wo denn die Hölle sich befinde, die so groß sei, dass sie eine so große Zahl von Erschlagenen aufnehmen könne."

Nicht immer aber waren nach den Aussagen der Chronisten ausdrückliche Verletzungen der Ehre notwendig. Mitunter forderte eine Partei die andere zum Kampf heraus, ohne zu Beleidigungen zu greifen. Ganz typisch ist ein Vorfall aus dem Jahr 841, als die drei überlebenden Söhne Ludwigs des Frommen um das Erbe ihres verstorbenen Vaters Krieg führten. Wie der Chronist Nithard schreibt, lagen sich eines Tages die Heere gegenüber, getrennt durch einen Sumpf, den beide Truppen nicht im Angesicht ihrer Feinde zu überschreiten wagten. Wer es versucht hätte, wäre womöglich von den Gegnern dabei angegriffen worden, hätte nur einen Teil der eigenen Truppen auf der feindlichen Seite des Sumpfs zur Verfügung gehabt und sich daher gegen eine Übermacht behaupten müssen. In dieser Lage sandten (Nithard zufolge) die verbündeten Brüder Ludwig der Deutsche und Karl der Kahle einen Boten zu Lothar, dem Ältesten, und schlugen vor, sie würden ihn den Sumpf überschreiten lassen, ohne ihn dabei zu attackieren. Dann könne man den Kampf austragen. Oder Lothar lasse sie ungehindert herüberkommen. Lothar aber habe seine Brüder hingehalten und sei dann abgezogen. Dieses Verhalten wertet Nithard nicht ausdrücklich, doch konnte er darauf vertrauen, dass seine Leser es in seinem Sinne interpretierten: Wer ein Angebot zu einem fairen Kampf ausschlug, der riskierte seine Ehre.

Die tendenziöse Darstellung lässt schon vermuten, dass der Chronist mit Lothars Gegnern sympathisierte. Tatsächlich kämpfte er sogar selbst im Heer Karls des Kahlen gegen Lothar. Die Episode dient ihm im Grunde dazu, einen ergebnislosen Vorfall wenigstens moralisch zugunsten seiner Partei auszulegen: Ludwig und Karl, so scheint es, wollten einen ehrlichen Kampf, Lothar wich feige aus. Unter diesen Umständen muss sehr zweifelhaft sein, ob sich das Geschehen an jenem Sumpf wirklich so zugetragen hat, wie Nithard es erzählt.

In anderen Fällen, in denen Autoren von Herausforderungen zur Schlacht sprechen, gleichen ihre Erzählungen jener Nithards. Stets können aufgrund der Lage die Anführer beider Seiten oder zumindest jene des herausgeforderten Heeres keinen Kampf wagen. Daher kommt es nach solchen Herausforderungen nicht zur Schlacht. Der Bericht über diese Vorkommnisse hat dementsprechend nicht den Zweck, ein faktisch wichtiges Ereignis festzuhalten, sondern den Gegner ins Zwielicht zu bringen.

In ganz ähnlicher Weise wird auch das Prahlen oder das Spotten stets absichtsvoll berichtet. Die Autoren lehnen sich dabei offensichtlich an Erzählmuster an, die sie und ihre Leser schon aus anderen Berichten kennen. Häufig dient das überhebliche Prahlen des Feindes dazu, seine folgende Niederlage desto blamabler erscheinen zu lassen – so auch bei Widukind. Das Spotten des Feindes legitimiert oft die Gewaltanwendung gegen ihn; so setzt auch Regino seine Erzählung vom Spott der Normannen ein. Angesichts der klar parteiischen Darstellungsabsichten sind die einzelnen Berichte über derartige Vorfälle mit kritischer Distanz zu betrachten.

Andererseits handelte es sich bei den Berichten über solche provokanten Praktiken sicherlich nicht einfach nur um Erfindungen der Chronisten. Die Autoren hätten ihre Darstellungsabsicht nicht erreicht, wenn sie etwas ganz Unplausibles berichtet hätten. Außerdem entsprach das aggressive Verhalten völlig dem adligen Ehrbegriff. Vor allem aber lässt gerade die tendenziöse Darstellung der Quellen vermuten, dass solche Provokationen ganz verbreitet waren. Es wäre höchst unplausibel anzunehmen, dass immer nur die eigene Partei vom Feind beleidigt wurde und diese Ehrverletzung dann stets zur wohlverdienten Niederlage der Gegner führte. Ebenso wenig mag man glauben, dass immer nur die Seite des jeweiligen Chronisten dem Feind edelmütig einen ehrlichen Kampf anbot und dieser ihn feige verweigerte. Vielmehr berichten die Chronisten offenbar nur dann von Spott, Prahlereien und Herausforderungen, wenn es für ihre Seite günstig ist, und nur genau so, dass dies der Fall ist. Schon die Augenzeugen dürften solche Vorfälle nur dann weitererzählt haben, wenn diese Bedingungen zutrafen. Zu dieser Filterung der Informationen trug ferner bei, dass die meisten Chronisten in dieser Zeit Geistliche waren und nach deren moralischen Maßstäben das aggressive Verhalten der Adligen als sündhafter Hochmut galt. Der gute Christ sollte sich in Demut üben. Daher ist zu vermuten, dass die Verfasser in ihren Chroniken Nachrichten über provokante Praktiken von Angehörigen ihrer eigenen Partei tunlichst unterdrückten.

Die aggressiven Praktiken dürften also im 8. bis 11. Jahrhundert sogar viel häufiger vorgekommen sein, als es in den Quellen berichtet wird. Offenbar konnte man mit gutem Grund hoffen, mit solchen Provokationen einen Kampf herbeizuführen. Doch auch wenn der Feind nicht auf die verbalen Beleidigungen und Herausforderungen einging, konnte der Provokateur profitieren, denn wenn er ungestraft die Ehre der Feinde verletzte, trug ihm das Ruhm und Ehre ein. In späteren Zeiten sank allerdings die Bedeutung der provokativen Praktiken, weil sich auch der Ehrbegriff veränderte.

Diese Erwägungen führen insgesamt zu einem komplizierten Ergebnis: Die Ehre war in der Karolingerzeit und den folgenden Jahrhunderten von so enormer Bedeutung für das Verhalten der Krieger im Kampf sowie für die Interpretation des Geschehens in mündlicher und schriftlicher Überlieferung, dass Augenzeugen wie Chronisten sich der unwiderstehlichen Versuchung ausgesetzt sahen, ihre Erzählungen zugunsten ihrer Partei zu verfälschen. Dies geschah unter anderem dadurch, dass sie ihre Berichte in gängige Darstellungsmuster einpassten, die sie aus anderen Zusammenhängen kannten. Was den einzelnen Bericht über Spott, Prahlerei oder Herausforderung angeht, kann man also nicht davon ausgehen, der jeweilige Chronist hätte einfach nur berichtet, was wirklich geschehen war. Schlimmer noch: Da es meist nur eine Quelle über einen solchen Vorfall gibt, existiert keine Möglichkeit, dem tatsächlichen Geschehen wirklich nahe zu kommen. Hier stößt die Geschichtswissenschaft an ihre methodischen Grenzen.

Zweikämpfe

Im Jahr 978 drang das Heer Kaiser Ottos II. in das westfränkische Reich ein und lagerte schließlich auf dem rechten Ufer der Seine vor der Stadt Paris, die von einer Truppe unter dem Befehl von Hugo Capet, dem Herzog von Francien (ungefähr dem Gebiet der heutigen Île-de-France) verteidigt wurde. Eines Tages trug sich Aufsehen Erregendes zu, und zwar an einem Tor auf der rechten Seite der Seine, wo eine kleine Befestigungsanlage den Zugang zur einzigen Brücke über den Fluss sicherte; die Stadt Paris erstreckte sich damals nur auf dem linken Seine-Ufer und auf der Île de la Cité. Wie Richer von Reims erzählt, habe sich ein „Germane“ dem Tor an der Brücke genähert; da der Chronist die Kontrahenten auf Latein nicht treffender zu benennen vermag, bezeichnet er sie mit Worten, die ihm aus der antiken Literatur geläufig sind, als „Gallier“ und „Germanen“: „Dass ein Feind herauskommen solle, rief der Einzelne mehrfach. Als er schon zu der Verhöhnung der Gallier einige Schmähungen hervorbrachte und ihm keiner antwortete, berichteten die Wachen dem Herzog und den Fürsten (…), am Tor zur Brücke stehe ein Mann, der vorschlage, allein gegen einen anderen zu kämpfen, und er reize die Fürsten mit Beschimpfungen und Schmähungen und er werde nicht weggehen, bevor er nicht einen Zweikampf ausgetragen habe oder bevor die Tore geöffnet und das ganze Heer hineingelassen würde. Der Herzog ertrug wie die Vornehmen diese Beschimpfung nicht und mahnte die Panzerreiter und die jungen Leute, dass sie den Irrsinnigen zurückschlugen, sich von dieser Schande reinigten und sich einen ruhmvollen Namen erwarben. Bald boten sich viele voller Eifer an, dem Feind entgegenzutreten.

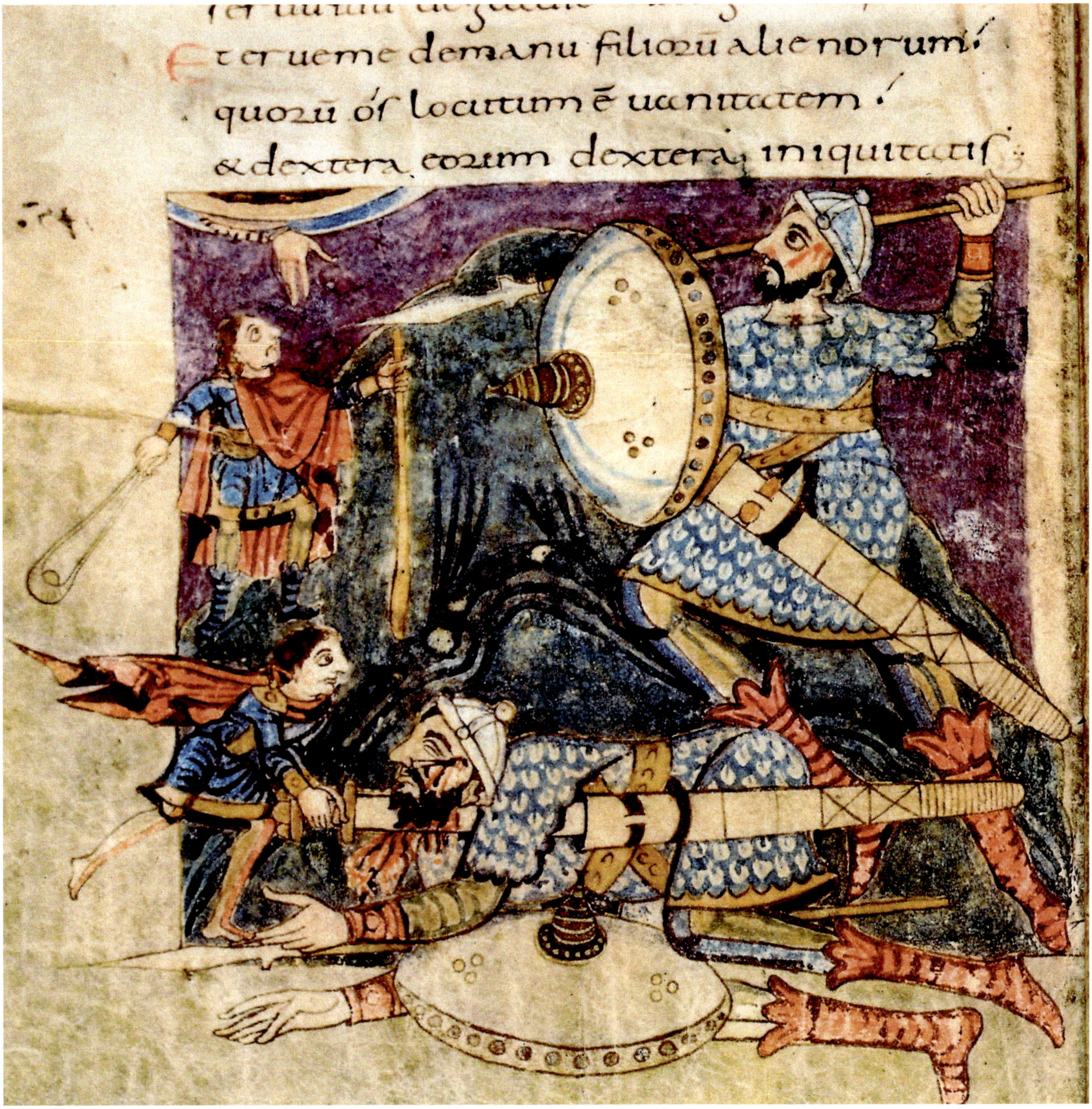

22 Einer der berühmtesten Zweikämpfe ist zweifellos jener zwischen David und Goliath. Diese um 820 entstandene Illustration eines Psalters drückt die Diskrepanz zwischen beiden Widersachern auch dadurch aus, dass sie David als nur leicht bewaffnet darstellt, Goliath hingegen mit Körperpanzer und Helm sowie Schild und Lanze.

Also wurde von den vielen einer auserwählt und er schritt zum Kampf. Eine Belohnung wurde dem tapferen Mann versprochen. Die Riegel wurden entfernt, das Tor geöffnet. Die beiden Feinde schritten aufeinander zu. Sie hielten einander die Schilde entgegen, reckten die Speere vor und warfen einander voller Wut nicht wenige Schmähungen entgegen. Schließlich schleuderte der Germane seinen Speer und durchbohrte den Schild des Galliers mit wuchtigem Wurf. Als er das Schwert zog und auf seinen Gegner eindringen wollte, wurde er vom Gallier mit dem Speer getroffen und verlor sein Leben. Der Gallier hatte den Sieg errungen, nahm dem Feind die Waffen ab, trug sie fort und übergab sie dem Herzog. Der tapfere Mann erbat und erhielt seine Belohnung."

Wieder liegt dem Geschehen der aggressive Ehrbegriff des Adels zugrunde. Der „Germane" beleidigt die „Gallier" in der Stadt. Diese können das nicht ertragen, gleich mehrere wollen die Ehrverletzung rächen, Ivo tut es schließlich mit Erfolg. Wieder ist anzunehmen, dass der Zweikampf sich also wohl kaum genau so zutrug. Zu deutlich setzt der Autor den „Germanen" ins Unrecht, zu eindeutig und ruhmreich schildert er Ivos Sieg. Andererseits ist das Vorkommnis sicherlich nicht völlig frei erfunden. Ein Ivo ist tatsächlich in der Umgebung von Hugo Capet urkundlich nachgewiesen. Zudem schrieb der Chronist nur 15 oder 20 Jahre nach dem Ereignis. Irgendein wahrer Kern liegt dem Bericht also wohl zugrunde.

Sehr schnell zeigt sich, dass Richer nicht deswegen von dem Zweikampf erzählt, weil dieser irgendwelche direkten Folgen gezeitigt hätte. Otto II. und sein Heer zogen wenig später zwar ab, aber nicht wegen des Zweikampfs. Vielmehr geht es dem Chronisten offenbar darum, einen herausragenden Fall von Heldentum darzustellen.

Diese Absicht des Autors erklärt sich besonders überzeugend, wenn man seine Angaben über die militärische Lage kritisch liest: Die westfränkischen Truppen unter Hugo Capet, so schreibt Richer, konnten sich dem Feind nicht entgegenstellen, weil sie zahlenmäßig unterlegen waren. Der Chronist verschweigt, was das konkret hieß: Die westfränkischen Krieger mussten sich in einer Stadt verschanzen, während die Gegner das Land ausplünderten und Dörfer niederbrannten. Das Verhalten der Westfranken war unrühmlich, ja es delegitimierte ihre soziale Stellung, denn sie bezogen ihr Selbstverständnis doch gerade daraus, dass sie kämpften und das Land gegen Feinde verteidigten. In dieser Situation dürfte es dann tatsächlich zu irgendeinem Kampf zwischen Ivo und einem Krieger aus dem ostfränkischen Heer gekommen sein. Vielleicht suchte wirklich der „Germane" Ruhm, indem er einen „Gallier" zum Zweikampf herausforderte. Wichtiger war jedenfalls, dass Ivos Sieg in der Erinnerung als stellvertretender Sieg galt. Der Erfolg des Einzelnen schien höchst geeignet, das sachlich angemessene, aber wenig ruhmreiche Verhalten des Heeres zu bemänteln. Ivo mag also durchaus eine Heldentat vollbracht haben, aber wenn man sich viele Jahre später noch daran erinnerte, lag dies nicht mehr an ihrer unmittelbaren Wirkung, sondern an der Bedeutung, die sie für die zurückblickende Interpretation der Ereignisse erhalten hatte.

Entsprechendes gilt für andere Berichte über ähnliche Zweikämpfe, in denen sich ein Adliger hervortut, und für Erzählungen über Scharmützel, in denen sich ebenfalls Adlige auszeichnen. Interessanterweise lassen die Autoren ihre Leser manchmal im Unklaren, ob es sich bei den ruhmbringenden Aktionen, von denen sie schwärmen, um Einzelkämpfe oder Gefechte zwischen kleinen Gruppen gehandelt hat. Offenbar kam es immer wieder vor, dass Adlige – und wiederum vor allem die Jungen – die Auszeichnung im Kampf suchten, allein oder mit Kameraden loszogen und auf Feinde trafen, die genau das Gleiche wollten. Ob es dann zu einigen Zweikämpfen oder zu einem kleinen Gefecht kam, lag womöglich nur an Zufällen und war letztlich egal. Entscheidend für die Bewertung der unmittelbaren Situation – sowohl durch die Akteure als auch durch die Chronisten – war der Ehrgewinn. Entscheidend für die Erinnerung an das Ereignis war nicht das bloße Faktum, sondern dass die Tat in Zusammenhänge gestellt wurde, welche der Held gar nicht im Blick haben konnte, als er sie beging.

Schon an diesen Beispielen zeigt sich, dass der Zweikampf für die Zeitgenossen mehr war als nur ein Mittel zum Ehrerwerb. Noch klarer geht dies aus vielen literarisch geformten Texten hervor, in denen Schlachten so geschildert werden, als hätten sie nur aus einer Abfolge von Zweikämpfen bestanden. Ein sehr frühes Beispiel bietet das altfranzösische Rolandslied, aber auch eine Schilderung der Schlacht bei Dürnkrut 1278, die Otacher ouz der Geul vier oder fünf Jahrzehnte später niederschrieb, folgt diesem Muster. Offensichtlich besaß es für das adlige Publikum solcher Autoren einen besonderen Reiz, wenn sie von kühnen Einzelkämpfern hörten und wenn sie sich selbst als solche fühlen konnten.

Der Zweikampf war das Ideal des Kampfes. Zum einen reduzierte die Erzählung über einen Zweikampf ein kompliziertes Geschehen auf eine simple Situation. Es ging nicht um verwickelte politische Ursachen des Kriegs oder wenig eindeutige Ergebnisse, nicht um verzwickte moralische Erwägungen oder abstrakte strategische Pläne. Stattdessen standen sich zwei Männer gegenüber, einer kämpfte für das Gute, der andere für das Böse, beide besaßen gleiche Chancen, aber am Ende siegte selbstverständlich der Gute. Zum anderen vermittelten die Schilderungen von Zweikämpfen – von solchen, denen ein tatsächliches Ereignis zugrunde lag, und von frei erfundenen – jedem adligen Zuhörer oder Leser die Vorstellung, sein eigenes tapferes Verhalten könnte zum Erfolg des Heeres beitragen und ihm selbst die gerechte Belohnung einbringen – kurz, seine eigenen Anstrengungen besäßen Sinn.

Gegen Ende des Mittelalters wurden spontane Zweikämpfe, wie sie von Richer und anderen berichtet werden, durch verabredete ersetzt, und auch diese wurden schließlich unüblich. Das Motiv des Zweikampfes aber blieb in der Darstellung von Krieg wirkungsmächtig bis heute. Erinnert sei nur an die enorme Aufmerksamkeit, die Jagdflieger in den beiden Weltkriegen erfuhren – in der Propaganda, aber auch bei deren Publikum, und zwar bei allen kriegführenden Parteien. Das lag nicht daran, dass die hohen Abschusszahlen dieser „Fliegerasse" militärisch entscheidend gewesen wären. Vielmehr erschien der Luftkampf wie der Kampf Ivos als eine dramatische Zweikampfsituation, welche der Bessere für sich entschied.

Das konstruierte Ideal und die Erfordernisse von Taktik und Disziplin widersprachen sich im Mittelalter insofern, als sie in der Praxis nicht miteinander vereinbar schienen. In der Schlacht war, wie gesagt, der feste Zusammenhalt der Formation wichtig, nicht die individualistische, ja egoistische Zurschaustellung eigener Tapferkeit. Doch tatsächlich handelt es sich um zwei Seiten einer Medaille. Das Heer musste gemäß den taktischen Erfordernissen kämpfen, sonst riskierte es eine Niederlage, womöglich seine Vernichtung. Damit es das tat, musste aber jeder Einzelne zu Tapferkeit, zu Disziplin, zum Ertragen körperlicher Härten motiviert sein. Dazu wiederum musste er das Gefühl verspüren, es käme auf ihn persönlich an und er selbst könne Lohn davontragen. Besonders die Jungen, Ehrgeizigen brauchten diese Motivation – auch im Interesse des Heeres, denn aus ihnen mussten die zukünftigen Anführer hervorgehen. Diese Motivation setzte zum einen ein Leitbild voraus, das des zweifelsfrei gerechtfertigten, ruhmreichen Kampfes – des Zweikampfs –, zum anderen mussten Gelegenheiten geschaffen werden, damit die Einzelnen wenigstens glauben konnten, diesem Ideal nachzustreben: Zweikämpfe und Scharmützel.

Strategie, Logistik und Taktik waren selbstverständlich auch im Mittelalter nötig, um einen erfolgreichen Feldzug zu führen. Auch war es gewiss von Vorteil, wenn die einzelnen Krieger Vertrauen in die Planungen ihrer Anführer hegten. Doch fanden die Erwägungen der Feldherren wenig Aufmerksamkeit bei den Zeitgenossen, insbesondere auch den Autoren der Quellen, denn der vorbildliche Anführer war für das Verständnis der Zeit ein tapferer, gewandter Einzelkämpfer und nicht (wie im 19. und 20. Jahrhundert) ein kühl rechnender Generalstäbler weit hinter der Front. Außerdem schien für die Erinnerung an Kriege und Schlachten die Heroisierung der Akteure weitaus attraktiver als die Schilderung nüchterner Planungen. So bestimmte die kulturelle Vorprägung der Zeitgenossen ihre Wahrnehmung kriegerischer Vorgänge – und zwar so sehr, dass planende Überlegungen der Heerführer heute häufig nur mühsam aus den Quellen zu ermitteln sind.

Strategische und taktische Maßnahmen folgten nicht ewig gültigen Gesetzen, waren auch nicht nur von den technischen Gegebenheiten, sondern von den Wertmaßstäben der Zeit beeinflusst und damit abhängig von der Kultur der Gesellschaft. Vor allem musste die Ehre der Einzelnen berücksichtigt werden. Es war damit zu rechnen, dass Beleidigungen, Herausforderungen zum Kampf und das Streben nach Ruhm das Handeln von Befehlshabern wie Untergebenen bestimmen konnten. Außerdem beeinflusste die Frage, ob die Beteiligten ihre Ehre gewahrt hatten, die Erinnerung an die Ereignisse. Ferner galten strategische und taktische Maßnahmen, die heute kaum zu rechtfertigen wären, als legitim und damit erstrebenswert. Selbstverständliche Grundlage für konkrete Kampfhandlungen waren auch die Überzeugungen, dass man die Besiegten ausplündern und ihnen auch ihren Privatbesitz nehmen durfte, dass man diese Beute stolz vorzeigen konnte und dass das Streben danach ein legitimes Kriegsziel darstellte. Ebenso galt es für Adlige als statthaft, nicht-adliges Fußvolk einfach niederzumetzeln. Uns Heutigen erscheinen diese Überzeugungen schlicht verbrecherisch, doch ist Überheblichkeit keineswegs angebracht. Kriege sind heute anders als im Mittelalter, aber nicht weniger bestialisch.

23 Tod Rolands, aus einer Handschrift des 15. Jh.

Bewertungen und Erinnerungen

III.

Gott und der Sieg

Einen freundlichen Gruß beabsichtigen wir dir in Gott durch diese Zeilen zu senden und zugleich mit dir auch unseren allersüßesten Töchtern und unseren anderen Getreuen, die bei dir weilen."

Mit diesen etwas geschraubten Worten begann Karl der Große einen Brief, den er wohl Mitte September des Jahres 791 an seine Ehefrau, Königin Fastrada, sandte. Der Herrscher versicherte seiner Gemahlin als Erstes, er selbst sei bei bester Gesundheit. Dann fügte er hinzu, er habe durch Boten von beider Sohn Pippin erfahren, dass es diesem auch gut gehe. Was scheinbar privat-biedermeierlich beginnt, endet auch so: Der König beklagt sich, er habe seit längerem keinen Boten und keinen Brief von seiner Frau erhalten; sie solle ihm doch häufiger schreiben. Der Hauptteil des Briefes aber betrifft höchst wichtige Ereignisse und lässt in aufschlussreicher Weise erkennen, wie die Zeitgenossen mit Krieg und seinen Folgen umgingen.

Karl der Große befand sich mit seinem Heer bei Regensburg und berichtete unter anderem, wie er sich auf einen Feldzug gegen die Awaren vorbereitete; dieses Volk lebte im Bereich des heutigen Ungarn und des östlichen Österreich: „Wir (…) feierten mit Gottes Hilfe drei Tage lang Bittprozessionen („letaniae"), nämlich am 5. September, einem Montag, und am Dienstag und am Mittwoch. Wir erflehten Gottes Barmherzigkeit, damit er geruhe, uns Frieden, Gesundheit, Sieg und eine gute Reise zu schenken und damit er in seiner Barmherzigkeit und Güte uns ein Helfer und Ratgeber und Verteidiger in allen unseren Nöten sei. Und auf Fleisch und Wein, so befahlen unsere Priester, solle verzichten, wer angesichts seines Gesundheitszustands, seines Alters oder seiner Jugend darauf verzichten könne; und wenn jemand erkaufen wollte, dass er die Erlaubnis erhalte, an diesen drei Tagen Wein zu trinken, so sollten die bedeutenderen und mächtigeren Männer pro Tag einen Schilling geben, die weniger mächtigen gemäß ihrem Vermögen; wer mehr nicht geben könne und Wein trinken wolle, solle einen einzigen Pfennig geben. Almosen solle jeder gemäß seinem eigenen und guten Willen und seinen Möglichkeiten geben. Und jeder Priester solle eine besondere Messe lesen, wenn ihn nicht Krankheit hindere. Und von den Geistlichen, welche die Psalmen kennen, solle jeder fünfzig singen. Und während sie diese Bittprozessionen machten, sollten sie ohne Schuhe gehen. Dies entschieden unsere Priester; und wir haben das alles so für geeignet gehalten und mit Hilfe des Herrn ausgeführt. Daher wollen wir, dass du mit (...) unseren übrigen Getreuen dafür sorgst, dass solche Letaniae daheim gehalten werden."

Wahrscheinlich beschreibt der Herrscher die „Letaniae" deswegen so detailliert, weil diese religiösen Verrichtungen das erste Mal in dieser Form abgehalten wurden. Vermutlich wurde der Brief auch nur deswegen kopiert, diese Abschrift nur deswegen aufbewahrt, weil man im Bedarfsfall genau wissen wollte, was man zu tun hatte. Von diesem Zeitpunkt an wurden die „Letaniae" dann übliche Vorbereitungen für Feldzüge karolingischer Heere und die Auffassungen, die in diesen liturgischen Maßnahmen zum Ausdruck kommen, waren keineswegs neu, sondern ganz vertraut.

Die Krieger forderten Gottes Hilfe ein. Der himmlische Herrscher sollte der gerechten Sache (also der eigenen) zum Sieg verhelfen – diesen Wunsch und entsprechende Gebete gab es auch in späteren Zeiten des Mittelalters, ja bis in die Zeitgeschichte hinein. Die Eigenart der karolingischen „Letaniae" aber liegt darin, wie Karl und sein Heer das Wohlwollen Gottes gewinnen wollten. Sie beteten nicht nur, sondern hielten Prozessionen ab und fasteten, verzichteten dabei zwar nicht auf alle Speisen, aber doch auf das, was den kulinarischen Reiz ausmachte und kalorienhaltig war: auf Fleisch und Wein. Die Priester lasen Messen, die Geistlichen mit niederen Weihen die Psalmen. Und alle taten dies drei Tage lang, um Gott zu zeigen, dass es ihnen wirklich Ernst sei. Dies war ein Bußritual, eine rituelle Reinigung von den Sünden. In ähnlicher Form handelte man häufig auch außerhalb militärischer Zusammenhänge. Als etwa Kaiser Ludwig der Fromme 817 eine Anordnung über seine Nachfolge erließ, das wohl wichtigste Gesetz seiner Amtszeit, fastete er vor dieser Entscheidung ebenfalls drei Tage lang. Die karolingischen Krieger wollten also Gott auf ihre Seite zwingen, indem sie ihre Bußfertigkeit demonstrieren, ja ihre Unterwürfigkeit gegenüber dem himmlischen Herrscher.

Naheliegenderweise konnte der eigene Sieg dann dem Wirken höherer Mächte zugeschrieben werden. So verfahren bei jenem Feldzug des Jahres 791 die Reichsannalen, jenes am Hof Karls des Großen entstandene Geschichtswerk. Ihr Autor berichtet über die Prozessionen, schildert den Feldzug und erwähnt vor allem, dass die Awaren beim Anblick der überlegenen Streitmacht Reißaus genommen und ihre Befestigungsanlagen preisgegeben hätten. Dabei benutzt er die Worte: „Indem Christus sein Volk führte, ließ er beide Heere ohne Verluste (in das Awarenland) eindringen." Mit ähnlichen, fast steoreotypen Formulierungen schreiben die Chronisten immer wieder den Sieg ihrer Partei Gott zu, was den Ruhm der erfolgreichen Streiter begreiflicherweise erhöht. Eine Niederlage kann ebenso als Gottesurteil gewertet werden, durch das Gott sein Missfallen an den Verlierern und ihren Bestrebungen kundgetan habe. Allerdings erklären meist die Chronisten der Sieger, nicht jene der Unterlegenen, den Ausgang einer Schlacht zum Gottesurteil.

Da letztlich Gott für den Sieg verantwortlich war, wird häufig von Dankgottesdiensten des erfolgreichen Heeres auf dem Schlachtfeld berichtet – nicht nur, weil die Chronisten ein Faktum festhalten wollten, sondern weil sie damit zugleich signalisierten, dass die Sieger ihre Pflicht gegenüber Gott erfüllten. Das wiederum legitimierte im Nachhinein ihren Sieg.

Gewiss: Trotz Bußritualen und Dankgottesdiensten versäumten die Herrscher nicht, ein möglichst starkes Heer zusammenzuziehen, verzichteten die Krieger nicht auf ihre Panzer. Aber des Beistands Gottes wollten sich doch alle tunlichst versichern – ähnlich wie die Kämpfenden späterer Zeiten, aber ungleich intensiver.

Propaganda

Noch bevor Karl der Große im Brief an seine Frau auf die Bittprozessionen zu sprechen kam, gab er Nachrichten über wichtige militärische Ereignisse weiter, über die ihn sein Sohn Pippin, König von Italien, per Boten verständigt habe:

„Ferner berichtet er (Pippin) uns weiter, dass jene Schar, die – wie wir befohlen hatten – zuvor von Italien ins Awarenland aufgebrochen war und sich in diesem Land aufhalten sollten, das Awarenland am 23. August erreichte. Sie begannen einen Kampf mit ihnen. Der allmächtige Gott schenkte ihnen in seiner Barmherzigkeit den Sieg und sie erschlugen eine Vielzahl von den Awaren, so viele, dass sie sagen, es habe seit langer Zeit kein solches Gemetzel unter den Awaren stattgefunden. Sie plünderten das Lager aus und blieben dort die Nacht über und am nächsten Morgen bis zur dritten Stunde des Tages. Unter Mitnahme der Beute zogen sie in Frieden zurück. Und 150 von den Awaren fingen sie lebend, die sie verschont haben, wie wir es befohlen hatten."

Auf den ersten Blick scheint diese Wiedergabe der Vorgänge nach dem Kampf wie eine sachliche, recht schwunglose Aufzählung von Ereignissen. Tatsächlich aber legt der Autor des Briefes seinen Adressaten knapp, aber deutlich nahe, wie sie diese Nachrichten zu interpretieren hatten. Er nennt den Tag, an dem die Truppe ins Awarenland aufbrach. Lesern und Hörern teilt er auf diese Weise mit, dass es sich um ganz neue, hoch aktuelle Nachrichten handelte – nach den Verhältnissen der Zeit allerdings, also Nachrichten, die nur ein paar Wochen alt waren. Es gab Beute, so erfahren die Empfänger ferner; das ist ein Zeichen für einen beachtlichen Erfolg und ein Grund zur Freude. Pippins Leute übernachteten im feindlichen Lager und blieben dort sogar bis lange nach Sonnenaufgang, nach unseren Zeitangaben bis ungefähr 9 Uhr vormittags. Der Sieg ist also derart groß, dass keine feindlichen Abteilungen mehr in der Nähe sind, die noch zu fürchten wären. Darauf deutet ebenfalls die Erwähnung hin, dass die Beute mitgenommen wurde. Denn das Beutegut musste man auf Karren oder Wagen transportieren, die fränkische Abteilung marschierte daher langsamer und war verwundbarer. Aber sie konnte dieses Risiko eingehen, ja: Sie kehrte „in Frieden" zurück – unbehelligt von den Feinden.

Der Brief zielte also ganz bewusst darauf, den militärischen Erfolg zum Ruhm des Herrschers und der siegreichen Truppe klar herauszustreichen. Auch der Bericht über die „Letaniae" diente nicht nur dazu, deren Ablauf bekannt zu machen und die Nachahmung anzuordnen, sondern stellte zugleich heraus, dass Karl der Große ein gottesfürchtiger Herrscher war, der demütig Gottes Hilfe erflehte. Der Brief Karls des Großen war Propaganda.

Mehr noch: Der Brief musste geradezu Propaganda sein, denn der Herrscherhof war im Mittelalter das wichtigste politische Kommunikationszentrum. Hier traf sich die politische Elite und sprach über das Geschehen der Zeit, die Adligen und Bischöfe reisten dann zurück in ihre Heimat und erzählten dort weiter, was sie gehört hatten. Der Autor und auch Karl der Große adressierten ihren Brief zwar an die Königin, aber sie mussten wissen, dass außer Fastrada auch die Angehörigen des Hofes von seinem Inhalt erfahren würden, ja sie wollten dies sogar, denn sie mussten die Chance ergreifen, der Elite des Reichs die Vorgänge im Sinne des Herrschers darzustellen. Bei diesem speziellen Brief lag es angesichts seines Inhalts obendrein nahe, dass man am Hof der Königin Kopien anfertigen ließ und versandte, damit man an den großen Kirchen des Reichs ebenfalls „Letaniae" feierte. Der Brief zielte insofern auf eine Art von Breitenwirkung, selbstredend nicht auf das ganze Volk, sondern auf die politisch relevante Schicht, jene Magnaten, Lehnsleute, Bischöfe und Äbte, die auch das Heer stellten.

Wenn nur ein Brief dieser Art von Karl dem Großen erhalten ist, dürfte das teils am Zufall, teils an seinem Inhalt liegen, dem Bericht über die „Letaniae", der die Verbreitung und Aufbewahrung des Textes nötig machte. Tatsächlich aber schrieb der Herrscher sicherlich öfter ähnliche Briefe über den Verlauf von Feldzügen an den Hof. Er musste während seiner langen Abwesenheiten Kontakt mit seiner Frau und den Amtsträgern halten, die an der einzigen politischen Zentrale seines Reiches zurückgeblieben waren. Wahrscheinlich geschah dies nicht immer schriftlich, sondern auch durch mündliche Botschaften. Karl seinerseits erwartete ähnliche Nachrichten von seiner Frau, wie aus der Tatsache hervorgeht, dass er am Ende seines Briefes das Ausbleiben solcher Boten oder Schreiben moniert. Einen Austausch von Nachrichten unter den Machthabern belegt auch der Umstand, dass Karl selbst von seinem Sohn durch einen Boten über die erfolgreiche Unternehmung gegen die Awaren informiert worden war. In späteren Zeiten sind Briefe oder mündliche Benachrichtigungen häufiger belegt.

Wie eng die Kontakte zwischen Heerführer und Heimat waren und was tatsächlich berichtet wurde, muss in den allermeisten Fällen mangels Nachrichten offen bleiben. Aber grundsätzlich ist mit der Möglichkeit zu rechnen, dass die Feldherren Nachrichten über ihre Taten in die Heimat sandten und dass sie diese Nachrichten in ihrem Sinn formulierten. Sie boten den Daheimgebliebenen also Informationen und vor allem Deutungen an, die schon mangels Konkurrenz Gehör fanden. Es ist davon auszugehen, dass diese Nachrichten dann auch die Notizen der Geschichtsschreiber beeinflussten – in der Karolingerzeit wie auch später. Die Kommunikation über größere Entfernung war im früheren Mittelalter weitaus langsamer und unzuverlässiger als in späteren Zeiten, aber schon damals versuchten die Herrscher, die Meinungen ihrer Untertanen über Kriege und Schlachten durch gezielte Informationen und günstige Darstellung zu lenken.

Ein Feindbild: Die Ungarn

Als Regino von Prüm um das Jahr 900 eine Chronik schrieb, wollte er seine Leser auch über die Ungarn aufklären, die seit wenigen Jahren eine beträchtliche Bedrohung für das ostfränkische Reich darstellten:
„Sie leben nicht nach Art von Menschen, sondern wie das Vieh. Sie ernähren sich nämlich, wie das Gerücht geht, von rohem Fleisch, trinken Blut, verschlingen als Heilmittel die in Stücke zerteilten Herzen ihrer Gefangenen, lassen sich durch kein Gejammer erweichen, durch keine Regung des Mitleids rühren."

Diese blutrünstige Beschreibung der Ungarn erklärt sich aus zwei Sachverhalten, die unlösbar miteinander verquickt sind. Zum Ersten erhielt Regino in Trier, wo er seine Chronik abfasste, mündliche, vielleicht auch briefliche Nachrichten von den Kriegszügen der Ungarn im westlichen Europa. Die Ungarn gingen dabei gewiss brutal vor; allerdings waren mittel- und westeuropäische Krieger auch nicht zimperlich. Die Ungarn erschienen deswegen so schrecklich, weil sie auf andere Weise Krieg führten, als man es in den Nachfolgestaaten des zerfallenen Frankenreichs gemeinhin kannte. Außerdem waren sie sehr erfolgreich; ihre Plünderungszüge verheerten das westliche Europa jahrzehntelang, ohne dass man ein rechtes Gegenmittel fand.

Zum Zweiten sahen Regino und andere Gelehrte die Ungarn durch die Brille jener Schriften, aus denen sie Steppenvölker kannten. Regino schreibt hier über die Ungarn, indem er die Worte des antiken Schriftstellers Justinus benutzt, der sein Werk im 3. Jahrhundert nach Christus verfasst hatte. Obendrein spricht Justinus nicht über die Ungarn, sondern über die Skythen, die in der Spätantike nördlich des Schwarzen Meeres lebten. Justinus' Worte hatten schon die Skythen nicht sachgemäß charakterisiert; er kolportierte einfach gängige Vorurteile, die über fremde Reitervölker im Umlauf waren. Man verstand deren Lebensstil nicht, ja man kannte die Völker kaum.

Regino und andere glaubten wiederum dem Justinus und erkannten in seinen Worten die Ungarn wieder, die sie selbst kaum kannten und von deren Lebensumständen sie wenig wussten. Wie gerne man gelehrtes Wissen und aktuelle Ereignisse unsachgemäß vermischte, zeigt sich auch daran, dass die Chronisten die Ungarn häufig als Hunnen oder Awaren bezeichneten, also mit Namen von anderen Reitervölkern, die zuvor Europa heimgesucht hatten. Diese Schreckensbilder schienen sich durch die Nachrichten zu bestätigen, die man von den Ungarnzügen erhielt. Zugleich aber färbten die Klischees die Wahrnehmung und Darstellung des Geschehens ein.

Die Ungarn waren im 9. Jahrhundert von der Wolga nach Westen gewandert und begannen um 900, das Karpatenbecken zu besiedeln. Ihre Sozialstruktur war sehr locker. Es gab keine Zentralmacht, welche die Geschicke des Volkes dominierte, sondern eine Reihe weitgehend eigenständiger Fürsten. Es ist weiterhin bekannt, dass keineswegs alle Ungarn um 900 Reiternomaden waren. Viele waren Bauern. Die Kriegszüge gegen ihre Nachbarn waren Unternehmungen kleiner Teile des Volkes.

Von den letzten Jahren des 9. Jahrhunderts an erscheinen Klagen über Ungarneinfälle immer wieder in den Chroniken und Annalen des zerfallenen fränkischen Reiches. Die Ungarn stießen manchmal weit vor: bis Bremen, bis Verdun, bis Rom. Auch nach Südosten, gegen das byzantinische Reich, richteten sich ihre Züge. Das Ziel dieser Unternehmungen lag nicht darin, Land auf Dauer zu besetzen. Die Ungarn wollten vielmehr Beute an sich bringen und in ihre Heimat transportieren. Auch nahmen sie willkürlich Leute gefangen und erpressten Lösegeld für sie. Andere wurden als Sklaven nach Ungarn entführt. Ferner verzichteten die Ungarn gegen Zahlung von Geld oder Wertsachen darauf zu plündern, Menschen zu entführen und Siedlungen niederzubrennen. Hinter allen diesen Praktiken stand kein politisches Ziel irgendeiner Art. Für die Ungarn war Krieg eine Erwerbstätigkeit und zugleich ein standesgemäßer Zeitvertreib für eine Kriegerschicht.

Ihr Vorgehen entsprach ihren Zielen. Sie suchten nicht die Konfrontation mit feindlichen Truppen, sondern leichten Erfolg gegen an Zahl oder Bewaffnung unterlegene Gegner. Auf der Suche nach Beute teilten sie sich in kleine Gruppen auf, die vielleicht nur ein paar Dutzend Männer zählten. Sie konnten ihre Kräfte jedoch schnell wieder zusammenziehen, nicht zuletzt, weil sie zur Nachrichtenübermittlung Rauchzeichen benutzten. Außerdem lag ein wesentlicher Vorteil für die Ungarn in ihrer Schnelligkeit. Sie waren geübte Reiter, auf ihren Pferden viel schneller als Fußtruppen und auch schneller und wendiger als die Panzerreiter auf dem Gebiet des ehemaligen Frankenreichs, denn anders als diese verfügten sie kaum über schwere Körperpanzerung.

Dem schnellen Kampf zu Pferde war die Bewaffnung angemessen. Die Ungarn verfügten insbesondere über einen sogenannten Reflexbogen, dessen Enden nach vorne gebogen waren und erst durch das Spannen hinter das Griffstück zurückgezogen wurden. Ein solcher Bogen bestand aus mehreren Schichten von Holz, Horn und Tiersehnen, die auf komplizierte Weise miteinander verbunden wurden. Aufgrund dieser Verarbeitung hielt er eine große Spannkraft aus, die Pfeile konnten dementsprechend weiter fliegen als bei einem Bogen, der nur aus einem Stück Holz bestand. Der Nachteil bestand jedoch offenbar darin, dass Feuchtigkeit die Eigenschaften der verschiedenen Materialien in unterschiedlicher Weise beeinflusste und der Bogen daher sehr empfindlich gegen Nässe war. Dies war sicherlich der Grund dafür, dass der an sich sehr effektive Reflexbogen in den feuchten Regionen Nordeuropas nicht übernommen wurde. Auch verlor die aus Tiersehnen bestehende Bogensehne bei Regen ihre Elastizität, die Schussweite sank entscheidend ab.

Da diese Bögen recht klein waren, konnten die Ungarn mit ihnen vom Pferd aus schießen, und zwar dank großer Übung recht genau. Sie galoppierten heran, schossen und waren wieder weg, ohne dass ihnen die langsameren, schwer gepanzerten Reiter in Mittel- und Westeuropa zu folgen vermochten. Die Verfolgung der Ungarn war sogar gefährlich, denn sie gaben manchmal vor zu fliehen, doch wenn die Feinde ihnen dann nachsetzten und dabei ihre Ordnung auflösten, drehten die Ungarn um, sammelten sich blitzschnell, schnitten einzelne Verfolger von deren Kameraden ab und fielen über sie her. Der Kampfweise der Ungarn hatten die Heere der Panzerreiter wenig entgegenzusetzen. Selten nur gelang es ihnen, die Ungarn überhaupt zu einem Kampf zu stellen. Größere Gefechte waren rar.

Den Kriegszügen der Ungarn ähnelten in vielem die Unternehmungen der Normannen, die von Dänemark und Norwegen aus im 9. und 10. Jahrhundert das zerfallende Karolingerreich heimsuchten. Zwar benutzten die Normannen Schiffe, landeten an den Küsten oder fuhren auf den Flüssen ins Landesinnere, aber wie die Ungarn beschränkten sie sich auf schnelle Vorstöße, plünderten und zogen mit ihrem Raub wieder ab. Am Beginn des 10. Jahrhunderts allerdings ließen sich einige Normannen in der später nach ihnen so benannten Normandie nieder. Auch gegen die normannischen Raubzüge waren die fränkischen Krieger weitgehend hilflos. Die Schilderungen in den Quellen ähneln ebenfalls jenen über die Unternehmungen der Ungarn. Auch die Normannen erschienen den Chronisten als Geißel Gottes, ihr Charakter als unberechenbar und grausam. Über die Verhältnisse in der skandinavischen Heimat der Normannen wussten die Chronisten wenig.

Am Beispiel der Ungarn zeigt sich deutlich, wie die Zeitgenossen aufgrund von überlieferten Klischees, schriftlichen oder mündlichen Berichten und eigenen Wahrnehmungen Feindbilder konstruierten. Diese Ansichten beeinflussten die Berichte der Chronisten, aber auch die Praxis der Kriegführung.

Im 10. Jahrhundert wie in späteren Zeiten gab es zweierlei Arten von Kriegen. Auf der einen Seite kämpfte man gegen Völker wie die Ungarn und die Normannen, deren Kultur unbekannt war oder zumindest als sehr fremd empfunden wurde, deren soziale Organisation man nicht verstand und die auf andere Art Krieg führten. Ihre Handlungen im Krieg erschienen daher als schlechthin böse, die Gegner selbst als zutiefst amoralisch. Sie waren nicht gleichrangig. Daher durfte man auf ihre – angebliche oder tatsächliche – Brutalität in gleicher Weise reagieren. Das betraf außer Ungarn und Normannen auch muslimische Gegner.

Auf der anderen Seite gab es Auseinandersetzungen mit Gegnern, deren Kultur, Gesellschaft und Religion der eigenen weitgehend glich, die man daher verstand und deren Kampfführung weitgehend der eigenen entsprach. Sie erschienen als gleichrangig. In Kriegen gegen sie wurden ebenfalls Menschen getötet und verwundet, Besitztümer geraubt, Siedlungen abgebrannt. Aber dabei glich das Vorgehen der Feinde doch dem eigenen, man konnte ihr Verhalten grundsätzlich verstehen und kannte grundsätzlich Mechanismen, um die Grausamkeiten zu begrenzen und um einen auf gegenseitigem Vertrauen aufbauenden Frieden anzustreben. Diese Sichtweise bestimmte die meisten Auseinandersetzungen zwischen Adligen oder von Adligen dominierten Heeren im westlichen Europa ab dem 12. Jahrhundert.

Eine Schlachtbeschreibung: Die Ungarnschlacht von 955

Im August 955 schlug König Otto I. an der Spitze seines Heeres die Ungarn in der Umgebung von Augsburg vernichtend. Das Ereignis besaß für beide Seiten weitreichende Bedeutung: Die Ungarn stellten ihre Raubzüge ein, wurden sesshaft und ließen sich christianisieren. Otto I. zog aus diesem Sieg enormes Prestige, zumal er wenige Monate später auch einen großen Erfolg über ein slawisches Heer errang. War seine Herrschaft bisher von Aufständen gegen ihn geprägt gewesen, so war er nun seiner Autorität sicher und konnte dies unter anderem nutzen, indem er seine Aufmerksamkeit Italien zuwandte und dort 962 den Kaisertitel erwarb. Interessant ist das Ereignis aber auch aufgrund der Art und Weise, wie es sich in der zeitgenössischen Geschichtsschreibung spiegelt.

Angesichts der Bedeutung der Schlacht verwundert es nicht, dass sie in einer Vielzahl von Quellen Erwähnung findet. Meist handelt es sich allerdings nur um kurze Notizen. Ausführlichere Informationen zum Gefecht bietet Widukind von Corvey in seiner „Sachsengeschichte“. Gerhard von Augsburg beschränkt sich hingegen in seiner Lebensbeschreibung Bischof Ulrichs von Augsburg auf die Schilderung der Vorgänge aus der Sicht der Stadt Augsburg und schreibt nur wenig über die Schlacht. Für die Verhältnisse der Zeit ist die Quellenlage damit dennoch ausgesprochen günstig.

Dieser Umstand und die Wichtigkeit des Ereignisses führten wiederum dazu, dass Historiker mehrfach versucht haben, den Ablauf zu rekonstruieren. Sehr pointiert äußerte sich im Jahr

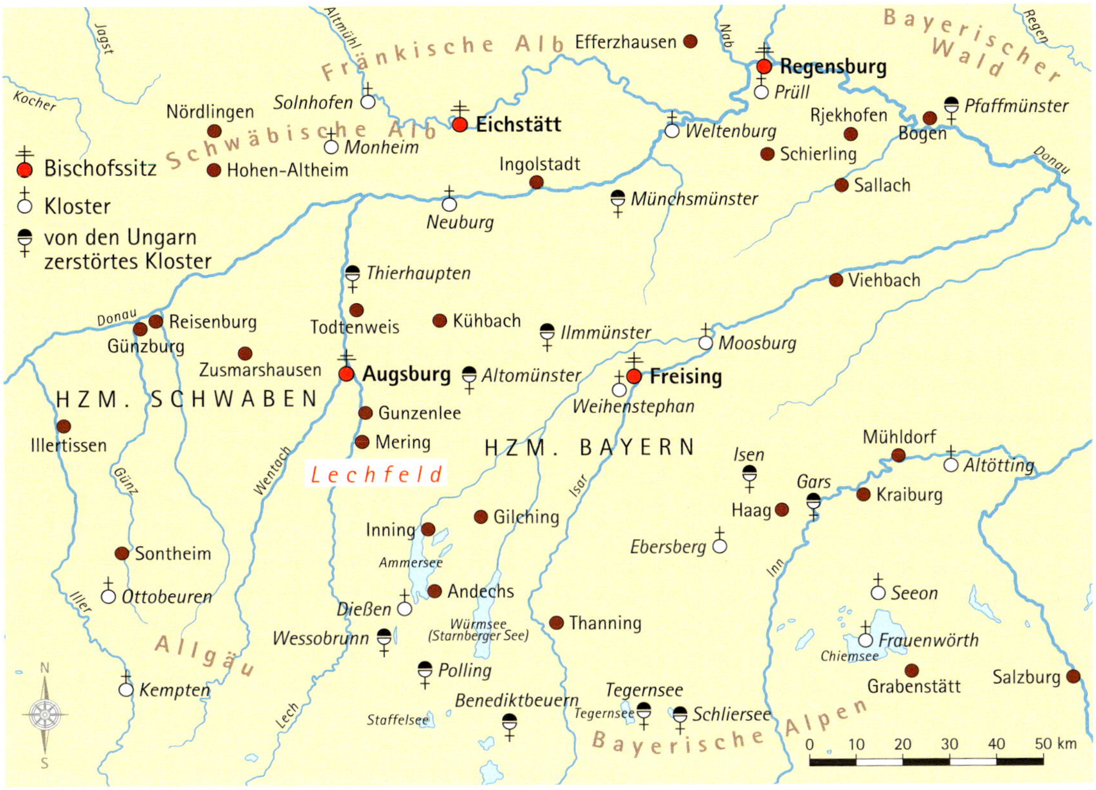

24 Die Umgebung von Augsburg.

1907 Hans Delbrück zum Zweck seines Versuchs. Ihm zufolge ging es darum, „ob ihm (König Otto I.) mit Recht oder mit Unrecht der Name Ottos des Großen zugebilligt wird. Fand die Schlacht auf dem linken Flussufer statt, so war es eine Schlacht wie andere Ritterschlachten auch; die Ungarn verloren sie und ritten nach Hause. (…) Fand die Schlacht aber auf dem rechten Ufer statt, so war es eine Schlacht mit verkehrter Front, und das Ungarn-Heer wurde so gut wie vernichtet. Es ist dann eine der ganz wenigen Schlachten des Mittelalters, die einen großen strategischen Gedanken zeigen."

Wie diese Sätze schon andeuten, gibt Widukinds Schilderung irritierenderweise keine klare Antwort auf die angeblich so wichtige Frage, wo genau der Kampf stattfand. Warum das so ist, verdient nähere Betrachtung.

Der Corveyer Mönch beginnt seine Erzählung über die Kampfhandlungen in dem Moment, in dem sich das Heer den Feinden näherte. Die Ungarn belagerten gerade Augsburg: „In der Gegend von Augsburg schlug er (Otto) sein Lager auf, und hier stieß zu ihm das Heer der Franken und der Bayern, auch kam Herzog Konrad mit zahlreicher Reiterei ins Lager." Als Späher meldeten, die Feinde seien nahe, rückten die Truppen kampfbereit aus. „Das Heer wurde durch unebenes und schwieriges Gelände geführt, um den Feinden keine Gelegenheit zu bieten, die Scharen mit Pfeilen zu beunruhigen, die sie trefflich zu brauchen wissen, wenn Gebüsch sie deckt." Doch die Ungarn reagierten nicht genau so, wie Ottos Heer es erwartet hatte. Sie griffen massiv das Ende der Marschkolonne an. „Denn die Ungarn überschritten unverwandt den Lech, umgingen das Heer, fingen an, die letzte Legion mit Pfeilen zu beunruhigen, darauf machten sie mit riesigem Geschrei einen Angriff." Herzog Konrad der Rote kehrte mit seinem fränkischen Kontingent um und schlug die Ungarn zurück.

Der Großteil von Ottos Heer hingegen geriet jetzt in ein Gefecht mit der feindlichen Hauptmacht und schlug sie vernichtend: „Die Kühneren unter den Feinden leisteten anfangs Widerstand, dann, als sie ihre Gefährten die Flucht ergreifen sahen, erschraken sie, gerieten zwischen die Reihen der Unsrigen und wurden niedergemacht. Von den Übrigen begab sich ein Teil, dessen Pferde ermüdet waren, in die nächsten Dörfer, wo sie von Bewaffneten umstellt und samt den Gebäuden verbrannt wurden. Andere schwammen durch den nahen Fluss, aber da das jenseitige Ufer keinen Halt zum Erklettern bot, wurden sie vom Strom verschlungen und kamen so ums Leben. Am selben Tage wurde das Lager genommen und alle Gefangenen befreit; am zweiten und dritten Tage wurde von den benachbarten Burgen aus die übrige Menge dermaßen vernichtet, dass keiner oder nur sehr wenige entkamen."

Der Ablauf der Ereignisse scheint nach Widukinds Bericht in groben Zügen klar, doch erfahren seine Leser nicht, wo genau diese Ereignisse stattgefunden haben sollen. Der Chronist teilt nur mit, dass das Heer Ottos I. „durch unebenes und schwieriges Gelände" heranmarschiert sei und dass die Ungarn vor dem Gefecht den Lech und nach dem Kampf abermals einen Fluss durchquert hätten. Angesichts der kargen Nachrichten stehen Versuche, die Schlacht zu rekonstruieren, vor großen Schwierigkeiten.

Widukinds wenig exakte Angaben dürften sich zum Teil daraus erklären, dass der Autor kein Augenzeuge war und sicherlich das Augsburger Umland nicht persönlich kannte. Er stützte seine Schilderung des Ablaufs vielmehr auf Erzählungen von Männern, die an der Schlacht teilgenommen hatten. Diese mögen selbst schon nicht präzise gewesen sein; der ortsunkundige Autor vermochte diesen Mangel kaum zu beheben, womöglich verstärkte er ihn noch.

Dies war jedoch nicht der einzige Grund, wie schnell klar wird, wenn man Widukinds Schilderung nicht nur in Hinblick darauf betrachtet, was sie für eine Rekonstruktion des Geschehens bietet, sondern sie als Text und als Ganzes analysiert. Es zeigt sich, dass der Verfasser immer wieder nachdrücklich die zentrale Rolle König Ottos I. hervorhebt. Der Herrscher gibt Konrad dem Roten den entscheidenden Befehl umzukehren und das letzte Kontingent samt dem Tross zu retten. Otto hält dann eine Rede, in der er seine Truppen anfeuert. Daraufhin führt er selbst den Angriff gegen die ungarische Hauptmacht, in der Hand die Heilige Lanze, die wirkungsmächtige Reliquie, in deren Blatt ein Nagel vom Kreuz Christi eingelassen ist. Schließlich wird Otto nach dem Kampf von seinen Truppen gefeiert.

Ebenso deutlich stellt der Corveyer Mönch den Sieg als Zeichen für Gottes Hilfe dar, legitimiert und glorifiziert ihn damit. Ottos angebliche Rede gipfelt laut Widukind in dem Satz: „Ihnen (den Ungarn) dient zum Schirm lediglich ihre Kühnheit, uns die Hoffnung auf göttlichen Schutz." Außerdem unterbricht er seine Erzählung von der Schlacht und hebt die Bedeutung dieses Geschehens hervor, indem er dramatische Vorzeichen schildert, die in Sachsen stattgefunden haben sollen: Kirchen werden durch Unwetter erschüttert, Priester und Nonnen vom Blitz erschlagen. Die Parallele drängt sich auf: In Sachsen werden Gott und seine Diener durch die Elemente angegriffen, bei Augsburg der König von den Ungarn. Am Ende seiner Erzählung schildert der Autor nicht nur den triumphalen Empfang Ottos durch sein Heer und – nach der Heimkehr nach Sachsen – durch sein Volk, sondern auch die Anordnung des Königs, Gott in allen Kirchen zu preisen und zu loben.

Widukinds Schilderung erweist sich also als sehr überlegt konstruiert. Auch sprachlich ist sie höchst sorgsam bearbeitet. Ottos Feldherrnrede etwa lehnt sich an den antiken Autor Sallust an, ebenso die rühmende Bewertung des Umstands, dass der König selbst mit dem Feldzeichen in der Hand den Angriff einleitet. Des Weiteren finden sich in der ganzen Passage über die Schlacht klare Anklänge an die Bücher der Makkabäer aus dem Alten Testament, die Kämpfe des Volks Israel gegen seine Feinde beschreiben.

Widukind will also gar nicht einfach nur aufschreiben, was wirklich geschehen war oder was er darüber erfahren konnte. Ihn interessiert nicht primär das Geschehen, sondern die Deutung, die er ihm beimisst, und die möglichst überzeugende Vermittlung dieser Deutung an seine Leser: Im Kampf gegen die Ungarn manifestiert sich die Unterstützung Gottes für Otto I. und sein Heer sowie das Heldentum des Herrschers.

Dieser Darstellungsabsicht ist die Erwähnung der Details zum Ort und zum Ablauf der Schlacht untergeordnet. Vielleicht gehen diese Informationen tatsächlich auf Augenzeugenberichte zurück, sicherlich führt der Verfasser sie auch deswegen an, weil er sich seinen Lesern als zuverlässiger Berichterstatter präsentieren will. Darüber hinaus besitzen die topografischen Einzelheiten für die Schilderung als solche eine wichtige Funktion, denn sie leisten einen Beitrag zur Erzählung dort,

25 Die Ungarnschlacht von 955 blieb in der Geschichtsschreibung präsent – wie hier in einem Exemplar der Sächsischen Weltchronik. Interessanterweise sind Otto I. und die Seinen mit Topfhelmen dargestellt, wie sie zur Zeit der Entstehung der Handschrift um 1270 üblich waren, während die fliehenden Ungarn damals veraltete konisch zulaufende Helme tragen.

wo es nach Meinung des Autors nötig oder wünschenswert ist.

Als Widukind den Anmarsch durch das „unebene und schwierige Gelände“ erwähnt, begründet er die Wahl der Route ausdrücklich mit der Vorsicht vor Überfällen der Ungarn. Damit deutet er geschickt die Gefahr an, in der sich das Heer bei seiner Annäherung an den Feind befindet, und bereitet insbesondere seine Schilderung des ersten Höhepunkts, des feindlichen Überfalls auf den Tross, vor.

Die Erwähnung der ersten Flussüberquerung durch die Ungarn ist für das Verständnis der folgenden Ereignisse nicht nötig, erklärt sich aber hinreichend aus den Absichten des Verfassers. Die einzelnen Handlungen der Ungarn vom Aufbruch aus ihrem Lager über die Umgehung der Marschkolonne bis zum Angriff auf den Tross, welche sich in der Realität über einige Stunden erstreckt haben dürften, berichtet er ganz gedrängt, er fügt sogar noch hinzu, die Ungarn hätten „ohne zu zögern“ gehandelt. Auf diese Weise drückt er die Dynamik der feindlichen Aktionen und die Gefahr für das Heer Ottos I. aus.

Auch als der Corveyer Mönch zum zweiten Mal vom Überschreiten eines Flusses berichtet, ist dies in seinen Augen nicht deswegen von Bedeutung, weil er irgendetwas topografisch erklären will. Wichtig ist ihm vielmehr die hohe Zahl der Toten, welche die Ungarn bei der Überquerung des Flusses zu verzeichnen gehabt haben sollen, denn sie belegt die Größe des Sieges. Denselben Zweck dient die Erwähnung jener, die in die umliegenden Dörfer flohen und dort verbrannten. Angesichts dieser Darstellungsabsicht ist es nicht nötig, dass Fluss und Dörfer mit Namen bezeichnet werden, ja dies würde geradezu von der eigentlichen Aussage ablenken. Es zeigt sich, dass für Widukind und wahrscheinlich schon für seine Gewährsleute gar nicht wichtig war, wo genau die Geschehnisse stattfanden, sondern dass sie stattfanden und wie sie zu interpretieren waren.

Diese Einsicht wird auch durch den Umstand belegt, dass weder Widukind noch irgendeine andere zeitnah entstandene Quelle für den Ort des Kampfs einen Namen angibt. Die verbreitete Bezeichnung als „Schlacht auf dem Lechfeld“ ist neueren Datums und durch die Quellen nicht zu rechtfertigen. Liest man Widukind unvoreingenommen, lässt sich aus seinem Werk sogar herauslesen, dass der Kampfplatz vermutlich ausgedehnt und nicht auf einen einzigen, konkret fassbaren Ort beschränkt war. Mit gutem Grund ist sogar angenommen worden, dass nicht nur die Kämpfe am 10. August 955, sondern zumindest ein weiteres, größeres Gefecht und womöglich mehrere kleinere, die an den folgenden Tagen stattfanden, die vernichtende Wirkung entfalteten. Auch wenn dies so war, bleibt doch die Feststellung wichtig, dass für die Zeitgenossen und ihre unmittelbaren Nachkommen gar kein Bedürfnis bestand, den Ort (oder die Orte) der Kämpfe festzuhalten, und sei es nur durch eine Benennung, die auf diesen Ort (oder diese Orte) verwies. Die Bedeutung der Gefechte war für sie nicht an ihren Schauplatz geknüpft, sondern lag vielmehr darin, dass dieser Sieg gegen die Ungarn überragend war – dank Gottes Hilfe.

Der Termin der Schlacht wird hingegen in den Quellen genannt und nach mittelalterlichem Brauch nach dem Tagesheiligen Laurentius datiert. Wenn Otto I. am Fest dieses Heiligen eine Schlacht schlug, lag es für den König selbst wie für seine Zeitgenossen nahe, vor der Schlacht die Fürbitte des Laurentius bei Gott zu erflehen und nach dem Sieg dem Heiligen den fälligen Dank abzustatten. Otto I. tat dies auf wahrhaft königliche Weise: Er stiftete ein ganzes Bistum zu Ehren des Laurentius, das Bistum Merseburg. Der Tag des Gefechts besaß für die Autoren, die ihn erwähnten, also eine Bedeutung, denn er lieferte den Zeitgenossen eine Erklärung für das Ergebnis der Schlacht – und zwar eine solche, die den Siegern sehr genehm war.

Der vergleichende Blick auf andere, knappere Äußerungen zur Ungarnschlacht zeigt zugleich, dass Widukinds Schilderung in vielen Punkten ihre eigenen Ziele verfolgt, etwa wenn der Autor König Ottos Rolle herausstreicht oder bestimmte topografische Einzelheiten erwähnt. Aber sie gibt andererseits in einigen Aspekten allgemein verbreitete Vorstellungen darüber wieder, wie diese Kämpfe zu interpretieren seien; dies betrifft die Meinung, dass der Sieg außergewöhnlich umfassend und der Unterstützung Gottes zu verdanken war. Das Werk des Corveyer Mönchs reflektiert insofern teilweise die kollektive Erinnerung, die sich gewiss schon in der mündlichen Überlieferung ausgebildet hatte.

Autoren anderer Schlachtberichte legen selbstredend auf andere Aspekte Wert, als Widukind es tut. Manchmal spielt die Erinnerung an den konkreten Kampfplatz eine durchaus bedeutende Rolle, so bei der Schlacht von Hastings 1066. Dort ließ der Sieger, Wilhelm der Eroberer, die Erinnerung an die Walstatt und damit an den Sieg, den ihm Gott verliehen hatte, durch die Errichtung einer Abtei verewigen, die überdies bis heute den Namen Battle Abbey trägt.

Bei allen mittelalterlichen Schlachtschilderungen aber erweist sich ebenfalls, was sich bei Widukind exemplarisch gezeigt hat: Die Autoren, die Näheres über eine Schlacht schreiben, streben nicht vorrangig danach, deren Ablauf unvoreingenommen zu protokollieren. Sie wollen vielmehr jene Partei, der sie anhängen, rechtfertigen und ihren Sieg legitimieren oder ihre Niederlage beschönigen. Sie erwähnen daher kaum einmal Ereignisse und Gegebenheiten als bloße Fakten, sondern als Gegebenheiten, die in der Erinnerung an die Geschehnisse und bei deren Darstellung eine Bedeutung besitzen. Den Möglichkeiten, eine Schlacht zu rekonstruieren, erlegt das enge Grenzen auf. Wer es versucht, muss jedenfalls stets nach den Darstellungsabsichten des jeweiligen Autors fragen, auch nach den Normen, die seinen Urteilen zugrunde liegen – und sogar nach den Maßstäben, nach denen er militärische Ereignisse beurteilt.

Maßstäbe für den Sieg: Die Kriege Heinrichs IV.

Der König kehrte nach Sonnenuntergang unter glückwünschenden Zurufen seiner Krieger, wie es üblich ist, ins Lager zurück, heiter gestimmt und in überschäumender Freude, hatte er doch seine schlimmsten Feinde siegreich niedergerungen, und seine Krieger brüsteten sich allenthalben sehr damit, diese und jene von den ersten Fürsten Sachsens mit eigener Hand erlegt zu haben. Als sie dann aber auf das Schlachtfeld zurückkehrten und der eine seinen Herrn, der andere seinen Vater, der dritte seinen Bruder, wieder ein anderer einen Verwandten oder einen ihm sonst irgendwie besonders Nahestehenden unter den im Kampf Gefallenen fand, da wandelte sich alle Freude in Trauer, der Jubelgesang in Wehklage. Von Jammern und Wehgeschrei hallte da das ganze Lager wider. Den nächsten Tag über blieben sie noch in demselben Lager und bedeckten die Leichen mit Erde; die Vornehmeren und Reicheren schickten sie zur Beerdigung in die Heimat, aus der jeder stammte; den Verwundeten ließen sie Pflege angedeihen; die durch ihre Verwundung für künftigen Kriegsdienst untauglich gewordenen schickten sie ihren Angehörigen zur Behandlung in ihre Heimat. Nicht leicht ließ sich schätzen, wie viele Tausende auf der einen, wie viele auf der anderen Seite in der Schlacht getötet worden waren, so viel aber stand eindeutig fest, dass hier mehr Adlige, dort mehr aus dem niederen Volk gefallen waren, und dass die Sieger wegen des Verlustes erlauchter Männer schwereren Schaden erlitten hatten als die Besiegten."

Mit diesen bewegenden Worten schildert Lampert von Hersfeld, was das Heer König Heinrichs IV. – angeblich – nach der Schlacht an der Unstrut 1075 tat und empfand. Allerdings ist der Chronist eindeutig ein Gegner des Herrschers. Sehr zweifelhaft ist daher, ob sich das Berichtete wirklich so zugetragen hat, zumal Lampert seine Schilderung sehr sorgfältig und effektvoll komponiert: Der scheinbare Triumph erweist sich als teuer erkauft, ja im Grunde als Niederlage.

Gerade wegen ihrer offensichtlichen Tendenz aber sind diese Worte in anderer Hinsicht desto interessanter. Lampert ging offenbar davon aus, seine Leser würden seinen Bericht glaubwürdig finden. Die Handlungen der Sieger entsprachen also dem, was Sieger auf dem Schlachtfeld üblicherweise taten. Ebenso muss für die Zeitgenossen plausibel gewesen sein, warum den Truppen Heinrichs IV. der scheinbare Sieg schließlich wie eine Niederlage vorkam. Hier spiegeln sich also indirekt die zeitgenössischen Maßstäbe dafür, was einen Sieg auszeichnet, und diese Maßstäbe sind andere als heute, wie sich schon andeutete und wie noch näher zu zeigen sein wird.

Lamperts Episode bietet damit einen geeigneten Leitfaden, um die Handlungen der Sieger auf der Walstatt und die Maßstäbe zur Bewertung militärischer Ereignisse zu untersuchen. Als Beispiele dienen im Folgenden Schlachten aus den langwierigsten, aufwändigsten, blutigsten Auseinandersetzungen, die Deutschland bis zum Dreißigjährigen Krieg durchlitt: den Kriegen Heinrichs IV. gegen die Sachsen und eine mit ihnen zeitweise verbündete Koalition deutscher Fürsten. In diesen Kämpfen verband sich ein Streit um die Durchsetzung königlicher Herrschaft in Sachsen mit jenem Konflikt, der Heinrich IV. und das Papsttum entzweite und der die schärfste Phase des Investiturstreits bildete. Im historischen Bewusstsein Deutschlands haben diese Kriege bezeichnenderweise kaum Spuren hinterlassen. Bürgerkriege, in denen sich ein Volk mit größter Erbitterung zerfleischt, eignen sich begreiflicherweise kaum zur Schaffung und Bestätigung von Gemeinschaftsgefühl. Gerade die Härte der Auseinandersetzungen aber sorgt dafür, dass sich die Sachsenkriege Heinrichs IV. besonders zur Untersuchung unserer Fragen eignen, denn bald nach den Ereignissen entstanden auf beiden Seiten Chroniken, die vor allem die Taten der eigenen Partei rechtfertigen sowie rühmen sollten und daher auch weniger bedeutende Schlachten detailliert beschreiben.

Auffällig ist bei Lamperts Schilderung wie in vielen anderen, dass das siegreiche Heer auf das Schlachtfeld zurückkehrte und dort blieb. Die Kriegsgeschichte des 19. und frühen 20. Jahrhunderts ergoss über diese Praxis Hohn und Spott. Der damaligen Militärdoktrin galt erst die Verfolgung nach der Schlacht als Krönung des Sieges; schon Clausewitz hatte dies pointiert formuliert: „Aber für alle denkbaren Verhältnisse bleibt es wahr, dass ohne Verfolgen kein Sieg eine große Wirkung haben kann und dass, wie kurz auch die Siegesbahn sein mag, sie immer über die ersten Schritte des Verfolgens hinausführen muß (...). So finden wir denn, daß in den früheren Kriegen nur die eigentlichen Heroen wie Karl XII., Marlborough, Eugen (von Savoyen), Friedrich der Große ihren Siegen da, wo sie entschieden genug waren, eine kräftige Verfolgung hinzufügten, und dass die anderen Feldherren sich gewöhnlich mit dem Besitz des Schlachtfeldes begnügten."

Da die mittelalterlichen Heere aber unter anderen organisatorischen und technischen Bedingungen als jene des 19. Jahrhunderts kämpften, waren auch die Verhaltensweisen und Bewertungsmechanismen der Anführer wie der Krieger andere als in späterer Zeit. Ein Grund, auf dem Schlachtfeld zu bleiben oder bald dorthin zurückzukehren, ergab sich schon aus taktischen Gefahren. Wenn man den Gegner verfolgte, bestand die Gefahr, dass sich das eigene Heer dabei zerstreute, einzelne Gruppen von an Zahl überle-

26 Der Tod Rolands ist hier bewusst so dargestellt, dass er dem Betrachter erträglich erscheinen muss: Roland liegt wie schlafend da, die tödliche Wunde in der Brust entstellt ihn nicht, jemand trauert um ihn. Die namenlosen Leichen im Hintergrund hingegen dienen – wie oft – nur als dramatischer Beleg für die Härte des Kampfes. Aus einer Handschrift der „Grandes Chroniques de France", 15. Jh.

genen Feinden angegriffen und vernichtet wurden. Mitunter wusste man nach dem Kampf auch gar nicht genau, ob der Gegner wirklich floh oder ob er sich nicht schon wieder gesammelt hatte; man musste also kampfbereit bleiben. Außerdem mussten sich die Krieger nach einer kurzen Verfolgung wieder sammeln. Dazu mussten sie wissen, wo sie ihre Kameraden finden konnten, und am einfachsten war es, wenn sich alle dort trafen, wo sie herkamen: auf dem Schlachtfeld. Weiterhin konnte man häufig den Feind gar nicht weit und damit nicht entscheidend verfolgen, weil die Garnisonen in den Befestigungsanlagen, die zumindest in einigen Regionen sehr zahlreich waren, das vorrückende Heer in Flanke und Rücken gefährden konnten oder seinen Vormarsch aufhielten.

Vor allem aber kehrten die Sieger auf das Schlachtfeld zurück, weil sie dort wichtige Handlungen verrichten wollten. Dazu gehörten die Siegesfeiern, die auch Lampert erwähnt. Allerdings spricht er nur von weltlichen Feiern, nicht von geistlichen wie Messen, Gebeten, Prozessionen, wie es andere Chronisten tun. Aus gutem Grund: Wer Gott für den Sieg dankte, erwies sich nach Auffassung der Chronisten wie der Zeitgenossen als frommer Christ und rechtfertigte damit nachträglich seinen Sieg. Diese positive Charakterisierung wollte Lampert dem König begreiflicherweise nicht gönnen.

Religiös verdienstvoll war es auch, Tote zu begraben und Verwundete zu versorgen. Daher erwähnen viele Chronisten diese Tätigkeiten der Sieger auf dem Schlachtfeld – wiederum mit der Absicht, deren Ruhm zu erhöhen. Lampert deutet den religiösen Aspekt allenfalls an, weil er es abermals vermeiden will, Heinrich IV. und die Seinen in ein gutes Licht zu rücken. Stattdessen betont er interessanterweise die soziale Komponente, welche die meisten anderen Chronisten vernachlässigen. Die zurückkehrenden Sieger hätten auf der Walstatt die Leichen von Verwandten und Lehnsherren gefunden. Grundsätzlich ist diese Nachricht plausibel, denn sie entsprach der Zusammensetzung der Lehnskontingente. Dementsprechend schmerzten die Verluste sicherlich besonders, weil die Toten nicht erst seit wenigen

Wochen Kameraden der Überlebenden, sondern ihnen schon seit viel längerer Zeit und viel tiefer verbunden waren.

Indirekt wird hier jedoch ein Grund sichtbar, der die Sieger bewegte, nach den eigenen Toten zu suchen. Es galt nicht nur, eine Christenpflicht an Unbekannten zu erfüllen, sondern gelebte Solidarität über den Tod hinaus zu praktizieren. Auch die Sorge für die Verwundeten traf womöglich zuallererst die Angehörigen des eigenen Kontingents und damit wiederum nahe stehende Menschen. Es war umso wichtiger, dass sich die Unversehrten um die Opfer aus der eigenen Truppe kümmerten, weil es keine Sanitäter, kein Lazarett, keine Beerdigungskommandos gab. Bei der Suche nach Toten und Verwundeten stellten sich das Heer und seine Kontingente also als Gemeinschaften dar, auf die sich der Einzelne verlassen konnte. Abstrakter formuliert: Das Heer und die einzelnen Kontingente manifestierten sich als soziale Gruppen nach der Schlacht durch ausgeübte Solidarität und sicherten damit ihre Dauer. Die gemeinsame Sorge um die Toten und Verwundeten erhöhte den Zusammenhalt des Heeres in der nächsten Schlacht.

Besonders aufschlussreich ist der Umgang mit den Leichen der gefallenen Großen, deren hervorgehobene Stellung in der Gemeinschaft der Lebenden auch im Tode dokumentiert wurde. Sie wurden, wenn irgend möglich, in die Heimat transportiert und dort in einer angesehenen Kirche bestattet – dort also, wo ihre Memoria gesichert war und einen angemessenen Rahmen fand. Für die Überführung eines Leichnams zu sorgen, galt als lobenswerte Fürsorge. Sie oblag den Lehnsmännern des Toten, aber auch seinen hochadligen Standesgenossen.

Dass sich die Sieger um die feindlichen Opfer kümmerten, wird seltener erwähnt und ist dann nicht immer vertrauenswürdig. Allerdings gab es die Gewohnheit, dass die Sieger, wenn sie die Leichen ausgeplündert hatten, Angehörigen der feindlichen Opfer den Zutritt zum Schlachtfeld gestatteten und sie die Leichen bergen ließen.

Die Leichen wurden jedoch nicht nur begraben oder heimgesandt, sondern man versuchte auch, sich anhand ihrer einen Überblick darüber zu verschaffen, wie viele Opfer die Schlacht gekostet hatte; auch dies erwähnt Lampert von Hersfeld. Die Angaben über feindliche wie eigene Verluste sind bei ihm wie auch sonst freilich kritisch zu betrachten, denn die Chronisten geben diese Informationen stets mit dem Hintergedanken an, damit den Sieg ihrer Partei zu belegen.

Ganz bezeichnend sind die Behauptungen Bertholds von Reichenau über die Verluste in der Schlacht bei Flarchheim am 27. Januar 1080: Im Heer Heinrichs IV. habe allein das böhmische Kontingent 3255 Tote zu verzeichnen gehabt, dazu kämen noch die toten Deutschen sowie die Gefangenen, von denen man nicht wisse, wie viele es seien. Die Truppen der Sachsen unter dem Gegenkönig Rudolf von Rheinfelden hingegen hätten nur 38 Tote verzeichnet, obendrein fast alles Leute niederen Ranges, nur zwei Hochrangige und Ritter. Es ist höchst unplausibel, dass ausgerechnet die Böhmen gezählt worden sein sollen und dass man sie so genau zählen konnte. Aus vielen Chroniken geht hervor, dass die Toten schon bald nach dem Ende des Kampfes ausgeplündert und nackt waren und dass die Verwundungen sie entstellten. Ihre Herkunft konnte man daher kaum noch feststellen. Bertholds scheinbar präzise Zahl entspringt also wohl einzig dem Wunsch, seinen Lesern den Sieg seines Heeres nachzuweisen. Misstrauisch macht auch die krasse Differenz zwischen eigenen und fremden Toten. Doch gab es in einigen Fällen tatsächlich so hohe Unterschiede in den Verlustzahlen, etwa dann, wenn die Reiter der Verlierer bei der Flucht schnell das Schlachtfeld verließen, ihre langsameren Fußtruppen aber zurückblieben und von den gepanzerten Reitern der Sieger niedergemetzelt wurden.

Bezeichnend ist weiterhin, dass Berthold hervorhebt, nur zwei der Gefallenen aus Rudolfs Heer seien von hohem Rang gewesen. Ähnlich unterscheidet auch Lampert zwischen niedrig gestellten und hochrangigen Opfern der Schlacht. Außerdem hebt er hervor, die sächsischen Fürsten hätten alle überlebt. Detaillierter äußert sich der sächsische Kleriker Bruno in seinem „Buch vom Sachsenkrieg“ über die Schlacht bei Behringen nahe Gotha im Jahr 1075, denn auch hier gilt es, eine Niederlage zu beschönigen. Das sächsische Heer habe tapfer gekämpft, sei aber an Zahl unterlegen gewesen und habe daher den Rückzug angetreten. Die Sachsen, so fährt Bruno fort, „ließen dem König zwar den Ruhm des Sieges, aber mit großen Verlusten für die Seinen. Denn während auf unserer Seite von den vornehmsten Fürsten nur Graf Gebhard, von den mittleren aber nur Folkmar und Suidger gefallen waren, blieben von der anderen Seite acht Fürsten von nicht geringerem Adel als der König selbst auf dem Schlachtfeld."

Solche Formulierungen zeigen deutlich, dass in der mittelalterlichen Gesellschaft die soziale Stellung eines Menschen in jeder Lage seine Rechte gegenüber anderen und seine Beachtung durch andere beeinflusste – und zwar legitimerweise, wie die Zeitgenossen meinten. Doch spiegeln solche Äußerungen durchaus auch militärische Sachverhalte, denn vornehme Fürsten konnten sich eine bessere Ausrüstung leisten, waren diesen Aufwand sogar ihrer Stellung schuldig: Sie besaßen schnellere Pferde, bessere Waffen, festere Panzer. Ihr Kampfwert war daher höher als derjenige eines weniger wohlhabenden Adligen, ihr Tod daher gravierender. Vor allem aber führten ranghohe Adlige ein Kontingent an, das sich zum guten Teil aus ihren Lehnsleuten zusammensetzte. Diese fühlten sich ihrem Lehnsherrn ehrlich verpflichtet, denn die gegenseitige Treueverpflichtung war eine sehr ernste soziale Bindung. Außerdem musste ein Lehnsmann, der in einer kritischen Lage floh, den Rest seines Lebens in enger Gemeinschaft mit jenen Männern verbringen, die er im Stich gelassen hatte – oder deren Söhnen und Neffen. Er wusste also, dass ihn seine Schande sein Leben lang verfolgen würde. Daraus kann man nicht schließen, dass alle Lehnsleute stets treu bis in den Tod auf dem Schlachtfeld blieben. Aber es ist grundsätzlich anzunehmen, dass in vielen Fällen, in denen ein ranghoher Toter oder Gefangener genannt ist, auch ein Großteil seines Kontingents gefallen war oder zumindest verwundet oder gefangen wurde. Insofern kann die Aufzählung vornehmer Toter im Mittelalter durchaus ein halbwegs objektiver Maßstab für die Verluste und die Härte des Kampfes sein. Letztlich aber sind alle Angaben über Verluste nicht vom unbedingten Wunsch nach Wahrheit geleitet. Auch realistische Zahlen schrieben die Chronisten nur deswegen nieder, weil sie ihrer Partei nutzten.

Eine weitere Verrichtung der Sieger auf der Walstatt bestand darin, die Toten und Verletzten des Gegners, womöglich sogar das Lager mit allen Vorräten auszuplündern. Große Beute stellte den Beweis für einen bedeutenden Sieg dar. Lampert erwähnt deswegen kein Plündern der königlichen Truppen, denn dies wäre ein Beleg für ihren Erfolg gewesen, den er nicht wie in anderen Fällen hätte abschwächen können. Schwelgerisch zählt hingegen zum Beispiel Bruno auf, was die Sachsen nach der Schlacht an der Elster 1080 im feindlichen Lager fanden. Um seinen Worten Glauben zu verleihen, erklärt er den Lesern auch noch indirekt, warum die Beute so wertvoll war; sie hatte bedeutenden Bischöfen und Fürsten gehört:

„Es gab viele kostbare Zelte, zahlreiche Truhen der Bischöfe, voll von heiligen Gewändern und Gefäßen, viel goldenes und silbernes Geschirr für den täglichen Gebrauch, auch Silber und Gold in Barren, noch weit mehr aber an gemünztem Geld, zahlreiche und vorzügliche Pferde, Waffen aller Art, Festkleider und andere Gewänder über jedes Maß und, um es kurz zu machen, was die Bischöfe von Köln, Trier und noch etwa vierzehn andere bei sich hatten, was Herzog Friedrich, Graf Heinrich und die übrigen reichen Herren mit sich geführt und was sie in Erfurt geraubt hatten, all das fiel den Unseren in die Hände, und triumphierend kehrten sie in ihr Lager zurück."

Doch nicht nur die konkreten Tätigkeiten der Sieger konnten als Zeichen des Sieges gewertet werden, wie eine Erzählung Bertholds von Reichenau über die schon erwähnte Schlacht bei Flarchheim zeigt. Berthold von Reichenau, der es mit den Sachsen hält, berichtet stolz, die Truppen Heinrichs seien schließlich geflohen:

„Dagegen sammelte König Rudolf wieder überall die Haufen seiner Krieger und besetzte siegreich das Schlachtfeld bis Mitternacht. Weil aber die gar so große Stärke der Kälte und die besonderen Anstrengungen der eben gelieferten Schlacht alle, die davon geschwächt und erschöpft waren, sowie die sehr vielen von ihnen, welche verwundet waren, auf vielerlei Weise betrübten, verließen sie den Platz und auch jene, welche tot oder halbtot dalagen; sie zogen zur Stunde in ein nahe gelegenes Dorf, wo sich die Frierenden erwärmen und ausruhen konnten, kehrten aber noch unmittel-

27 Bei Hastings schlugen 1066 die Normannen unter Wilhelm dem Eroberer die Angelsachsen unter König Harald. Der Sieger gründete einige Jahre später eine Abtei, um für das Seelenheil der Gefallenen zu sorgen und Sühne für das vergossene Blut zu leisten. Der Hochaltar der Abteikirche wurde auf ausdrücklichen Befehl Wilhelms genau an der Stelle errichtet, wo die Fahne seines Widersachers Harald gefallen war.

bar vor Tagesanbruch dorthin zurück und blieben den ganzen Tag bis zum nächsten Morgen triumphierend und fröhlich dort stehen."

Diese Episode erscheint skurril. An einem eiskalten Januarmorgen sollen Truppen auf einem verschneiten Schlachtfeld gestanden haben und dabei auch noch fröhlich gewesen sein? Doch schrieb der Verfasser diese Worte nicht, um die Sachsen lächerlich zu machen. Im Gegenteil: Er fand ihr Verhalten höchst lobenswert. Wie andere Chronisten wertet er es als sichtbares Zeichen des Erfolgs, dass die Sieger nach der Flucht der Feinde allein auf der Walstatt waren. Was Berthold meinte, ist als Redewendung heute noch geläufig: Der Sieger behauptet das Feld.

Deutlicher formuliert dies der Sachse Bruno, als er über die Schlacht bei Mellrichstadt 1078 berichtet. Die Anführer der siegreichen Sachsen hätten mit ihren Truppen zunächst den Feind verfolgt, sich dabei aber aus den Augen verloren. Über einen von ihnen, Pfalzgraf Friedrich von Sommerschenburg, schreibt Bruno schließlich: „Friedrich aber kehrte triumphierend zum Schlachtfeld zurück, weil derjenige als Sieger gilt, der nach der Flucht der Feinde das Schlachtfeld in Besitz hat." Graf Otto von Northeim hatte dasselbe Ziel, doch hielt er fälschlich aus der Ferne die Truppen des Pfalzgrafen für Feinde und marschierte heim – „ein Sieger zwar, aber nicht froh, weil er es nicht wusste", wie Bruno formuliert. Die Deutung der Geschehnisse wurde also hier dadurch beeinflusst, dass der gewohnte sinnfällige Beweis des Erfolges dem Herzog verwehrt schien.

Bezeichnenderweise aber war bei Mellrichstadt wie bei Flarchheim der Sieg der Sachsen wenig bedeutsam, wenn nicht zweifelhaft. Gerade deswegen heben offensichtlich die beiden Autoren die Besetzung der Walstatt so hervor, denn schlagkräftigere Belege für den Erfolg der Sachsen und dessen Größe konnten sie nicht vorweisen. Entsprechendes gilt immer, wenn ein Chronist das Verweilen auf dem Schlachtfeld besonders betont.

Auffällig ist ferner, dass die Behauptung der Walstatt sich nie in einem konkreten Akt äußert. Sie wird von vielen Chronisten, die darauf weniger Wert als Berthold oder Bruno legen, meist sogar nur mit blassen Formeln wie „das Feld erobern“ oder „das Feld besetzen“ berichtet. Auch gibt es kaum klare Äußerungen darüber, wie lange dieser demonstrative Akt andauern musste. Meist ist allenfalls von einer Übernachtung die Rede. Erst in späteren Jahrhunderten wurde die Auffassung formuliert, das Verweilen müsse drei Tage andauern. Tatsächlich hielt man diese angebliche Regel aber kaum je ein.

Die Besetzung der Walstatt als Zeichen des Sieges besteht also in der bloßen Anwesenheit der Sieger, die dort verschiedene Dinge tun, während die Verlierer schon geflohen sind. Es handelt sich also um die nachträgliche symbolische Interpretation denkbar banaler Akte und insofern um eine Abstraktion. Höchst bezeichnend aber für die mittelalterliche Wahrnehmung ist, dass diese Abstraktion nicht als solche vorgestellt und sprachlich formuliert wird, sondern dass sie in Gestalt eines konkreten Aktes mental fassbar gemacht wird.

Bei allen diesen Taten der Sieger auf der Walstatt gilt dasselbe wie bei den aggressiven Praktiken des Spottens, Prahlens und Herausforderns zu Schlacht oder Zweikampf. Die Schilderungen der Chronisten sind jeweils in einem solchen Maße von dem Wunsch geprägt, den Sieg ihrer Seite groß, das Verhalten der Sieger vorbildlich, ihre Verluste niedrig erscheinen zu lassen, dass ein zuverlässiger Schluss auf das tatsächliche Geschehen im einzelnen Fall kaum möglich scheint. Insgesamt aber zeigen sie eindrucksvoll, welches Verhalten man von den Siegern einer Schlacht grundsätzlich erwartete. Ob die Solidarität tatsächlich immer so fest war, die Sieger wirklich immer nach ihren Toten suchten, steht dahin. Erst recht bleibt meistens unklar, wer sich denn um die Opfer unter den Verlierern kümmerte. Aber zumindest bot sich den Siegern die Chance, nach dem Sieg ihre Solidarität miteinander zu beweisen und damit den Zusammenhalt für den nächsten Kampf zu festigen. Auch ergriffen die Chronisten, gewiss auch die Kämpfer in ihren Erinnerungen gerne die Gelegenheit, sich selbst und ihrem Publikum die beruhigende, wenn auch wohl trügerische Gewissheit zu geben, dass die Normen des sozialen Miteinanders auch durch die exzessive Gewalt im Krieg nicht beeinträchtigt wurden.

Wenn die Sieger auf dem Schlachtfeld blieben oder sogar dorthin zurückkehren, so ist diese Verhaltensweise jedenfalls keineswegs als defizitär zu beschreiben, als eine Folge mangelnder Disziplin und Organisation. Sie ist vielmehr – wie die ehrverletzenden, provokanten Praktiken – innerhalb der sozialen und religiösen Umstände und Anschauungen ihrer Zeit funktional.

Zugleich zeigt sich, wie die Zeitgenossen die Ergebnisse einer Schlacht zu erfassen versuchten. Anders als es die Kriegsgeschichte des 19. und 20. Jahrhunderts aufgrund der Kriegführung in ihrer eigenen Zeit für gegeben annahm, waren die Kriterien, nach denen in den Kriegen Heinrichs IV., aber auch in früheren und späteren Jahrhunderten des Mittelalters Siege und Niederlagen bewertet wurden, nicht abstrahierender Natur. Nicht taktische oder strategische Vor- und Nachteile, die sich aus dem Kampf ergeben hätten, bestimmten die Diskussion um die Bedeutung einer Schlacht, sondern handfeste, sichtbare, symbolisch auslegbare Tatsachen und Handlungen. Militärische Erfolge oder Niederlagen sind keine Gegebenheiten, die sich quasi von selbst erklären. Sie müssen bewertet werden – nach jenen Maßstäben, die sich die betreffende Gesellschaft selbst für diese Zwecke angeeignet hat.

Helden

Zur Erinnerung an den Krieg zählt nach dem Willen vieler Chronisten auch die Erinnerung an die heldenhaften Kämpfer, deren Namen und tapfere Taten sie überliefern. Doch der ewige Ruhm, den sie ihren Helden versprechen, erweist sich bei näherem Hinsehen als höchst vergänglich. Viele jener Tapferen, deren Namen von hochmittelalterlichen Chronisten notiert werden, sind kaum zu identifizieren und werden später nicht mehr erwähnt.

Warum Helden vergessen werden, hat sich ansatzweise schon bei jenem Ivo gezeigt, der 978

nach dem Bericht Richers von Reims einen Zweikampf vor Paris führte. Zwar schildert der Autor diese Tat als heldenhaft und deswegen erinnerungswürdig, doch wurde die Erinnerung tatsächlich im Wesentlichen deswegen wach gehalten, weil Ivos Sieg indirekt die Passivität der an Zahl unterlegenen, in Paris verschanzten westfränkischen Truppen übertünchen sollte. In einigen vergleichbaren Beispielen ist das ganz ähnlich: 893 vor Pavia, 1158 vor Mailand, 1186 vor Guarcino in Kampanien, vielleicht auch 1059 vor Reggio Calabria.

Allgemeiner formuliert: Es hielten nicht die Taten des Helden an sich, sondern die Bedeutung, die ihnen von den Zeitgenossen zugeschrieben wurde, die Erinnerung am Leben. Dabei verformte sich die Erinnerung an den Helden so, wie es den Bedürfnissen der Berichtenden entsprach, so dass schließlich – im Falle Ivos, aber auch anderer – die eigentliche Tat kaum noch zu erkennen ist. Gerade deswegen aber sind die seltenen Ausnahmen interessant, in denen ein Held noch lange nach seinem Tod verehrt wird, denn hier zeigen sich besonders deutlich die Wünsche, welche die Zeitgenossen in den längst Verstorbenen hineinprojizieren.

Ein solches Beispiel stellt Gottfried von Bouillon dar, der um 1060 als Sohn des Grafen von Boulogne geboren wurde und später von seinem Onkel das Herzogtum Niederlothringen erbte. Im Jahr 1096 schloss er sich mit einem Kontingent dem Ersten Kreuzzug an. Lange Zeit spielte er bei dieser Unternehmung eine ansehnliche, aber keineswegs überragende Rolle. Als dann aber Jerusalem 1099 erobert war, erhielt er auf Beschluss aller Anführer des Kreuzfahrerheeres die vornehmste Aufgabe, welche sie zu vergeben hatten: Gottfried wurde zum Herrscher über die eroberten Gebiete ernannt und führte den Titel eines Fürsten. Schon ein Jahr darauf starb er. Sein Bruder Balduin folgte ihm nach und nahm den prestigeträchtigen Titel eines Königs von Jerusalem an.

28 Gottfried von Bouillon zählt zu jenen berühmten Männern, deren Statuen Kaiser Maximilian I. († 1517) an seinem Grabmal in der Innsbrucker Hofpfarrkirche aufstellen ließ. Er ist in einer prachtvollen Rüstung dargestellt, wie sie zu Beginn des 16. Jh. von reichen Adligen getragen wurde.

Bald verformte sich im Heiligen Land die Erinnerung an Gottfried, Legenden entwickelten sich und schlugen sich in der Chronistik nieder. Man meinte, Gottfried sei von Anfang an der wahre Anführer des Kreuzzugs gewesen und habe den Königstitel aus Demut abgelehnt. Wilhelm von Tyrus, der bedeutendste Chronist der Kreuzfahrerstaaten, schrieb ihm in den 1180er-Jahren sogar eine Heldentat zu, die er sicherlich nicht begangen hatte: Als die Truppen Heinrichs IV. und der Sachsen unter dem Gegenkönig Rudolf von Rheinfelden 1080 in der Schlacht an der Elster aufeinander trafen, habe Heinrich auf Rat aller seiner Fürsten Gottfried dadurch ausgezeichnet, dass er das königliche Feldzeichen tragen durfte. Mit der Lanze, an der diese Fahne hing, habe Gottfried dann den Gegenkönig Rudolf von Rheinfelden getötet. Den Hintergrund für diese ausufernde Verehrung bildete der Umstand, dass Gottfried als Integrationsfigur für die jungen Kreuzfahrerstaaten unentbehrlich geworden war. Die Erinnerung an den heldenhaften, ersten katholischen Herrscher über Jerusalem harmonisierte und idealisierte die Entstehung dieser Staaten. Außerdem schuf sie einen wichtigen gemeinsamen, wenn auch im Grunde legendenhaften Bezugspunkt für die im Orient ansässig gewordenen Westeuropäer.

Doch auch im Abendland wurde Gottfried verehrt. Am Ende des 12. Jahrhunderts fand seine Figur Eingang in Werke der französischsprachigen Dichtung, die sich mit dem Ersten Kreuzzug befassten. Seit dem 14. Jahrhundert zählte man ihn zu den Neun Guten Helden, einer Gruppe, die je drei heldenhafte Krieger aus Antike, Bibel und Mittelalter vereinte und als Inbegriff des Rittertums häufig als Plastiken und auf Bildern dargestellt wurde. Gottfrieds Bild in der Nachwelt hatte sich also abermals gewandelt und von der historischen Person noch weiter entfernt. Seine Figur war idealisiert worden, er galt jetzt als vorbildlicher Ritter.

Das interessanteste Beispiel dafür, wie aus einem Krieger ein über lange Zeit verehrter Held wurde, ist zweifellos Roland. Bei ihm lässt sich die Entwicklung vom Wissen um die reale Person über die sich verformende Erinnerung der Zeitgenossen und die Entstehung der Legende bis zum literarischen Idealbild sehr eindrucksvoll nachvollziehen. Dabei zeigt sich auch nachdrücklich, wie sich das Bild von einem Gefecht binnen weniger Jahrzehnte verformte.

Die Darstellung seiner Wirkungsgeschichte muss freilich mit einem Zeugnis einsetzen, das Roland noch gar nicht erwähnt: Zum Jahr 778 bieten die Fränkischen Reichsannalen einen kurzen Bericht über einen Kriegszug Karls des Großen nach Spanien, und zwar bis zur Stadt Saragossa im Ebrotal. Die Darstellung hebt sich aus den Schilderungen anderer militärischer Unternehmungen in derselben Quelle nicht heraus. Sie endet mit den lakonischen Worten: „Nachdem er (Karl) hier Geiseln erhalten hatte von Ibn el-Arabi und von Abu Taher und von vielen Sarazenen, nachdem er weiter Pamplona zerstört und die spanischen Basken unterworfen hatte, auch die Navarrer, kehrte er nach Hause zurück."

In den letzten Jahren des 8. Jahrhunderts überarbeitete ein unbekannter Autor die Reichsannalen. Zum Jahr 778 schildert er den Zug Karls des Großen nach Spanien zunächst mit ganz ähnlichen Worten, aber dann fügt er eigenständig einige Sätze an:

„Nun ging es in die Pyrenäen hinein. Auf den Höhen derselben hatten sich die Basken in Hinterhalt gelegt, griffen den Nachtrab an und brachten das ganze Heer in große Verwirrung. Obgleich ihnen die Franken, was Bewaffnung und Mut betrifft, sichtbar überlegen waren, erlitten sie doch wegen der Ungunst des Orts und der ungleichen Kampfart eine Niederlage. Viele von seinem Hof, die Karl an die Spitze der Truppen gestellt hatte, wurden in diesem Kampf getötet, das Gepäck geplündert, der Feind aber zerstreute sich bei seiner Kenntnis der Gegend sogleich nach verschiedenen Seiten. Dieser Verlust überlagerte wie eine Wolke im Herzen des Königs einen großen Teil der spanischen Erfolge."

Die Reichsannalen haben also ursprünglich eine Niederlage unterschlagen. Das ist nicht verwunderlich, sie entstanden schließlich am Hof Karls des Großen und sollten seinen Ruhm verkünden. Überraschend ist aber, dass diese Niederlage 20 Jahre später doch noch erwähnt wird. Das liegt nicht daran, dass man nun aus irgendwelchen Gründen bestrebt war, in den früheren Jahre Negatives zu entdecken. Vielmehr war diese Niederlage weithin bekannt und durch Verschweigen nicht aus der Welt zu schaffen. Sie nicht zu erwähnen, hätte offenbar die Reichsannalen unglaubwürdig gemacht. Daher fügte der Bearbeiter die zitierte Passage ein und tat alles, um die Niederlage zu beschönigen: Der Ort war ungünstig (warum das so war, erfahren die Leser nicht, nur dass der Kampf in den Bergen stattfand), die Kampfesart war ungünstig (aber der Autor sagt nicht, wie diese Kampfesart aussah), es war ein Hinterhalt (soll heißen: kein fairer Kampf), der Feind zerstreute sich nach dem Kampf (das meint: Wenn die Basken nicht auf Hinterlist bauen können, machen sie sich feige davon). Dennoch muss der Autor zugeben, dass Schwerwiegendes passiert ist: Hochrangige Befehlshaber von Karls Heer fielen, der Tross wurde geplündert.

Abermals rund 30 Jahre nach dieser Bearbeitung der Reichsannalen, also 50 Jahre nach der Schlacht, sprach Einhard in seiner Lebensbeschreibung Karls des Großen das Geschehen des Jahres 778 an. Der Autor lebte am kaiserlichen Hof, kannte daher die überarbeitete Fassung der Reichsannalen und lehnte seinen Text daran an. Darüber hinaus bot er weitere Einzelheiten, die für einen Kampf im Gebirge ganz plausibel klingen. Vor allem aber wusste er in einem wichtigen Punkt mehr als seine Vorgänger zu berichten: „In diesem Kampfe fielen Eggihard, des Königs Seneschall, Anshelm der Pfalzgraf und Hruodland, der Befehlshaber im bretonischen Grenzbezirk, und viele andere. Und dieser Unfall konnte für den Augenblick auch nicht gerächt werden, weil sich der Feind nach Ausführung des Streichs so zerstreute, dass nicht die geringste Spur darauf leitete, in welchem Winkel man ihn hätte suchen müssen."

Die drei Männer, deren Namen und Funktionen er nennt, waren nicht irgendwelche Subalternen. Eggihard und Anshelm nahmen als Seneschall beziehungsweise Pfalzgraf die höchsten Ämter am Hof Karls des Großen ein. Eggihards Epitaph ist übrigens erhalten; daher ist bekannt, dass er an einem 15. August starb und dass das Gefecht mithin am 15. August 778 stattfand. „Hruodland" stand im Rang unter diesen beiden, wird deswegen auch nur an dritter Stelle genannt und in einigen Handschriften von Einhards Werk sogar weggelassen. Aber „Hruodland" war immerhin Befehlshaber im Grenzgebiet zur stets unruhigen Bretagne, mithin Inhaber eines wichtigen Postens und mit besonderen Vollmachten ausgestattet. Wenn solche hochrangigen Männer umkamen, war die Schlacht ganz gewiss kein „Unfall", wie Einhard formuliert, sondern eine herbe Niederlage.

Interessant ist in diesem Zusammenhang auch Einhards letzter Satz zu diesem Ereignis, der wiederum eine Bemerkung seiner Vorlage aufnimmt und deutlicher macht, was der Bearbeiter der Reichsannalen schon angedeutet hat: Die Schlacht wirkte offenbar auch deswegen geradezu traumatisch, weil der Rest des Heeres keine Basken zu fassen bekam. Die Krieger konnten ihre toten Kameraden nicht rächen, sie fanden nicht einmal die Feinde, welche die Nachhut niedergemetzelt hatten. Das mächtige karolingische Heer war hilflos und musste demoralisiert abziehen.

Bezeichnend ist aber auch, was die Quellen nicht erwähnen: Einhard und die Reichsannalen konzentrieren sich sonst weitgehend darauf, die Taten Karls des Großen zu verherrlichen. Hier berichten sie vom König nichts, erwähnen nur seine Trauer über das Geschehene. Der verehrte Herrscher war mit aller Wahrscheinlichkeit anwesend, aber sein Name durfte mit diesem peinlichen Desaster nicht in Verbindung gebracht werden.

Einmal mehr zeigt sich, wie die Erinnerung der Zeitgenossen Ereignisse verfälscht und die Geschichtsschreibung diese Auffassungen dann festhält und womöglich weiter verändert. Das Beispiel mahnt eindrucksvoll zur Vorsicht, insbesondere Erzählungen über Schlachten und Kriege (nicht nur aus dem Mittelalter) allzu viel Vertrauen zu schenken. Hätte sich nur die ursprüngliche Version der Reichsannalen erhalten, wüssten wir gar nichts von der Schlacht. Besäßen wir nur die Schilderung Einhards, hielten wir sie womöglich für einen etwas beschönigenden, aber insgesamt tatsachengetreuen Bericht.

Das Nachleben „Hruodlands" beziehungsweise Rolands ist jedoch noch aufschlussreicher, denn die Episode geriet keineswegs in Vergessenheit, sondern entwickelte sich munter weiter. Für lange Zeit gibt es erst einmal keine weiteren Belege. Dann aber, ungefähr 300 Jahre später, um 1100, berichtet ein Textzeuge wieder von diesem Geschehnis. Aber diesmal ist es keine Historiographie, sondern Literatur: das altfranzösische Rolandslied.

Wie der Titel schon sagt, ist die Hauptperson jener Roland, der bei Einhard nur an dritter Stelle genannt wird. Eggihard und Anshelm werden im Lied nicht erwähnt. Eine zweite Hauptrolle spielt hingegen Karl der Große, dessen Anwesenheit die Chronisten der Karolingerzeit verschwiegen haben. Bereits in den Jahrzehnten nach dem Tod des Kaisers, als unter seinen Erben das Reich zerfiel, wurde er idealisiert. Das Rolandslied führt diesen Prozess fort. Aus der historischen Person war der verehrungswürdige Kaiser schlechthin geworden, das Ideal eines Herrschers, ein Vorbild für die Könige Europas.

Die bedeutendste Differenz gegenüber dem tatsächlichen Gefecht von 778 betrifft den Feind. An die Stelle des kleinen Baskenvolks sind die Mauren getreten, jene Muslime, die damals den Großteil der Iberischen Halbinsel beherrschten, Feinde des christlichen Glaubens also, wie man meinte. Damit ist der Krieg Karls in Spanien durch die Religion begründet und legitimiert, ja heroisiert, denn seit der Zeit um 1100 bis zum Ende des Mittelalters ist der Krieg gegen Nicht-Christen ein Heiliger Krieg, ein Kreuzzug, der keine weitere Legitimation benötigt. An ihm teilzunehmen, ist der ruhmreichste Kampf.

Die Vorgeschichte zur Schlacht besteht in abscheulichem Betrug und Verrat: Marsile, der König der Mauren, will sich Karl dem Großen scheinbar unterwerfen, damit dieser und sein Heer abziehen. Für diesen Betrug versichert er sich der Hilfe eines Verräters, der ihm vorschlägt, die Nachhut von Karls Heer zu überfallen. Denn die Nachhut befehlige Roland, des Königs Neffe, der wichtigste Ratgeber und beste Kämpfer. Wenn er sterbe, sei der alte Karl nicht mehr zu fürchten. Selbstverständlich findet der Verräter ganz am Ende des Liedes den gerechten Lohn; er wird hingerichtet.

Einstweilen aber hat der Plan Erfolg. Karl der Große marschiert mit dem Gros der Truppen ab, die Nachhut kommandiert wirklich Roland. Ihn begleiten einige gleichfalls heldenhafte Kameraden, darunter sein Bruder Oliver. Zusammen sind sie die zwölf „pairs“, die zwölf Gleichen, die zwölf Paladine. Sie stehen an der Spitze von 20 000 Kämpfern. Die Feinde aber verfügen gleich über 100 000 Mann. Oliver sieht diese Streitmacht, als er von einem Hügel in den Pyrenäen ins Tal zurückschaut. Er beschwört Roland mehrmals, sein Horn Olifant zu blasen. Der König werde es hören und zur Hilfe eilen. Roland aber lehnt stets ab. „Gott verhüte, dass man von mir sagen könne, ich habe mein Horn wegen irgendjemandem geblasen, schon gar nicht wegen Heiden!“ Roland ist also zu stolz, um Hilfe zu rufen. Er meint, er und die Seinen würden die Feinde schon schlagen. Der Dichter resümiert dieses Zwiegespräch mit den Worten: „Roland ist tapfer und Oliver ist weise.“ Aus heutiger Sicht scheint das zu heißen: Rolands Tapferkeit ist ja ganz schön, aber Olivers Klugheit ist besser. Das meint der Dichter aber keineswegs. Er will sagen, dass Tapferkeit und Klugheit zwei Seiten einer Medaille sind, zwei Eigenschaften wahrer Helden, und dass beide hier auf ihre Weise Recht haben.

Selbstredend führt Roland den ersten Kampf, und zwar gegen den Neffen des maurischen Königs Marsiles, also gegen einen ebenso hochrangigen Gegner. Genüsslich beschreibt der Dichter die Wirkung von Rolands Lanzenstoß: Die Waffe zerbricht den Schild des Feindes, durchschlägt seine Brünne, durchdringt seine Brust, zerschlägt die Knochen, trennt das Rückgrat vom Rücken. In dieser Manier geht es weiter. Roland, die anderen Paladine und die Nachhut schlagen das erste Heer der Mauren, das sie zuerst angegriffen hat, dann ein zweites, größeres, das mittlerweile heranmarschiert ist. Nach und nach sterben erst namenlose Männer in Rolands Heer, dann die zwölf Paladine, als Letzter Roland. Engel tragen seine Seele ins Paradies.

Kurz vor seinem Tod hat Roland endlich sein Horn geblasen. Karl der Große hat es gehört und eilt mit seinem Heer herbei. Er trauert kurz, aber herzzerreißend um die toten Helden. Dann verfolgt er die Feinde und metzelt die Armee Marsiles nieder. In diesem Moment kommt über das Mittelmeer ein unermessliches Heer von Muslimen aus Babylon den Glaubensbrüdern in Spanien zu Hilfe. Karl besiegt auch dieses Heer. Endlich kann er nach Aachen zurückkehren.

Ganz offensichtlich fußt dieses Rolandslied kaum noch auf den historischen Vorgängen des Jahres 778, ja diese sind gar nicht mehr wiederzuerkennen. Das Jahr des Geschehens wird nicht

29 Wie in vielen Städten, so wacht auch in Halberstadt Roland symbolisch über die Rechte der Stadt. Die Statue stammt von 1433 und wurde 1686 renoviert.

genannt, dafür hat der Ort der Schlacht im Lied einen Namen: Roncesvaux. Dieses Dorf gibt es tatsächlich, aber ob die Schlacht dort stattgefunden hat, ist zweifelhaft. Die Heeresstärken sind Phantasiezahlen, die Details des Kampfes völlig unrealistisch. Dieses Rolandslied ist also eine literarische Fiktion, die obendrein gar nicht auf Realismus in der Darstellung zielt. Es will idealisieren und übertreiben. Es schildert ideale Helden und einen tapferen Kampf. Es zeigt mithin, wie Helden und wie Kampf beschaffen sein mussten, um als mustergültig gelten zu können.

Um sein Ziel zu erreichen, verwendet das Rolandslied Versatzstücke, die zuvor und auch seitdem Heldengeschichten immer wieder auszeichneten. Die Anwendung von Gewalt ist schon dadurch gerechtfertigt, dass der Feind das Böse schlechthin verkörpert. Die Gründe für die Niederlage liegen in der Falschheit der Feinde und in Verrat – nicht an Fehlern der Franken. Der Held stirbt nicht im Kampf gegen einen besseren feindlichen Streiter, sondern erliegt einer riesigen Übermacht.

Vor allem aber erleidet der Held keinen anonymen Tod in einem Massenheer, sondern er ficht Zweikämpfe aus, ehrliche Kämpfe mit hochrangigen Männern aus dem feindlichen Heer, in denen beide die gleichen Chancen haben. Immer wieder schildert es der Dichter: Ein hochrangiger Maure beleidigt einen hochrangigen Franken, es kommt zum Zweikampf, der Franke siegt – und immer aus demselben Grund. Er ist stärker und geschickter im Umgang mit den Waffen und dem Pferd.

Das Rolandslied ist in Hinsicht auf die Kampfdarstellung ganz typisch für die mittelalterliche Dichtung, in der ein Kampf häufig als Folge von Zweikämpfen geschildert wird. So wollten die Dichter davon erzählen, so wollte das Publikum davon hören. In der Person Rolands zeigt sich hier ein Idealtyp des mittelalterlichen Helden. Roland ist ein hervorragender Einzelkämpfer. Was ihn als Helden vorbildlich macht, ist sein Stolz, seine Tapferkeit, seine Gewandtheit, auch seine Sorge um die Kameraden. Er kämpft, um seinen Mut zu beweisen, um seinem Herrn, Karl dem Großen, treu zu dienen, und um das Christentum zu verteidigen. Andere Gründe, politische gar, braucht er nicht. Strategie, Taktik, Logistik spielen für ihn und den Dichter keine Rolle.

Zu diesem Ideal tendieren meist auch die Beschreibungen der Taten von Feldherren in der zeitgenössischen Historiographie, vor allem im früheren Mittelalter. Häufig lässt sich erahnen, dass Organisation und Planung Grundlagen eines militärischen Erfolges waren. Für die Zeitgenossen aber liegt vorbildliches Anführertum darin, dass der Feldherr ein besonders guter Einzelkämpfer ist. In Widukinds Darstellung der Ungarnschlacht etwa erweist sich Otto I. nicht dadurch als Held, dass er Pläne schmiedet (nach denen spätere Historiker verzweifelt fahnden), sondern dadurch, dass er an der Spitze seiner Leute in den Kampf zieht, die Heilige Lanze in der Hand.

Den Ruhm der Helden erhöhen im Rolandslied wie in Heldenliedern aller Zeiten auch seine Waffen. Ihre Besonderheit wird schon daran deutlich, dass sie Namen tragen. Rolands Horn heißt „Olifant", sein Schwert „Durendal". Das Schwert Karls des Großen heißt „Joyeuse" (das Freudige). Die Namen verbinden diese Waffen unverwechselbar mit ihrem Träger, heben sie zugleich aus der Masse der anderen Waffen heraus, erheben sie über die bloße Materialität, geben ihnen fast ein eigenes Leben und deuten an, dass ihnen eine Art von Magie innewohnt.

Was ursprünglich literarische Erfindung war, wurde für die Zeitgenossen ernste Realität. Im französischen Kronschatz befand sich später tatsächlich ein Schwert, das man für dasjenige Karls hielt und „Joyeuse" genannt wurde; heute weiß man, dass es ihm nicht gehört hat. Am Ende des 12. Jahrhunderts behaupteten drei englische Königssöhne, unter ihnen der berühmte Richard Löwenherz, sie besäßen die Schwerter der sagenhaften Helden Roland, König Artus und Tristan. Selbstredend waren auch diese Schwerter nicht echt, ebenso wenig wie die Gräber Rolands und der anderen Paladine, die man in Roncesvaux besichtigen konnte.

Dies war keine naive Spielerei, sondern belegt sehr deutlich, dass das Mittelalter die Dichtungen ernst nahm, in denen es von diesen Helden hörte. Roland war für das Hoch- und Spätmittelalter genauso real wie Karl der Große – jener Karl, der im Rolandslied erscheint, nicht der, den man heute für den historischen Karl hält. Nicht durch das Rolandslied, aber durch einen anderen literarischen Text, die sogenannte Chronik des Pseudo-Turpin, fand der Rolandsstoff Eingang in die „Grandes Chroniques de France", die offiziöse, im Kloster Saint-Denis entstandene Darstellung der französischen Geschichte. Für deren Leser waren damit die Informationen, die der literarischen Ausgestaltung entstammten, gar nicht mehr von solchen zu unterscheiden, die aus historiografischen Quellen wie Einhards „Leben Karls des Großen" kamen.

Die literarische Fiktion nahm schließlich auch Einfluss auf die politische Vorstellungswelt. In Frankreich gab es seit dem Beginn des 13. Jahrhunderts wirklich zwölf Pairs. Diese Einrichtung verdankte ihr Dasein ohne Zweifel dem Vorbild des Rolandslieds. Es handelte sich um je sechs weltliche und geistliche Fürsten des Königreichs, von denen je drei den Adelsrang eines Herzogs und drei den eines Grafen trugen. In der politischen Ideologie Frankreichs symbolisierten diese zwölf Fürsten bis zum Ende des Mittelalters als vornehmste Vertreter des französischen Adels dessen Teilhabe an der Macht und zugleich den treuen Dienst gegenüber dem Königshaus.

Im Heiligen Römischen Reich wurde Karl der Große während des späteren Mittelalter als Gesetzgeber und Schützer des Rechts verehrt. Da Roland aber laut der Überlieferung sein wichtigster Helfer war, galt er folgerichtig als Verteidiger des Rechts. Roland-Statuen stehen daher häufig noch heute als Wahrzeichen für städtische Freiheiten in vielen deutschen Städten.

Was im Rolandslied formuliert wurde, prägte die Vorstellungswelt des europäischen Adels bis in die Frühe Neuzeit hinein. Das Lied war in seinen verschiedenen Bearbeitungen viel bekannter als die historiographischen Texte, aus denen heutige Historiker herauszulesen hoffen, was „wirklich" geschehen war. Selbstredend dürfte kaum ein Hörer oder Leser ernsthaft geglaubt haben, er selbst könne Hunderte von Feinden niedermetzeln, ohne auch nur eine Schramme davonzutra-

30 Das angebliche Schwert Karls des Großen aus dem französischen Kronschatz. Tatsächlich wurde die Waffe erst lange nach Karls Tod, im 10. oder 11. Jh., angefertigt.

gen. Aber das Rolandslied und unzählige andere Dichtungen stellten Lesern wie Hörern Auffassungen von Krieg und Kampf dar, die in ihnen ganz selbstverständlich und damit zweifellos richtig erschienen. Dazu zählte nicht zuletzt die Überzeugung, dass ein Kampf gegen Ungläubige keiner weiteren politischen oder moralischen Begründung bedurfte. Auch wurde ein Rollenbild bestätigt, das ohnehin etabliert war: Der männliche Adlige musste vor allem ein tapferer Kämpfer sein, treu gegenüber seinem Lehnsherrn und gegenüber Gott. Das führte nicht dazu, dass jeder Adlige wirklich tapfer, treu und fromm war. Aber es schuf moralische Verpflichtungen, mit denen man rechnen musste und die die Gesellschaft sowie ihr Bild von sich selbst formten.

31 Panzerreiter mit Lanzen, um 1250.

Neuerungen im 11. und 12. Jahrhundert

IV.

Der Stoß mit angelegter Lanze

In den Jahrzehnten um das Jahr 1100 erlebte der Adel Westeuropas tiefgreifende Wandlungen auf verschiedenen Ebenen, die in vielerlei Hinsicht auch die Kriegführung betrafen. Ganz direkt war dies bei der Erfindung des Angriffs mit angelegter Lanze der Fall. Wann genau und wo sich die neue Kampftechnik entwickelte, ist unklar. Fest steht jedoch, dass sich um 1100 erste Zeugnisse für die Kampftechnik finden, dass sie um diese Zeit schon nichts Ungewöhnliches mehr war, aber sich wohl noch nicht endgültig durchgesetzt hatte.

Bis in die Zeit um 1100 wurde die Lanze auf zwei ganz unterschiedliche Weisen eingesetzt: Zum einen konnte der Kämpfer sie werfen. Zum anderen konnte er sie mit der Hand ungefähr in der Mitte des Schaftes festhalten, indem er sie von unten oder von oben griff, und mit dem Arm ausholen und mit der Spitze zustechen. Beide Funktionen definierten das Aussehen der Waffe: Sie musste möglichst leicht sein, damit sie gut flog und zum Stoß gut geführt werden konnte, durfte aber andererseits nicht zu dünn sein, damit sie beim Zustechen nicht leicht brach, und nicht zu lang, damit der Krieger mit ihrer Spitze noch präzise zielen konnte.

Um 1100 entwickelte man eine neue Art, die Lanze einzusetzen: Man klemmte den Lanzenschaft unter den Arm, richtete die Spitze auf den Gegner und gab dem Pferd die Sporen. Das klingt harmlos und einfach, war es aber keineswegs. Das Pferd vermochte auch auf unebenem Gelände eine beachtliche Spitzengeschwindigkeit zu erreichen – rund 30 Stundenkilometer. Ross und Reiter samt Sattel, Zaumzeug und Rüstung wogen einige Hundert Kilogramm. Wenn diese Masse mit solcher Geschwindigkeit auf ein feststehendes oder gar entgegenkommendes Hindernis traf und obendrein die gesamte Wucht des Aufpralls auf einer winzigen Oberfläche, der Lanzenspitze, lag, dann vermochte niemand einen solchen Stoß aufzufangen.

Dem Stoß ausweichen konnte man aber kaum, weil man in die feste Formation eingebunden war. Folglich musste man versuchen, den Stoß mit dem soliden Schild abzulenken. Wenn das gar nicht gelang oder die Lanze nur ein wenig abgelenkt wurde, traf sie auf den Körper des Angegriffenen. War dieser Körper nicht durch Panzerung geschützt, drang die Lanze tief in ihn ein. Der so Getroffene wurde schwer, oft tödlich verwundet. Ein Gepanzerter hatte bessere Chancen. Zwar half sogar ein Kettenhemd wenig, wenn ein so kraftvoller Stoß ungebremst darauf traf, und selbst wenn es standhielt, konnten Knochen brechen oder schwere innere Verletzungen verursacht werden. Aber einen abgeschwächten, abgelenkten Stoß vermochte das Kettenhemd abzufangen. Das Risiko einer schweren Verletzung war beim Gepanzerten also deutlich geringer als beim Ungepanzerten. Wollte ein Einzelner eine halbwegs plausible Chance besitzen, einen solchen Stoß erfolgreich abzuwehren und dabei zu überleben, musste der Abwehrende gepanzert sein. Das betraf, wie gesagt, tatsächlich schon längst die gesamte militärische Elite. Jetzt aber wurde die technologische Kluft zwischen Gepanzerten und den Ungepanzerten noch größer.

Wer die Technik dieses Lanzenangriffs beherrschte, besaß auf dem Schlachtfeld einen erheblichen Vorteil gegenüber jenen, bei denen dies nicht der Fall ist. Folglich versuchten alle gepanzerten Krieger im westlichen Teil Europas, diese Kampftechnik zu übernehmen – und binnen einer Generation war dies geschehen.

Auch der Zustoßende musste etwas unternehmen, um dem Aufprall der Lanze auf das Ziel standzuhalten. Er konnte es nur, wenn er sich nach vorne stemmte. Dazu aber benötigte er Steigbügel, die zwar schon bekannt waren, sich aber erst jetzt überall durchsetzten. Zusätzlich erhöhte man Vorder- und Hinterzwiesel, also jene Teile des Sattels vor und hinter dem Sitzenden, so dass der Reiter fester, allerdings auch unbeweglicher saß. Außerdem reichte es nicht mehr, den Sattel nur durch einen Bauchgurt zu befestigen. Man benötigte auch Brust- und Schweifriemen.

Auch die Lanze veränderte sich. Wenn zwei Gegner aufeinander trafen und diese Kampftechnik anwendeten, hatte derjenige mit der längeren Lanze einen Vorteil. Daher wurden die Lanzen länger, als sie es bisher gewesen waren, und auch dicker, damit sie dem Aufprall besser standhielten. Allerdings waren der Länge Grenzen gesetzt, denn die Lanze durfte nicht zu schwer oder zu lang werden, sonst konnte man die Spitze nicht mehr sicher auf ein Ziel richten. Andererseits war es möglich, Länge und damit Gewicht zu sparen. Bei den bisherigen Kampftechniken musste man die Lanze ungefähr in der Mitte festhalten, um sie geschickt handhaben zu können. Die Reichweite der Waffe lag also nur bei der Hälfte ihrer Länge. Beim Stoß mit angelegter Lanze aber konnte man sie am hinteren Teil umfassen, denn die Achselhöhle fungierte als Widerlager und gab dem Schaft Halt, so dass er kurz hinter der Achselhöhle enden konnte. Die Reichweite der Lanze betrug also ungefähr dreiviertel der Länge. Schließlich brachte man vor der Stelle, an der man die Lanze umfasste, eine Verdickung an, einen Handschutz. Eine solche Waffe konnte man nicht mehr werfen und auch nicht zu einer anderen Art des Stoßes einsetzen als zu dem mit angelegter Lanze. Sie war sogar so schwer, dass der Reiter sie beim Manövrieren vor dem eigentlichen Kampf und bei der Annäherung an den Gegner so lange wie möglich senkrecht hielt und das hintere, kurze Ende auf den Sattel stützte. Erst im letzten Moment vor dem Zusammenstoß wurde die Lanze gesenkt.

Den Angriff mit dieser Waffe musste man lernen. Wenn der Reiter ein Rechtshänder war und die Lanze in der rechten Hand hielt, konnte er die Lanze grundsätzlich genau nach vorne halten, parallel zur Laufrichtung des Pferdes. Er musste dann entsprechend manövrieren, nämlich so, dass sich sein Gegenüber leicht rechts von der Laufrichtung des Pferdes befand. In diesem Fall aber vermochte der Reiter die Wucht nicht so gut abzufangen, schlimmer noch, der Aufprall drohte, seinen rechten Arm und damit den ganzen Oberkörper nach hinten zu schmettern, den Rücken in sehr schmerzhafter Weise gegen den erhöhten Hinterzwiesel des Sattels krachen zu lassen. Schwerste Verletzungen hätten die Folge sein können. Besser war es, wenn der Reiter die Lanze

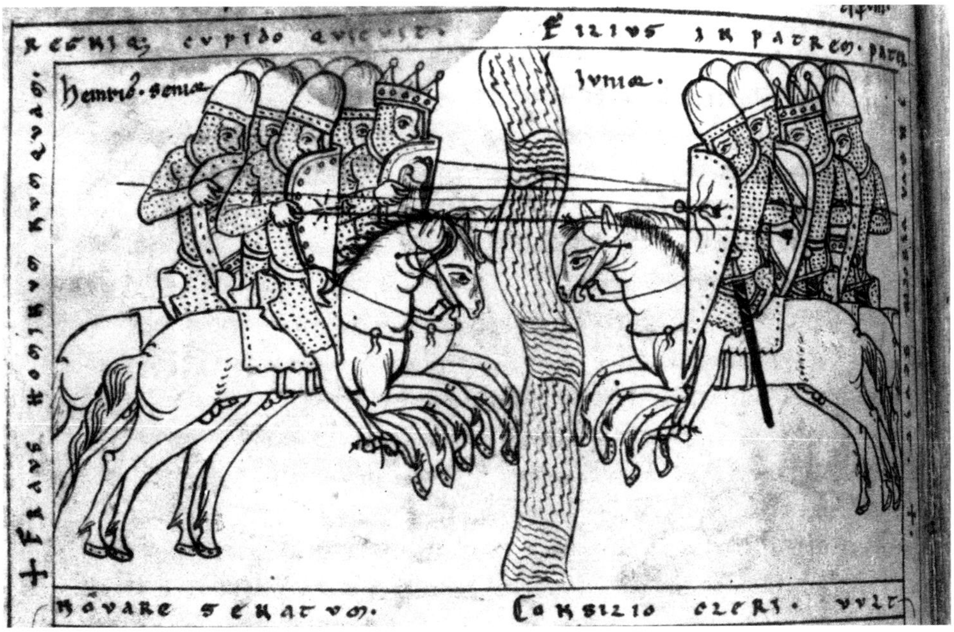

32 Die Federzeichnung aus der zweiten Hälfte des 12. Jh. zeigt Neuerungen, die sich in den Jahrzehnten zuvor durchgesetzt hatten: Die Reiter führen den Angriff mit angelegter Lanze aus und verfügen über Steigbügel, Vorder- und Hinterzwiesel der Sättel sind erhöht.

in der rechten Hand leicht schräg zur Laufrichtung hielt, so dass sie links am Kopf seines Pferdes vorbeiwies. Der Reiter musste dann so manövrieren, dass sich sein Gegenüber links von der Laufrichtung des Pferdes befand. Außerdem hielt er die Lanze so, dass sie beim Aufprall ein wenig schräg nach oben stand. Dann traf die Spitze fast senkrecht auf den Gegner, der Stoß war also möglichst effektvoll. Zugleich aber gestattete es die leichte Hebung der Spitze, dass die Lanze beim Aufprall nach oben abgelenkt, die Wucht damit nicht voll auf den Körper des Stoßenden übertragen wurde. Wäre die Spitze nach unten gelenkt worden, hätte außerdem die Gefahr bestanden, dass sie sich in den Boden rammte und den eigenen Reiter vom Pferd riss.

Diese technischen Veränderungen der Lanze zogen Auswirkungen auf das Schwert nach sich. Bei den Lanzen neuer Art bestand die Gefahr, dass sie beim ersten Zusammenprall brachen oder tief im Gegner steckten und nicht schnell genug herausgezogen werden konnten. Der Panzerreiter brauchte also stets Reservelanzen, die er gegebenenfalls von einem weiter hinten, in relativer Sicherheit befindlichen Diener holen konnte. Das war jedoch im Gefecht nicht immer möglich. Ohnehin waren die neuartigen Lanzen für den Nahkampf nicht zu gebrauchen. Dafür brauchte der Panzerreiter also eine andere Waffe. Eine Lanze der alten Art konnte er aufgrund ihrer Länge nicht zusätzlich mitführen. Daher veränderte das Schwert seine Funktion. Bisher war es, wie gesagt, eher ein Prestigeobjekt gewesen, denn eine Lanze alter Art konnte im Nahkampf in ähnlich gefährlicher Weise eingesetzt werden, kostete aber weitaus weniger. Jetzt wurde das Schwert gebräuchlicher; es zählte bald zur üblichen Ausstattung eines Panzerreiters.

Aufwändiger wurden auch der Unterhalt und die Ausrüstung der Pferde. Ohnehin vertraute sich der Reiter in lebensgefährlichen Situationen, wenn er es sich finanziell leisten konnte, tunlichst einem Streitross an, das seine eigenen Überlebenschancen erhöhte, das also besonders schnell, wendig und kräftig war. Man wählte fast ausschließlich Hengste oder Wallache aus, weil sie aggressiver waren. Wenn ein Pferd über diese Eigenschaften in hohem Maß verfügte und als Streitross dienen konnte, war es teuer und gerade deswegen zu schade für normale Verwendung. Man benutzte es nur dann, wenn man es wirklich brauchte. Für andere Zwecke wie das Reisen oder Jagen benötigte der Panzerreiter andere Reitpferde, die wiederum Geld kosteten. Das teure Streitross schließlich musste im Kampf gegen Verletzungen geschützt sein. Es brauchte einen sogenannten Rosspanzer aus Weidengeflecht, Leder oder gepolstertem Stoff. Über ihn legte man, damit es besser aussah, eine lange Decke, „Kuvertüre“ genannt. All dies kostete wiederum Geld.

Dieses schnelle, wendige Streitross musste ferner besonders geschult werden, damit es im Gefecht nicht scheute. Dies galt besonders für den Angriff mit angelegter Lanze, denn das Pferd musste sich daran gewöhnen, dass sich ein irritierender Gegenstand, die Lanze, im Gesichtsfeld seines linken Auges bewegte. Außerdem sollte es auf eine ganz bestimmte Art galoppieren, im sogenannten Rechtsgalopp. Das heißt, dass das Pferd mit rechts mehr ausgriff als mit links, also sich rechts mehr nach vorn „schob“; der Reiter brachte dabei seine linke Schulter in die Bewegung mit ein. Damit schonte er das Pferd und verhinderte, dass er es aus dem Rhythmus brachte. Mit der rechten Schulter hätte er den Lauf des Pferds nicht unterstützen können, weil er die Lanze festhalten musste. Wegen des Rechtsgalopps heißt das Schlachtross in lateinischen Quellen „dextrarius" (von „dexter": rechts), in französischen „destrier". Diese Benennungen sind bezeichnenderweise erst ab 1120 belegt, in der Zeit also, in der die Taktik des Angriffs mit angelegter Lanze üblich wurde.

All dies ist kompliziert zu beschreiben, aber noch komplizierter durchzuführen. Das konnte man nicht, wenn man mit 20 Jahren das erste Mal auf einem Pferd saß und das erste Mal eine Lanze in die Hand bekam. Man musste es von Jugend an gewohnt sein und immer wieder üben – nicht nur, um das überhaupt irgendwie hinzubekommen, sondern um es besser zu machen als der Gegner, der wahrscheinlich auch viel übte.

Die waffentechnischen Veränderungen sind für heutiges Verständnis simpel, aber sie waren weit reichend. Wer sich entschied, in Zukunft mit angelegter Lanze anzugreifen, brauchte Steigbügel, einen entsprechenden Sattel, eine neue Lanze, besser gleich mehrere, für den Fall, dass eine brach. Er benötigte ein teures, speziell geschultes Pferd, das wiederum relativ aufwendig geschützt werden musste. Und er brauchte viel Zeit, um immer wieder zu trainieren. Krieg wurde teurer.

Am Ende des 12. Jahrhunderts trug dazu auch eine Form des Helmes bei. Statt des bisherigen halbkugelförmigen, allenfalls ein wenig konisch zulaufenden Helmes, der nur den Schädel schützte, entwickelte man den Topfhelm, der (wie sein Name andeutet) zylinderförmig war und den gesamten Kopf einschließlich des Gesichts schützte. Der bessere Schutz wurde allerdings dadurch erkauft, dass der Träger nur durch schmale Schlitze sehen konnte, sein Gesichtsfeld mithin stark eingeschränkt war. Auch vermochte er nur durch kleine Löcher zu atmen, was zumal bei großer Hitze und Staubentwicklung sehr beschwerlich war. Aber die Panzerreiter waren jetzt noch besser geschützt als zuvor, ihre Überlegenheit über den ungepanzerten Mann noch deutlicher.

Unabhängig von diesen technischen Verbesserungen stiegen offenbar im 12. Jahrhundert die Preise für Waffen und Panzerung insgesamt, wahrscheinlich weil die Bevölkerungszahl schneller wuchs als die Eisenproduktion. Um 1200 musste ein Panzerreiter, um auf eigene Kosten ins Feld ziehen zu können, über mehr Landbesitz verfügen, als es am Beginn des Jahrhunderts der Fall gewesen war. Diese wirtschaftlichen Entwicklungen und die Konkurrenz der adligen Familien untereinander führten dazu, dass es um 1300 weniger adlige Familien als ein Jahrhundert zuvor gab, die einzelnen Familien jedoch über mehr Besitz verfügten. Es hatte also ein Konzentrationsprozess stattgefunden.

Auch die Möglichkeit, als gepanzerter Reiter auf eigene Kosten ins Feld zu ziehen, hatten damit weniger Männer. Die militärische Macht hatte sich insofern konzentriert. Die militärische Elite war kleiner geworden und hatte zugleich ihre Überlegenheit gegenüber den Ungepanzerten entscheidend ausgebaut. Waffentechnische und wirtschaftliche Entwicklungen wirkten also auf die politischen und sozialen Strukturen ein.

Das neue Leitbild des Kriegeradels: Der Ritter

Von noch größerer Bedeutung als diese waffentechnischen Veränderungen waren komplizierte langfristige Prozesse, die ebenfalls um 1100 auftraten. Sie sollten das Bild des Adels von seiner Rolle in der Gesellschaft und die Auffassung von der Ausübung legitimer Gewalt auf lange Zeit prägen.

Diese Entwicklungen nahmen ihren Ausgang im südlichen Teil des westfränkischen Reiches, aus dem langsam Frankreich wurde. Nach dem Zerfall des Karolingerreiches konnte der König des Westreichs, der jetzt aus der Familie der Kapetinger kam, seine Herrschaft lediglich in der Île-de-France unangefochten durchsetzen, wo die Hausgüter der kapetingischen Dynastie lagen. Im Rest des westfränkischen Reiches genoss er nur noch eine nominelle Oberherrschaft. In manchen Gegenden hatten sich starke Fürstendynastien etabliert: in der Normandie, in Flandern, in der Champagne. Der Süden des heutigen Frankreich

33 Der Furcht einflößende Topfhelm mit Helmzier aus der Mitte des 14. Jh. zeigt eindrucksvoll, mit wie viel Aufwand die adligen Panzerreiter ihre beanspruchte Rolle in Heer und Gesellschaft inszenierten – auch nach ihrem Tod. Der Helm gehörte dem österreichischen Adligen Albert von Prankh und war an dessen Grab in der Stiftskirche von Seckau angebracht.

war hingegen politisch zersplittert. Da kein mächtiger Fürst hier für Ordnung sorgte, übernahmen es Zusammenschlüsse kleinerer Machthaber, durch Bündnisse für „Frieden" zu sorgen, also dafür, was man anachronistisch öffentliche Sicherheit nennen könnte. An der Leitung dieser Bündnisse waren Bischöfe und Äbte führend beteiligt, denn sie hatten einerseits den notwendigen politischen Einfluss, andererseits fühlten sie sich dazu moralisch besonders verpflichtet. Diese Bündnisse wurden Gottesfrieden genannt.

Solche Bündnisse waren aber nur sinnvoll, wenn bei Störungen des Friedens Sanktionen angedroht und ausgeführt werden konnten. Letztlich hieß das: Man musste bereit sein, zur Gewalt zu greifen. Die Bischöfe mussten dies tun. Bisher war die Lehre der Kirche eindeutig gewesen: Andere Menschen zu töten, war eine Sünde, sogar dann, wenn der Krieg ein gerechter war. Auch wer in einem „gerechten Krieg" tötete, musste dafür Buße leisten und fasten.

Jetzt änderte sich dies unter dem Druck der äußeren Verhältnisse, aber auch unter dem Einfluss einer kirchlichen Reformbewegung, die man nach ihrem herausragendsten Vertreter, dem von 1073 bis 1085 regierenden Papst Gregor VII., gregorianische Kirchenreform nennt. Einen ihrer wichtigsten Ausgangspunkte hatte diese Bewegung im burgundischen Kloster Cluny, also in jener Region, in der die Gottesfrieden entstanden. Zu den wichtigsten Zielen der Reformer zählte es, den Einfluss der Kirche auf die Welt und den des Papstes auf die Kirche zu erhöhen. Die Konflikte, die daraus entstanden, werden traditionell unter dem Begriff Investiturstreit zusammengefasst. Mit der Reform ging eine verstärkte Hinwendung zur Seelsorge einher. Vorrangig mühte man sich um die Verbindung zum Adel – und dies wiederum vor allem in der burgundischen Abtei Cluny und ihren Tochterklöstern.

Schon in der Karolingerzeit war die Vorstellung entwickelt worden, dass der König für den Schutz der Kirche und des Glaubens sowie der Armen, Schwachen und Hilflosen sorgen müsse. Jetzt weiteten die Schriften der kirchenreformerischen Kreise diese Pflichten auf jeden Fürsten und schließlich jeden Adligen aus. Dieser Schutz durfte ausdrücklich auch ein bewaffneter sein. Damit wurde der Kriegeradel im christlich-theologischen Weltbild aufgewertet.

In diese Richtung wirkte auch, dass sich jetzt ein neues Schema durchsetzte, mit dessen Hilfe die Menschen die soziale Wirklichkeit zu ordnen suchten. Bisher hatten die Theologen nur zwischen zwei Ständen unterschieden: zwischen Geistlichen und Laien, d.h. jenen, die Gott dienten, und jenen, die auf die Vermittlung der Ersteren angewiesen waren. Jetzt veränderte Adalbero von Laon diese Auffassung. Auch für ihn bildeten die „oratores" (die Betenden, d.h. die Geistlichen) einen Stand, doch teilte er die Laien in „bellatores" (Krieger) und „laboratores" (Arbeitende), also faktisch in den Adel und den nicht-adligen Teil der Laien. Damit war jenes Drei-Stände-Schema entstanden, das bis in die Epoche der Französischen Revolution das Bild der abendländischen Gesellschaft von sich selbst und ihre juristische Konstruktion prägen sollte. Es bildete jedoch nur sehr bedingt die sozialgeschichtliche Realität ab. Vor allem war der Stand der „laboratores" zu weit definiert, um als sozialgeschichtliche Kategorie aussagekräftig zu sein.

Diese Bestrebungen zur Aufwertung ihres Standes kamen den Adligen entgegen. Gemeinsame Überzeugungen und Werte, insbesondere den aggressiven Ehrbegriff, hatte es in dieser Schicht schon längst gegeben. Wichtig war für das Selbstverständnis dieser Adligen auch die Treue des Vasallen gegenüber dem Herrn. Auch diese Tugend wurde nun in den Pflichtenkatalog für Adlige übernommen, sicherte sie doch die Stabilität der politischen Ordnung und damit den Frieden. Zugleich sorgte die scharfe theoretische Abgrenzung gegenüber den nicht-adligen Laien dafür, dass das Selbstwertgefühl der Adligen stieg. Dies wirkte umso mehr, als tatsächlich in diesen Jahren auch sozialgeschichtlich eine Abgrenzung zwischen Adel einerseits und Bauern andererseits stattfand. Das traditionelle Selbstverständnis des Adels wurde also religiös untermauert und gleichzeitig ausgeweitet.

Dazu trug auch bei, dass sich im 11. Jahrhundert die Vorstellung ausbildete, ein Krieg könne nicht nur unter gewissen Bedingungen, die schon der heilige Augustinus formuliert hatte, akzeptabel sein, sondern sogar religiös ausgesprochen verdienstvoll, dann nämlich, wenn er zur Verteidigung der Kirche und der Gläubigen geführt wurde. Ihren gewaltigsten und gewalttätigsten Ausdruck fand diese neue Überzeugung ab 1096 in der bewaffneten Pilgerschaft ins Heilige Land, die zur Eroberung Jerusalems und eines Teils Palästinas führte. Diesem sogenannten Ersten Kreuzzug folgten in den nächsten anderthalb Jahrhunderten viele Wellen von Glaubensstreitern nach. Auch andernorts, so im östlichen Mitteleuropa und auf der Iberischen Halbinsel, gab es Kreuzzüge.

In den 1120er-Jahren begann dann im Heiligen Land eine Entwicklung, die das Verhältnis der Kirche zur Gewalt und zur neuen Ideologie des Adels noch weiter verändern sollte. Eine Gruppe von Adligen fand sich zusammen, um in einer Gemeinschaft nach einer geistlichen Regel zu leben – und gegen die Muslime zu kämpfen. Das war unerhört. Dieser Vorstoß ging weit darüber hinaus, Krieg unter bestimmten Umständen für religiös verdienstvoll zu erklären. Hier wurden Mönchtum und Kriegertum verbunden, also dauernde Hinwendung zu Gott, die den ganzen Tagesablauf bestimmte, und stetige Vorbereitung auf das Töten von Menschen. Gegen heftigen Widerstand konnte sich die kleine Gemeinschaft etablieren, nicht zuletzt deswegen, weil sie die energische Unterstützung Bernhards von Clairvaux erhielt, eines der einflussreichsten Männer des 12. Jahrhunderts. Aus der Gemeinschaft wurde ein Orden, der Templer-Orden. Wenig später entstand ein zweiter geistlicher Ritterorden, der Johanniter-Orden, dessen Hauptaufgabe ebenfalls in der Verteidigung des Heiligen Landes lag.

Um den adligen Krieger zu bezeichnen, welcher der neuen Auffassung entsprach, benutzte man im Lateinischen das Wort „miles". Im klassischen Latein hatte es den Soldaten, im spätantiken dann jeden Staatsbeamten bezeichnet. Um das Jahr 1000 besaß es zwei Bedeutungsnuancen. Es war zum Ersten eines der Wörter, die den Vasallen bezeichneten, zum Zweiten eine Bezeichnung für Krieger, insbesondere für die Panzerreiter; „milites" wurde mitunter als Gegensatz zu „pedites" (Fußsoldaten) gebraucht. Beide Gruppen, Vasallen und Panzerreiter, waren weitgehend identisch, da die Vasallen als Panzerreiter dienten.

Durch die Aufwertung des adligen Waffendienstes wurde das Wort „miles", das bisher nur eine glanzlose Tätigkeitsbeschreibung war, zu einem ehrenvollen Titel. Naheliegenderweise führten als Erste gerade jene diesen Titel, die einen anderen nicht vorzuweisen hatten. Der Hochadel hingegen ließ sich diese Bezeichnung erst beilegen, als sie enormes Prestige gewonnen hatte. In den Urkunden des Mâconnais, der Gegend um die Stadt Mâcon im Süden Burgunds, tauchte das Wort „miles" seit dem Ende des 10. Jahrhunderts als Synonym für „Vasall" auf und übernahm dann auch die Bedeutung von „adlig". Um 1075 breitete sich das Wort in den Urkunden plötzlich stark aus und bezeichnete schichtenspezifisch die untere Schicht des Adels. Wer diesen Titel nicht führte, gehörte einer unteren Schicht an, einer bäuerlichen. Seit den letzten Jahren des 11. Jahrhunderts bezeichneten sich auch hohe Adlige in Urkunden als „miles". In den romanischen Sprachen bürgerten sich als Übersetzung für diesen prestigereichen Titel Wörter ein, die sich vom vulgärlateinischen Wort für „Pferd" ableiteten (z. B. auf Französisch „chevalier" zu „cheval", auf Spanisch „caballero" zu „caballo" usw.), denn das lateinische Wort „miles" war in diesen Sprachen ausgestorben. Im Deutschen benutzte man das Wort „Ritter".

Wohl ungefähr gleichzeitig entwickelte sich ein Initiationsritual, durch das ein Mann zum Ritter erhoben wurde. Dabei handelte es sich noch nicht um den Ritterschlag, den man gemeinhin mit dieser Erhebung verbindet, also nicht um jene kurze Zeremonie, bei der ein Ritter den zum Ritter zu Erhebenden mit der Breitseite eines Schwertes leicht auf die Schulter tippte; diese Form setzte sich erst spät, im 14. und 15. Jahrhundert, durch. Vielmehr ging es um ein gänzlich unterschiedliches Ritual, dessen Ursprünge nicht recht zu fassen sind, weil die Quellen sich darüber nicht detailliert äußern. Im 13. Jahrhundert hatte sich dann eine lange, feierliche Weihehandlung entwickelt, wie aus – durchaus idealisierenden – Beschreibungen hervorgeht. Der angehende Ritter bereitete sich durch eine rituelle Reinigung vor: Er badete, fastete, durchwachte die Nacht, bevor ihm schließlich – häufig in einer Kirche – Schwert und Gürtel feierlich übergeben wurden.

Dieses komplexe Ritual vermischte verschiedene Traditionsstränge und drückte damit sichtbar aus, welche Bedeutung die adlige Gesellschaft diesem Vorgang und der Ritterwürde zumaß. Eine Wurzel des Rituals bestand in der germanischen Sitte, dass der herangewachsene Mann adliger Abkunft durch die feierliche Übergabe von Waffen für wehrfähig und damit volljährig erklärt wurde. Aus antik-römischem Brauch stammte die Überreichung eines Gürtels an neu ernannte Amtsträger. Aus der christlichen Liturgie kam die Segnung des Schwertes, die seit dem 10. Jahrhundert belegbar ist, vor allem aber die Parallele zur Priesterweihe, die den ganzen Vorgang prägte.

Nur der formell zum Ritter Erhobene durfte stolz den Titel „Ritter" führen und seine Würde äußerlich zeigen: durch goldene Sporen. Nur er besaß den Anspruch, als „Herr" angeredet zu werden. Adlige, die die Ritterweihe nicht erhalten hatten, trugen nur silberne Sporen und hießen „Knappen", „Edelknappen", „Knechte" oder „Edelknechte" (lat. „armiger", „scutifer", engl. „squire", frz. „écuyer"). Nicht jeder Adlige aber konnte den Rittertitel erlangen. Man musste sich seiner würdig erweisen.

Der Titel „Ritter", das Ritual der Erhebung zum Ritter und die dahinter stehenden Auffassungen breiteten sich von Mittel- und Südfrankreich nach Nordfrankreich und nach Flandern aus. In Frankreich war um 1100 dieses Ideal ausgebildet. In Deutschland wurde es erst gegen Ende des 12. Jahrhunderts, aber dann sehr schnell übernommen. Dabei adaptierte man auch Veränderungen, die in Frankreich um die Mitte des 12. Jahrhundert eingesetzt hatten und das Ideal veränderten.

Diese Veränderungen summierten sich zu einer Verfeinerung der Sitten und des gesellschaftlichen Umgangs. In den literarischen Texten aus der Zeit vor 1150 (z. B. dem Rolandslied) feierten die Autoren die Treue eines Vasallen, der ein tapferer Kämpfer und zugleich ein guter Christ war. Nun trat als neuer Aspekt die Verehrung für die adlige Dame, die Minne, hinzu. Auch spielte jetzt die „aventure" eine Rolle, die gefahrvolle Bewährungsprobe, welche der adlige Held aus eigenem Antrieb suchte und in der er sich zum wahren Ritter und Garanten der religiössittlichen Ordnung entwickelte.

Ferner erhielt der Begriff „Ehre“ neue Konnotationen. Seit dem Ende des 12. Jahrhunderts verlor er seine konkreten Bezüge und wurde interiorisiert. Das Wort Ehre bezeichnete jetzt weniger das Maß an Achtung, das man von anderen erfuhr, als vielmehr die Vorstellung des Einzelnen von seiner sozialen Integrität.

Zugleich nahm die volkssprachliche Literatur einen bisher nicht gekannten Aufschwung. In großer Zahl entstanden Texte unterschiedlicher Art, welche die neuen Ideale propagierten. Am Ende des 12. Jahrhunderts galt es sogar als ausgesprochen schick, wenn in Deutschland höchste Adlige, ja Kaiser Heinrich VI. selbst, Minnelieder dichteten. Ein Jahrhundert zuvor wäre das undenkbar gewesen, sowohl was das Dichten als intellektuelle Tätigkeit betrifft, als auch was die in diesem Liedern verherrlichte Verehrung für die edle Frau angeht.

Die Wörter „Ritter“ und „ritterlich“ bezogen sich also auf unterschiedliche, heterogene Aspekte. Man konnte einen Panzerreiter als „Ritter“ bezeichnen, aber nicht jeder Panzerreiter war wirklich zum Ritter geweiht, manche waren nicht einmal adlig. Nicht jeder, der den Rittertitel trug, hielt sich an die ritterlichen Normen. Komplizierter wurde die Angelegenheit noch dadurch, dass der niedere Adel die Bezeichnung „Ritterschaft“ als prestigeträchtige Selbstbezeichnung benutzte, auch wenn gar nicht alle seiner Mitglieder zum Ritter geweiht waren. Diese „Ritterschaft“ stellte im späten Mittelalter die niedrigste Schicht des Adels dar, zwischen Edelfreien und Hochadel einerseits, Bauern und Stadtbürgern andererseits. In den Territorien des Reichs bezeichnete „Ritterschaft“ auch den Zusammenschluss des Adels eines Territoriums, der dem Fürsten als Landstand, als politische Interessenvertretung, gegenübertrat. Vor lauter „Rittern“ und „ritterlichen“ Eigenschaften scheint der Begriff jede Konkretheit zu verlieren.

Doch lässt sich das Phänomen ohnehin nicht dadurch sinnvoll erfassen, dass man nach einzelnen Personen und Dingen sucht, welche diese Aspekte in sich vereinen. Im Kern geht es nicht um reale Dinge und Tatsachen, sondern darum, wie die Zeitgenossen ihre Umwelt und ihr eigenes Handeln interpretierten und bewerteten.

Angemessener zu beschreiben ist das Phänomen des Rittertums als ein heterogenes Konglomerat von standesspezifischen Vorstellungen des Adels – Normen, Verhaltensweisen, Deutungsmechanismen und geschmacklichen Vorlieben –, welche die adlige Lebensführung insgesamt betreffen. Gerade deswegen berühren sie ganz unterschiedliche Themen: die Beziehungen zwischen den Geschlechtern sowie diejenigen zwischen Herrn und Vasall, das Verhalten im Kampf, das Verhältnis zur Religion, den literarischen Geschmack und so weiter. Bei aller Diversität zeichnen sich diese Vorstellungen durchaus durch gemeinsame Grundtendenzen aus. Dazu zählen der Wille zur Affektzügelung und zur Eingliederung in die adlige Gesellschaft, zur Stilisierung des eigenen Verhaltens – und nicht zuletzt zur Ausgrenzung jener, die an diesen Vorstellungen nicht teilhaben, der Nicht-Adligen. Die Einheit dieser Vorstellungen wird jedoch vor allem dadurch gestiftet, dass sie gedanklich auf ein gesellschaftliches Leitbild, das des Ritters, bezogen werden. Insofern sind sie durchaus sinnvoll als „Rittertum“ zu bezeichnen, obwohl sie keineswegs ausschließlich solche Adlige betrafen, die tatsächlich den Rittertitel führten. Letztlich galten diese Normen und Verhaltensweisen für alle männlichen Adligen und indirekt sogar für adlige Frauen, weil sie Erwartungen an deren gesellschaftliche Rolle formulierten.

Auf das Leitbild werden Adlige verpflichtet, indem sie zu Rittern erhoben werden. Zur Orientierung an diesem Leitbild zählt auch, dass als selbstverständlich gilt, ein Adliger müsse als Panzerreiter kämpfen. Vom Prestige dieses Leitbildes wollen am Ende des Mittelalters die Adligen eines Territoriums zehren, wenn sie sich als Gruppe innerhalb der Ständeversammlung „Ritterschaft“ nennen. So ergibt sich ein Neben- und Durcheinander von Bedeutungsnuancen der Wörter „Ritter“ oder „ritterlich“, aber gerade darin liegt ihre Wirkungskraft teilweise begründet, denn sie ermöglichen es, ganz unterschiedliche Aspekte unter einem ideologischen Konstrukt zu vereinen.

Bei der Benutzung des Begriffs ist aus heutiger Sicht jedoch Vorsicht geboten, und zwar gerade wegen seiner Vieldeutigkeit und der ideologischen Implikationen. Im Bereich der Kriegführung muss scharf zwischen Panzerreitern und Rittern unterschieden werden, also zwischen den

34 Graf Konrad von Kirchberg und die von ihm verehrte Dame; aus der Manessischen Handschrift, Zürich, zwischen 1305 und 1340. Dank ihrer hohen künstlerischen Qualität prägen die Miniaturen dieser berühmten Handschrift die heutige Vorstellung davon, wie ein typischer Ritter und Minnesänger ausgesehen habe.

auf bestimmte Weise ausgerüsteten Kämpfern und den Trägern des Rittertitels, denn die militärische Funktion einer Truppe von Panzerreitern war kaum abhängig davon, ob es sich in der Mehrzahl um Edelknappen oder Ritter handelte.

Alle diese Entwicklungen betrafen nicht nur literarische Werke und höfische Schauspiele, sondern hatten auch konkrete Folgen für die Kriegführung und deren Wahrnehmung. Nicht zuletzt galt dies für die Überzeugung, dass der Kampf gegen Nicht-Christen und Ketzer grundsätzlich die Pflicht jedes Adligen sei. Das führte nicht dazu, dass tatsächlich jeder Adlige auch nur einmal in seinem Leben gegen „Feinde des christlichen Glaubens“ gefochten hätte. Aber viele machten es, im Heiligen Land, in Spanien, in Preußen und Litauen, am Ende des Mittelalters auch auf dem Balkan, und ihre Taten, nicht jene der zu Hause Gebliebenen, galten als vorbildlich und heldenhaft. Nur aufgrund dieses letztlich freiwilligen Einsatzes für den christlichen Glauben konnte eine Reihe von Kriegszügen überhaupt stattfinden. Das galt insbesondere für die größten dieser Unternehmungen, die Kreuzzüge ins Heilige Land.

Einfluss auf die Kriegführung hatten die neuen, ritterlichen Normen auch durch die Entstehung des Turniers. Kampfspiele gab es schon lange vor dem 12. Jahrhundert, doch erscheinen sie kaum einmal in den Quellen. Zu den seltenen Ausnahmen zählt es, wenn Widukind von Corvey lobend über den 936 verstorbenen König Heinrich I. schreibt: „Auch bei Kampfspielen besiegte er alle mit solcher Überlegenheit, dass er den Übrigen Schrecken einjagte.“

Im 11. Jahrhundert aber wurden die Kampfspiele im nordfranzösisch-niederländischen Raum durch Rituale und Regeln formalisiert. Von dort breiteten sich die neuen Gebräuche auf den Rest Europas aus. Zu den Neuerungen zählte u. a., dass jetzt einige Wochen im Voraus Einladungen an die potenziellen Teilnehmer ergingen. Auch wurden vor dem Beginn der Veranstaltung die Kämpfer in gleich große Gruppen eingeteilt, denn im hochmittelalterlichen Turnier traten Gruppen gegeneinander an und kämpften in Formation. Dabei unterschied man zwei Formen. Während beim „Buhurt“, einem Scheingefecht, nur wagemutige Reitermanöver ausgeführt wurden, handelte es sich bei der „Turnei“ um einen spielerischen Kampf, bei dem man gleichwohl wirklich zustach und zuschlug und den man meist sogar mit scharfen Waffen führte. Oft genug gab es Verletzte und sogar Tote. Anders als es der landläufigen Vorstellung entspricht, kamen Einzelkämpfe bis in das 14. Jahrhundert bei Turnieren nur in Ausnahmefällen vor. Erst dann wurde dieser sogenannte „Tjost“ häufiger durchgeführt und schließlich sogar zur Regel. Sowohl „Buhurt“ als auch „Turnei“ wurden von den Zeitgenossen ausdrücklich als Vorbereitung auf den wirklichen Krieg verstanden und waren es tatsächlich, denn die Teilnehmer übten dabei als Einzelne wie im Verband wichtige Fähigkeiten ein. Zugleich festigten sie indirekt Überzeugungen, die schon längst vorhanden waren. Im Turnier war der Kampf, was er auch im Krieg sein sollte: eine Angelegenheit von Adligen, die vorzugsweise zu Pferd fochten, tapfer waren und den gleichrangigen Gegner achteten.

Der Respekt vor den feindlichen Adligen zeigte sich im Krieg tatsächlich. Adlige Gegner wurden im Allgemeinen schonend behandelt, und zwar aus mehreren Gründen: Zum Ersten wirkte schon die Existenz akzeptierter Normen auf die Einhaltung hin, weil dies das Prestige der betreffenden Person erhöhte oder zumindest den Verlust von Ansehen vermied. Zum Zweiten drängte es sich aus Egoismus auf, den Gegner schonend zu behandeln, denn man hoffte, dass dieser seinerseits ähnlich handeln würde, wenn man selbst darauf angewiesen wäre. Zum Dritten waren mit dem rücksichtsvollen Umgang des Gegners materielle Vorteile verbunden. Schon in der Zeit um 1100 hatten sich diesbezüglich im nordfranzösisch-niederländischen Raum allgemein bekannte und akzeptierte Verfahrensweisen etabliert. Sie betrafen zum einen die Kapitulation von Festungen, worauf später noch einzugehen ist, zum anderen die Behandlung adliger Gefangener. Wer im Gefecht in eine aussichtslose Situation geriet, konnte darauf rechnen, dass ihn seine Gegner nicht abschlachteten, sondern am Leben ließen – und zwar deswegen, weil diese Gegner darauf bauen konnten, von ihrem Gefangenen für die Freilassung ein ansehnliches Lösegeld zu erhalten. Doch galt die Rücksichtnahme wohlgemerkt nur für die Standesgenossen. Nicht-adlige Fußkämpfer wurden mitleidlos abgeschlachtet und ließen daher ihrerseits gegenüber adligen Panzerreitern keine Gnade walten.

Zweifellos brachten diese Sitten etwas Humanität in den Krieg, dennoch blieb er blutig und brutal – nicht nur für die verachteten Fußtruppen, sondern auch für die Adligen, die ihm zum Opfer fielen. Außerdem galt es im Rahmen des ritterlichen Ethos nach wie vor als legitime Kriegshandlung, ungeschützte Dörfer auszuplündern, die Höfe in Brand zu setzen und ihre Bewohner womöglich dem Hungertod auszuliefern. Obendrein reichte selbstredend die Existenz eines Ethos, ja die demonstrative Selbstverpflichtung darauf nicht in allen Fällen aus, um die Einhaltung dieser Regeln zu gewährleisten. Zu guter Letzt trugen diese Regeln indirekt dazu bei, Krieg und die damit verbundenen Grausamkeiten zu legitimieren, denn wer sich an die Regeln hielt, kämpfte vielleicht nicht für eine gerechte Sache, aber auf eine moralisch gerechtfertigte Weise.

Gerade dieser Umstand weist darauf hin, dass das ritterliche Ethos vor allem Eines leistete: Es bot den Adligen das Bild eines Krieges, den sie mit ihrem Normenkatalog in Einklang bringen konnten, der grundsätzlich legitimierbar war, der ihre Stellung in der Gesellschaft rechtfertigte und in dem sie eine prestigeträchtige Rolle spielten. Der Krieg blieb grausam und gefährlich, aber er ließ sich mental einordnen.

Fahnen und Wappen

Wohl Anfang Juli 1099 entstand Streit unter den Fürsten, die als Anführer des Ersten Kreuzzugs Jerusalem belagerten. Einer von ihnen, Tankred von Tarent, hatte Bethlehem erobert und es gewagt, dort seine Fahne anzubringen, ausgerechnet an Jesu Geburtsort, der nach Meinung der anderen allen gemeinsam gehören sollte. Raimund von Aguilers aus Südfrankreich, der selbst zu den Kreuzfahrern zählte, berichtet von diesem Zwist und erklärt seinen Lesern dazu: „Es war nämlich bei uns Gewohnheit, dass, wenn jemand als Erster zu einer Burg oder einer Stadt kam, seine Fahne aufpflanzte und eine Wache abstellte, er von keinem anderen danach beeinträchtigt wurde.“

Was Raimund hier anspricht, erscheint geradezu selbstverständlich: Das Feldzeichen über der eroberten Stadt markiert einen Besitzanspruch und symbolisiert den Sieg. In der bildlichen Darstellung von militärischen Triumphen spielen solche Szenen eine unauslöschbare Rolle. Überraschenderweise aber meint der Autor, diesen Sachverhalt seinen Lesern erklären zu müssen. Er ist für ihn also keineswegs selbstverständlich. Tatsächlich spiegelt sich an dieser Episode eine entscheidende Wandlung, welche die Bedeutung von Zeichen für den europäischen Adel und die Bedeutung von Fahnen im Krieg, ja den Umgang Europas mit Zeichen ganz allgemein betrifft.

Die praktische Funktion der Feldzeichen veränderte sich gegenüber der Zeit vor 1100 nicht und blieb sogar noch lange Zeit, bis zum Ersten Weltkrieg, die gleiche. Wer eine größere Anzahl dicht gedrängt stehender Kämpfer im Gefecht führen wollte, konnte akustische Signale einsetzen – Kommandos, aber auch Trommeln oder Hörner –, doch waren diese im Lärm des Kampfes womöglich nicht immer zu hören und nicht immer klar von Signalen für andere Truppen zu unterscheiden. Eine andere Möglichkeit lag in optischen Signalen. Dazu benötigte man ein Hilfsmittel, das deutlich sichtbar war, also die Köpfe der Krieger überragte, zugleich leicht zu tragen und so auffällig war, dass man es im Gefecht gut erkannte. Diese Anforderungen wurden am einfachsten erfüllt, wenn man ein Tuch an einer Stange befestigte. Der Träger dieses Feldzeichens übermittelte die Anordnungen des Anführers an die Truppe, indem er die Fahne schwenkte oder neigte.

Was die konkreten Bewegungen des Feldzeichens angeht, so interessiert die Quellen naheliegenderweise nur der dramatischste Fall. Immer wieder findet sich die Formulierung, eine Truppe habe „mit erhobenen Fahnen“ den Feind angriffen. Zweifellos war dies tatsächlich das Zeichen zum Angriff. Gerade weil dies so war, geht es den Autoren, wenn sie diese Wendung benutzen,

35 Vorbereitungen Kaiser Heinrichs VI. zur Landung auf Sizilien 1194. Anders als meist üblich, lässt der Künstler den Anteil nicht adliger Truppen erkennen. Gezeigt sind Gepanzerte zu Fuß mit Helm und Schild, leicht bewaffnete, nicht gepanzerte Böhmen mit Pfeil und Bogen sowie Bayern mit Armbrüsten.

eigentlich nicht um die Erwähnung des Vorgangs, sondern um das, was er ausdrückt: um die Entschlossenheit zu Kampf und Angriff sowie um die Tapferkeit der Krieger.

Die Fahne war für die Chronisten also nicht nur ein praktisches Hilfsmittel, sondern ein Symbol. Die erhobene Fahne konnte auch ein Zeichen dafür sein, dass eine Truppe nicht mit friedlicher Absicht marschierte, sondern bereit zum Kampf war. Dementsprechend galten erhobene Fahnen als Herausforderung an den Feind, wie eine Bemerkung Bernolds von Konstanz über einen Feldzug Heinrichs IV. nach Schwaben im Jahr 1084 illustriert: „Aber als sich die Schwaben ihm entgegenstellten, wollte er nicht kämpfen, obwohl sie ihn mehrere Tage mit erhobenen Fahnen zum Kampf herausforderten und von den Seinen mehr als Hundert entweder erschlugen oder gefangen nahmen."

Angesichts der Wichtigkeit der Fahne ist es verständlich, dass die Aufgabe, sie im Gefecht zu tragen, nur besonders erfahrenen, verlässlichen Männern übertragen wurde. Der Tod des Fahnenträgers konnte – wie das Fallen der Fahne – für die Chronisten ein Grund für eine Niederlage oder ein Zeichen für die Größe des Sieges darstellen. Als Fahnenträger („signifer") bezeichneten die Chronisten manchmal auch den Befehlshaber eines Kontingents oder Heeres, wenn diesem nicht aufgrund des Lehnsrechts oder seines Amts das Kommando zufiel. Dies galt vor allem für Adlige, die stellvertretend für den Lehnsherrn das Kontingent anführten, insbesondere für jene, die das militärische Aufgebot eines geistlichen Fürsten kommandierten. Sicherlich trug der Betreffende nicht selbst die Fahne, schon gar nicht immer. Vielmehr benutzte man dieses Wort, weil man über kein anderes verfügte, denn es gab keine militärischen Ränge und ebenso wenig Funktionsbeschreibungen; in der hochmittelalterlichen Gesellschaft ging man grundsätzlich davon aus, dass der Fürst oder Lehnsherr selbst an der Spitze seines Aufgebots stand.

Die gemeinhin übliche Fahne war bis in das 12. Jahrhundert rechteckig oder quadratisch und lief in zwei, aber auch bis zu fünf langen Zungen aus. Meist war die Schmalseite des Fahnentuchs direkt an der Stange angebracht, selten an einem Stab, der quer zur Stange an ihr befestigt war. Diese Art des Feldzeichens benennt man mit dem französischen Wort „Gonfanon", das vom althochdeutschen „gund-fanon" („Kriegstuch") abstammt. Darüber hinaus sind mitunter Feldzeichen in Form eines Drachen belegt, doch sind die Nachrichten dünn. Möglicherweise beziehen sich die Erwähnungen manchmal auf ein Stück Stoff, das wie Körper und Kopf eines Drachen geschnitten war. In anderen Fällen ist sicher, dass aus Stoff ein Schlauch hergestellt und an einem plastisch geformten Drachenkopf angebracht wurde. Der Wind blies den Schlauch dann auf.

Bis zum Beginn des 12. Jahrhunderts war eine Fahne lediglich deswegen die Fahne eines Mannes, weil sie ihm gehörte – so, wie sein Schwert oder sein Pferd ihm gehörten, weil sie sich halt in seinem Besitz befanden, nicht weil sie irgendein Muster trugen. Das Feldzeichen war also nicht, wie es uns heute selbstverständlich erscheint, durch sein Aussehen als Feldzeichen einer bestimmten Person, schon gar nicht eines Landes oder einer Stadt, gekennzeichnet. Eine solche Zuordnung einer Fahne zu einer Person war noch gar nicht denkbar, weil ein solches Verständnis von Zeichen nicht existierte. Die Fahnen hatten dementsprechend offenbar beliebige Farben und waren nicht so gestaltet, dass sie leicht wiedererkennbar oder exakt reproduzierbar waren. Die Illuminatoren der Handschriften legten auf die exakte Wiedergabe der Fahnen aus diesem Grund keinen Wert, die Chronisten erwähnen kaum einmal deren Aussehen, und wenn, dann deutet nichts auf Wiedererkennbarkeit und Reproduzierbarkeit. Auch der Teppich von Bayeux, der die Eroberung Englands durch Wilhelm den Eroberer im Jahr 1066 zeigt und mit Sicherheit noch im 11. Jahrhundert entstand, gibt diesen Stand wieder. Er bildet eine Reihe von Fahnen ab, die ganz beliebig gestaltet sind. Auch auf den Schilden finden sich zwar auffällige, aber beliebige Muster.

Um 1100 begannen sich diese Sachverhalte jedoch langsam zu ändern. Um diese Zeit kam es vor, dass einzelne Adlige sich dauerhaft auf eine bestimmte Weise, insbesondere in einer besonderen Farbe, kleideten. Ordericus Vitalis erwähnt am Beginn des 12. Jahrhunderts einen Thibaud, den man den „weißen Ritter" nenne, und einen Guy, der den Beinamen „der Rote" trage.

36 Diese Abbildung aus dem Jahr 1109 dokumentiert eine wichtige Stufe in der Entwicklung der Fahnen. Der Gonfanon (oben) genügt zwar noch nicht den später gültigen heraldischen Regeln, lässt aber bereits Züge von diesen erkennen: Er ist eindeutig auf klare Unterscheidbarkeit von anderen angelegt und leicht reproduzierbar. Die Schilde zeigen protoheraldische Zeichen.

Eine entscheidende Etappe stellte dann der Erste Kreuzzug dar. Die einzelnen Anführer der Kontingente führten im Heiligen Land nach Auskunft der Quellen auf Dauer Feldzeichen, die sich klar voneinander unterschieden, und zwar vor allem aufgrund ihrer Farbe. König Balduin I. von Jerusalem führte eine weiße Fahne, Bohemund von Tarent eine rote, Robert von Normandie eine goldene. Von den Feldzeichen Graf Raimunds von Toulouse und Tankreds von Tarent ist nur bekannt, dass sie „sehr bekannt" gewesen seien. Dies setzt voraus, dass sie wiedererkennbar waren. Außerdem ist vielfach belegt, dass die einzelnen Anführer der Kreuzfahrer (wie Tankred in Bethlehem) auf eroberten Städten und Burgen ihre Fahnen als Zeichen des Besitzanspruchs anbrachten und dass andere Kreuzfahrer diese Fahnen aus einiger Entfernung erkannten. Die Feldzeichen waren also identifizierbar. Ferner muss ihr Aussehen hinreichend exakt reproduzierbar gewesen sein und es wurde reproduziert, denn da die Fahnen auf den Städten und Burgen verbleiben mussten, verfügten die betreffenden Fürsten offensichtlich über mehrere, gleich aussehende Feldzeichen.

Im Nahen Osten waren solche Praktiken schon länger üblich. Zumindest zum Teil übernahmen die Kreuzfahrer hier also eine Sitte aus den von ihnen eroberten Ländern. Nicht auszuschließen ist jedoch, dass sich ähnliche Ansätze in Teilen des Abendlands bereits eigenständig entwickelt hatten oder durch frühere Kontakte mit der arabisch-muslimischen Kultur schon bekannt waren. Ein normannischer Chronist aus Süditalien berichtet fast gleichzeitig und ganz ähnlich wie der Südfranzose Raimund von Aguilers über diese Gebräuche, hält es jedoch auffallenderweise – anders als dieser – nicht für nötig, sie seinen Lesern zu erklären. Fest steht jedenfalls, dass sich die Sitte, eroberte Städte und Burgen durch eine Fahne des Eroberers zu kennzeichnen, in Europa binnen weniger Jahrzehnte ausbreitete. Damit muss verbunden gewesen sein, dass auch das Aussehen der Fahnen sich entsprechend änderte, sie reidentifizierbar und reproduzierbar wurden.

Dieser Umstand ist auch durch andere Quellen belegt. Seit den 1120er-Jahren führten Fürsten und Hochadlige im französisch-niederländi-

37 Die Buchmalerei aus der Mitte des 13. Jh. zeigt bei der rechts abgebildeten Truppe die mittlerweile übliche Benutzung von heraldischen Zeichen im Krieg: Auf den Schilden sind die Wappen ihrer Träger angebracht, das Banner zeigt das Wappen des Anführers.

schen Raum auf ihren Gonfanons auf Dauer bestimmte geometrische Muster, ab der Jahrhundertmitte kamen auch Tiere oder Pflanzen vor. In der zweiten Hälfte des 12. Jahrhunderts griff dieser Brauch, ein eigenes Zeichen zu haben, auf Personen über, die nicht Anführer eines Kontingents waren und daher über keine eigene Fahne verfügten. Sie wählten für die Zurschaustellung ihres Zeichens den Schild. Dessen Form wurde – als „Wappenschild“ – für die Herstellung dieser Zeichen in der Folgezeit allgemein üblich. Gleichzeitig etablierten sich Regeln für die Konstruktion der Zeichen. Damit war das Wappenwesen entstanden, wie es bis heute bekannt ist.

Aufgrund dieser Entwicklungen erwies sich die bisherige Form des Gonfanons nicht mehr als praktisch, denn dessen Tuch bot zur Darstellung eines komplexen Zeichens zu wenig Platz und war dazu vom Format her wenig geeignet. Schon um 1160 war daher zumindest in Frankreich ein Feldzeichen neuer Art verbreitet, welches dafür bessere Voraussetzungen bot und den Gonfanon schließlich verdrängen sollte: das Banner. Es war damals hochrechteckig, später auch quadratisch. Einige Jahrzehnte später war es dann üblich, dass man naheliegenderweise ein Kontingent, das unter einem Banner focht, ebenfalls als „Banner“ bezeichnete; diese Einheit zählte im Allgemeinen 20 bis 25 Panzerreiter. Die Adligen, die ein solches Kontingent führten, nannte man „Bannerherrn“. Dies war kein militärischen Rang und keine Funktionsbeschreibung im heutigen Sinn, sondern ein Adelsrang. Wer diesen Rang einmal verliehen bekommen hatte, behielt ihn und man erwartete von ihm, dass er auch in einem anderen Krieg, in einem anderen Land, unter einem anderen Heerführer ebenso mit einem eigenen Kontingent erschien. Adlige, die kein eigenes Banner besaßen, führten gemeinhin einen Wimpel an ihrer Lanze, ein kleineres, dreieckiges Fahnentuch, das ihr Wappen zeigte.

Die Entstehung der reidentifizierbaren, reproduzierbaren Fahne sowie des dahinter stehenden Zeichencodes und die Entwicklung der Wappen hatten langfristige Bedeutung für die Vorstellungswelt des Abendlandes. Wehende Fahnen auf Gebäuden und Städten symbolisierten jetzt Besitzansprüche, durch Fahnen und Wappen konnten die Kämpfenden eindeutig erkannt werden und damit konnte ihnen – zumindest nach den Vorstellungen ihrer Standesgenossen – für ihre Taten Lohn oder Tadel zuerkannt werden. Diese und andere Neuerungen des 12. Jahrhunderts waren auch deswegen von so großer Bedeutung, weil sie sich zwar in bestimmten Regionen entwickelten, doch in anderen Gegenden übernommen wurden und prinzipiell für den gesamten europäischen Adel galten. Damit waren die Grundlagen für die Internationalität dieser Führungsschicht hergestellt, die Politik, Krieg und Kultur Europas auf lange Zeit bestimmen sollte.

38 Die Marienburg, ab 1309 Sitz des Hochmeisters.

Glaubenskrieg und adlige Standespflicht: Der Deutsche Orden in Preußen V.

Kreuzzug und Missionierung: Die Unterwerfung der Prußen

Sinn und ganzes Bemühen dieses Mannes waren darauf ausgerichtet, die Ungläubigen zu vernichten und die Grenzen der Christenheit zu erweitern." Diese Worte meint der Chronist Peter von Dusburg als Lob, als großes Lob sogar. Im vorhergehenden Satz hat er denselben Mann, Markgraf Heinrich von Meißen, als „edel", „erlaucht" und „Gott ergeben" gepriesen. Der Chronist beruft sich damit prägnant auf eine Auffassung, die in Europa bis in das 18. Jahrhundert hinein für grundsätzlich richtig gehalten wurde. Es galt als legitim, ja gottgefällig, gegen Nicht-Christen Krieg zu führen, insbesondere um auf diese Weise zur Ausbreitung des christlichen Glaubens beizutragen. Wie ein solcher Glaubenskrieg ablief, zeigt sich in instruktiver Weise an den Kämpfen, von denen der Chronist hier spricht: den Kriegen des Deutschen Ordens gegen die Prußen.

Im letzten Jahrzehnt des 12. Jahrhunderts entstand in Palästina nach dem Vorbild von Templern und Johannitern ein dritter geistlicher Ritterorden, der im Allgemeinen als „Deutscher Orden“ bezeichnet wurde. „Deutscher Ritterorden“ heißt die Gemeinschaft erst seit dem 19. Jahrhundert. Dank großzügiger Protektion durch die staufische Dynastie konnte der neue Orden rasch ansehnlichen Besitz ansammeln: in Süditalien, im Heiligen Land, in Deutschland. Doch verfügte er über keinen Herrschaftsschwerpunkt, von dem aus er eigenständig den Heidenkampf führen konnte. Er blieb daher hinsichtlich seiner Hauptaufgabe abhängig von anderen Gewalten. Dies wiederum gefährdete seine Existenz oder zumindest seine weitere Ausdehnung. Der Hochmeister und der Orden suchten nach Möglichkeiten, irgendwo an einer Heidengrenze eine eigene Herrschaft aufzubauen. Nachdem ein erster Versuch in Ungarn fehlgeschlagen war, bot sich eine neue Gelegenheit weiter im Norden. Der Herzog von Masowien, ein polnischer Fürst, lag in ständigem Kleinkrieg mit den heidnischen Prußen, einem baltischen Volk, das ethnisch mit den Litauern und Livländern verwandt war und im Gebiet des späteren Ostpreußen lebte. Der Herzog rief den Orden zur Hilfe. Dieser ergriff gerne die Gelegenheit und engagierte sich an der Ostsee.

Das wichtigste Zeugnis der Eroberung Preußens ist die schon erwähnte Chronik Peters von Dusburg. Insgesamt schildert dieser Text sehr anschaulich, wie man einen Glaubenskrieg führte, wie man ein fremdes Volk unterwarf und wie man es zum Christentum bekehrte. Allerdings gehörte der Autor als Priesterbruder selbst dem Deutschen Orden an, war also parteiisch. Außerdem vollendete er sein Werk erst 1326, also mehrere Jahrzehnte nach den Ereignissen, von denen er berichtet. Für alles, was länger zurücklag, stützte er sich zum Teil auf ältere schriftliche Aufzeichnungen, die heute nicht mehr erhalten sind, vor allem aber auf mündliche Überlieferungen. Seine Quellen sind mithin nicht immer zuverlässig. Manches, was er berichtet, hat schon legendenhafte Züge angenommen. Gerade daran aber lässt sich gut erkennen, wie der Chronist und auch der Deutsche Orden diese Kriege sehen wollten, als der Kampf seit mehr als 40 Jahren beendet war, wie man das Geschehen ausdeutete und ausschmückte, wie man eigene Taten legitimierte und Handlungen des Feindes herabsetzte. Auch eine breitere Leserschaft fand an der Schilderung Interesse. Peters lateinische Chronik ist zwar nicht häufig kopiert worden, aber Nikolaus von Jeroschin übersetzte sie ins Deutsche und diese Fassung hatte mehr Erfolg.

Wie die Feldzüge abliefen und wie sie der Orden in der Rückschau sah, zeigt sich beispielhaft an einer Passage, die Ereignisse aus den Jahren 1233 und 1234 schildert: „(Es) (...) kamen viele Fürsten aus Polen an: der Herzog Konrad (von Masowien), der Herzog von Kujawien, der Herzog von Krakau, aus Breslau der Herzog Heinrich, (...) auch Odonicz, der Herzog von Gnesen, und viele andere adlige und mächtige Männer, die von der Oder bis an die Weichsel, vom Bober bis an die Netze wohnten, dabei auch Swantopolk, der Herzog von Pommerellen, mit seinem Bruder Sambor. Sie kamen mit so vielen Rittern, wie man sie nie zuvor in Preußen gesehen hatte, erbauten die Stadt Marienwerder und verstärkten die schon vorher errichtete Burg.“

Der Deutsche Orden kämpfte also nicht allein, ja er hätte dies gar nicht gekonnt, denn er verfügte im 13. Jahrhundert sicherlich nie über mehr als 200 oder 300 Ritterbrüder in Preußen. Vielmehr erhielt er wichtige Unterstützung von Fürsten und Adligen, die für einige Zeit mit ihren Gefolgsleuten ins Land kamen, gegen die Prußen kämpften und dann wieder zurückreisten. Zu ihnen zählte auch der eingangs genannte Markgraf von Meißen, der sich (wiederum Peter von Dusburg zufolge) „mit 500 adligen und waffengeübten Männern und reicher Ausrüstung ins Preußenland“ begab. Angelockt wurden diese Adligen nicht zuletzt durch die Aussicht auf geistliche Wohltaten, denn der Krieg gegen die Preußen galt als Kreuzzug, und wer an ihm teilnahm, war seiner zeitlichen Sündenstrafen ledig. Andere Motive wie die Hoffnung auf Beute oder auf Land sowie auf Steigerung des persönlichen Ansehens dürften allerdings auch eine Rolle gespielt haben.

Bei den Glaubenskriegern, die für die Dauer eines Feldzugs dem Orden zu Hilfe kamen, handelte es sich fast ausschließlich um Adlige aus Nord- und Ostdeutschland, aus Böhmen und Polen sowie dem schon christianisierten Ostseeraum. Nur in diesen Gegenden hatte man durch Predigten um Kreuzfahrer geworben. Offenbar erklärt sich dieser Sachverhalt daraus, dass die Adligen aus Frankreich, England und Süddeutschland ins Heilige Land ziehen sollten, um die dort lebenden Glaubensfeinde, die Muslime, zu bekämpfen. Diese Kreuzfahrer suchten den Kampf nicht zuletzt deswegen, weil der Einsatz für das Christentum ihr Seelenheil förderte. Manchmal traten politische Motive hinzu. Der Herzog von Masowien zog in den Kampf, weil er selbst immer wieder mit den Prußen Krieg führte; deswegen hatte er schließlich den Orden gerufen. Auch der Fürst von Pommerellen, der Gegend links der Weichselmündung, nahm teil, weil seine Beziehungen zu den Prußen alles andere als gutnachbarlich waren.

Charakteristisch für das Vorgehen des Ordens war ferner, dass er eine Burg und neben ihr eine Stadt gründete und nach einer seinen beiden Schutzpatroninnen Marienwerder nannte. Immer wieder schuf er solche Stützpunkte, sicherte damit die bisherigen Eroberungen und bereitete neue vor. Auch der Chronist erkennt das und führt daher häufig mit ganz ähnlichen Formeln an, dass wieder einmal eine Burg gegründet wurde. Wenn man die Lage von Marienwerder betrachtet, so zeigt sich noch mehr. Von Thorn, dem ersten Stützpunkt des Ordens aus gesehen, lag die neue Burg weichselabwärts. Das traf auch auf die anderen Gründungen des Ordens in den ersten Jahren zu. Zuerst stießen die Ordensritter von Thorn die Weichsel hinab, errichteten dort mehrere Burgen, sicherten sich damit den Fluss als wichtigen Verkehrsweg. Dann drangen sie entlang des Nogat, eines der Mündungsarme der Weichsel, zum Frischen Haff vor und sicherten dieses. Die Ritter folgten also einem kühl kalkulierten Plan, der auf dauernde Eroberung zielte und dessen Verwirklichung von vornherein mehr als ein Jahrzehnt in Anspruch nehmen musste. Der Orden war entschlossen, mit Energie und Ausdauer zu Werke zu gehen.

Im Anschluss an die Gründung der Stadt Marienwerder berichtet Peter von einem weiteren Feldzug dieses Jahres: „Darauf zogen der Meister Bruder Hermann und andere Brüder zur Winterzeit, als durch die strenge Kälte alles gefroren war, mit den erwähnten Kreuzfahrern, in denen der Wunsch entbrannt war, die Kühnheit der Prußen zu dämpfen, in das Gebiet Reisen.“

Im Mittelalter war es eher ungewöhnlich, dass im Winter ein Feldzug stattfand, denn die kalte Witterung war Mensch und Pferd nicht zuträglich. In diesem Fall aber hatte es seine Vorteile. Der Chronist deutet es nur an, weil es ihm selbstverständlich erscheint: Alles war gefroren – die Flussläufe, die Sümpfe, die Seen boten den Prußen in der unwegsamen Gegend keinen Schutz mehr.

Peter von Dusburg berichtet weiter: „Sie töteten und fingen dort sehr viele Menschen und rückten dann an den Fluss Sorge vor, wo sie das erlebten, was sie schon lange gewünscht hatten. Sie trafen nämlich auf ein großes Prußenheer, das sich in Waffen gesammelt hatte und schon zum Kampf bereitstand. Als sie es mannhaft angriffen, wandte es sich zur Flucht. Aber der Herzog von Pommerellen und sein Bruder Sambor, die erfahrener im Kampf mit den Prußen waren, besetzten mit ihren Bewaffneten die Wege um die Verhaue, damit niemand entkommen könne, und erschlugen dann die Sünder in ihrem Zorn. Dort verschlang das geschwungene Schwert der christlichen Ritterschaft das Fleisch der Ungläubigen, hier schlug ihr Speer blutige Wunden, denn die Prußen konnten weder hierhin noch dorthin vor ihren Verfolgern entweichen, und so wurde ein großes Blutbad unter dem Volk der Prußen angerichtet; an diesem Tag fielen nämlich über 5000. Darauf kehrten die Kreuzfahrer alle freudig heim und lobten die Gnade des Erlösers.“

Peter von Dusburg findet dieses Gemetzel keineswegs verwerflich, wie aus seinen Formulierungen hervorgeht. Er überhöht es sogar, indem er sich an die Bibel anlehnt; ein Teil der zitierten Sätze setzt sich aus Zitaten aus dem Alten Testament zusammen. Wie einst das Volk Israel, so kämpft nach Meinung des Chronisten nun der Deutsche Orden für den wahren Glauben und mit der Unterstützung Gottes. Wahrscheinlich ist die Zahl von 5000 Toten sogar eine Übertreibung, die der Chronist willig weitergibt, denn viele tote Feinde bedeuten viel Ruhm für die Sieger.

Eine Feldschlacht war jedoch, wie der Chronist selbst betonte, die Ausnahme im Krieg des Deutschen Ordens gegen die Prußen, denn diese konnten sich dem Orden und seinen Helfern

39 Peter von Dusburg schreibt, die erste Burg in Thorn „wurde auf einem Eichbaum errichtet, auf dem Schutzwehren und Befestigungen zur Verteidigung angebracht wurden". Der wahre Kern könnte darin liegen, dass eine Eiche als Wachtturm benutzt wurde. Als um 1600 dieses Gemälde entstand, glaubte der Orden jedoch gerne an die romantisch-heroischen Anfänge seines Kampfes gegen die Prußen.

nicht zum offenen Kampf stellen. Insgesamt war das Volk recht klein, wahrscheinlich zählte es nur 170 000 Köpfe. Außerdem waren die Prußen militärisch klar unterlegen. Sie hatten zwar vor der Ankunft der Ordensritter keineswegs in Frieden gelebt, sondern ständig Kleinkriege geführt, und besaßen daher Kampferfahrung. Aber sie kannten kaum Körperpanzerung, geschweige denn eine schwere Panzerreiterei. Widerstand konnten sie nur leisten, indem sie eine Art Partisanenkrieg führten, die Unwegsamkeit des Landes ausnutzten, dem offenen Kampf auswichen und überraschende Vorstöße unternahmen. Außerdem vermochten die Prußen ihren Gegnern nicht geschlossen gegenüberzutreten, weil sie nur über einen lockeren Stammesverband verfügten. Die einzelnen Regionen besaßen weitgehende Eigenständigkeit und verhielten sich untereinander wenig solidarisch. Der Deutsche Orden griff daher in den Jahren, in denen sich seine Stellung noch nicht gefestigt hatte, generell jeweils eine Region an und unterwarf die prußischen Teilstämme einzeln.

Wie diese Feldzüge des Ordens im Allgemeinen abliefen, schildert Peter von Dusburg häufig nicht detailliert, weil es für ihn selbstverständlich ist. Eine Ausnahme macht er, als er eine Unternehmung Markgraf Heinrichs von Meißen und seiner zahlreichen Gefolgschaft beschrieb, die drei oder vier Jahre nach der soeben erwähnten

40 Der Burgenbau des Deutschen Ordens 1231–1260.

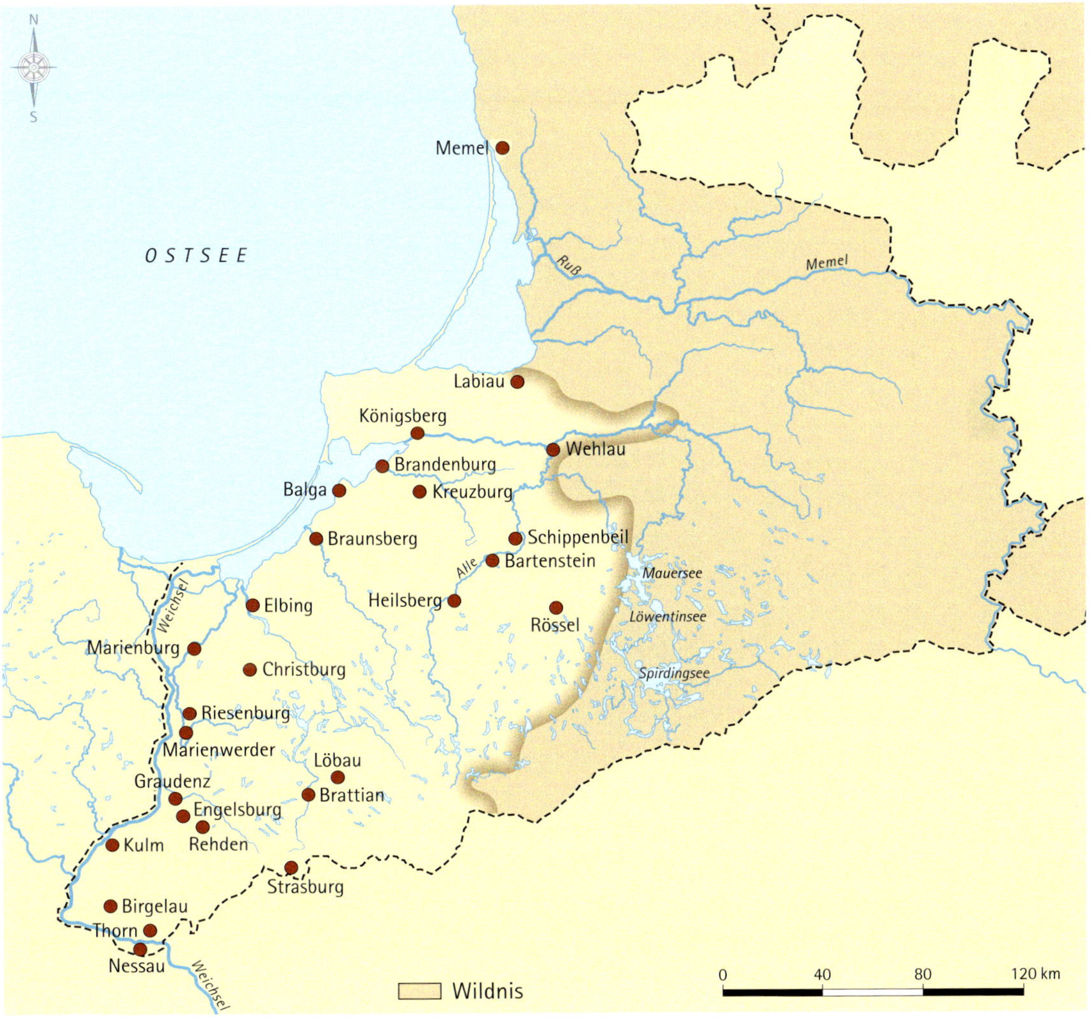

Schlacht stattfand und dieselbe Region betraf: „Im Land Pomesanien lag ein Gebiet namens Reisen, in dem berühmte Männer und tüchtige Krieger lebten; die griff der erwähnte Fürst, indem er die Hand an den Pflug legte und nicht zurückblickte, mannhaft an und verwüstete ihr Land des Öfteren mit Raub, Brand und viel Blutvergießen der Ungläubigen. Ihre am Fluss Mocker gelegene Burg und alle Befestigungen, die sie in Stuhm, bei Pestlin, bei Riesenburg und Riesenkirch, am Drausensee und bei Willenberg hatten, eroberte er mit starker Hand, äscherte sie ein und machte sie dem Erdboden gleich, wobei er die Ungläubigen tötete oder gefangen nahm."

Solche Verheerungszüge waren im Mittelalter, wie schon gesagt, auch dann völlig üblich, wenn man gegen christliche Gegner kämpfte. Der Deutsche Orden aber verfolgte mit diesem Vorgehen nicht nur den Zweck, die Lebensgrundlage seiner Feinde zu schwächen und sie auf diese Weise zu einem Friedensschluss zu drängen. Vielmehr stellten die Ordensritter die Prußen vor eine brutale Alternative: Entweder Unterwerfung und Taufe – oder Verwüstung und Tod. Tatsächlich führte diese Politik zu dem gewünschten Ziel. Das Land Reisen, nun zum wiederholten Mal geplündert, gab seinen Widerstand auf. Das Land wurde besetzt, die überlebenden Bewohner ließen sich taufen. Von diesem Moment an waren sie ihres Lebens wieder sicher. In den anderen Regionen des Prußenlandes verlief die Eroberung ähnlich.

Ziel dieses Kriegs war jedoch trotz aller Brutalität nicht die Auslöschung eines Volkes als ethnischer Gruppe. Der Krieg richtete sich gegen Angehörige einer anderen Religion. Wurden die Bekämpften Christen, durften sie ihre Sprache weiterhin sprechen – das Prußische starb erst im 17. Jahrhundert aus. Die Bekehrten erhielten vom Orden sogar eine festgeschriebene rechtliche Stellung, ihr sozialer Rang blieb im Allgemeinen ungefähr erhalten. Insbesondere konnten prußische Adlige, wenn sie sich bekehrten, ihren Besitz behalten; sie bildeten den Adel des Ordensstaates. Einem großen Teil der Bevölkerung ging es sogar deutlich besser: den Frauen, die vom Kirchenrecht profitierten. Sie durften jetzt nur noch mit ihrer ausdrücklichen Einwilligung verheiratet werden; bisher war es bei den heidnischen Prußen üblich gewesen, Frauen zu kaufen oder einfach zu rauben. Auch konnte jeder männliche Pruße nur noch mit einer Frau die Ehe eingehen; zuvor war die Polygamie verbreitet gewesen.

Bis es zur Taufe kam, floss jedoch viel Blut. Peter von Dusburgs Schilderungen weisen immer wieder dieselben Versatzstücke auf: Hochgestellte Adlige kommen aus dem Reich dem Orden zur Hilfe, man führt einen Verheerungszug in eine Gegend des prußischen Siedlungsgebiets, brennt, mordet, raubt. Im nächsten Jahr kommen die Ordensritter mit anderen, neu aus dem Westen angekommenen Adligen wieder – so lange, bis die immer noch lebenden Bewohner genug haben und entweder in das noch unbesetzte prußische Gebiet fliehen oder sich taufen lassen.

Wenn die Prußen so hartnäckig Widerstand leisteten, obwohl ihnen das Überleben durch die Taufe scheinbar so leicht gemacht wurde, dann lag das daran, dass sie verständlicherweise ihre politische Unabhängigkeit nicht aufgeben wollten. Auch hingen sie an ihrer Religion, zumal diese die ganze prußische Sozialordnung begründete – nicht nur hinsichtlich des Verhältnisses zwischen Männern und Frauen. Außerdem kamen mit der neuen Religion neue, sehr reale Belastungen: Wie überall in der Christenheit üblich, mussten die Bekehrten den Zehnten zahlen, also den zehnten Teil der Felderträge an die Kirche abtreten.

Aus allen diesen Gründen kam es im Jahr 1260, nachdem der Deutsche Orden die Prußen schon ganz unterworfen zu haben meinte, zu einem großen Aufstand. Viele der scheinbar Bekehrten fielen vom Orden wie vom Christentum ab. Abermals gab es lange, schwere Kämpfe. 1274 schließlich waren die Prußen endgültig besiegt. Der Deutsche Orden herrschte schon nach 50 Jahren über eine zumindest äußerlich einheitliche christliche Gesellschaft. In den Städten waren die Prußen schon im 14. Jahrhundert assimiliert. Auf dem Land dürfte es etwas länger gedauert haben. Gleichzeitig führte der Orden eine konsequente Besiedlungspolitik durch. Er gründete Städte und Dörfer, holte Bürger und Bauern aus dem Westen heran, versprach ihnen eine gute Rechtsstellung und Verdienstmöglichkeiten.

In dieser gezielten Kolonisation lag der wichtigste Unterschied zu den Kreuzzügen, die in das

Heilige Land führten. Im Nahen Osten gab es solche Versuche kaum, denn das Städtenetz war ausgebaut, das Land angesichts der damaligen landwirtschaftlichen Möglichkeiten dicht besiedelt. In Preußen hingegen mussten Städte erst noch gegründet werden und Siedler aus dem Westen konnten noch Ackerland urbar machen, zumal wenn sie Anbaumethoden anzuwenden wussten, die in ihrer bisherigen Heimat schon üblich, in Preußen aber noch nicht verbreitet waren.

Gemeinsam ist den Feldzügen des Deutschen Ordens im Baltikum und den Kreuzzügen in den Nahen Osten, aber auch andernorts, vor allem auf der Iberischen Halbinsel, dass in diesen Glaubenskriegen der Gegner das schlechthin Böse verkörperte und daher nicht als gleichrangig oder gleichberechtigt anerkannt wurde. Die Regeln, welche für die Kriegführung unter christlichen Adligen galten, waren hier nicht in Kraft. Stattdessen wurde der Krieg mit äußerster Härte geführt – von den Ordensrittern gegenüber den Prußen, aber auch von diesen gegenüber den Eroberern, denn das brutale Vorgehen einer Kriegspartei führte auch bei der anderen zur Brutalität. Gerade der hohe moralische Anspruch verursachte amoralische, unmenschliche Grausamkeiten.

Die „Preußenreisen“: Heidenkampf als Teil europäischer Adelskultur

Durch die Unterwerfung der Prußen wurden die Litauer zu Nachbarn des neu entstandenen Deutschordensstaats. Bald kam es zu gelegentlichen Kämpfen, wenn der Orden litauischen Trupps entgegentreten musste, die in sein Land eingedrungen waren. Ab 1283 führte dann der Orden einen Eroberungskrieg gegen die Litauer, nicht zuletzt deswegen, weil er auf diese Weise anstelle der besiegten Prußen einen neuen Gegner gefunden hatte, neue Heiden, die es zu christianisieren galt, und eine neue Aufgabe, die seine Existenz rechtfertigte. Wiederum wurde er durch Adlige aus dem Westen unterstützt. Im 14. Jahrhundert aber zeigte sich ein deutlicheres Bild davon, wie dies geschah.

Die Litauer waren wie die Prußen ein baltisches Volk und im 14. Jahrhundert die letzten Heiden Europas. Sie siedelten am Mittel- und Unterlauf der Memel, und zwar in zwei Siedlungsgebieten: Das eine nannte man Samaiten oder das „Niederland“, weil es am Unterlauf der Memel lag. Das andere Siedlungsgebiet der Litauer hieß Aukstaiten und lag an der mittleren Memel. Zwischen beiden Gebieten gab es große Unterschiede. Aukstaiten war der wirtschaftlich und politisch weiter entwickelte Teil. Es unterlag recht weitgehend der Herrschaft des Großfürsten von Litauen, der von seiner Residenz Wilna aus seine Macht immer mehr ausweitete. Samaiten hingegen wurde von einer Anzahl von Häuptlingen beherrscht, welche die Oberhoheit des Großfürsten nur nominell anerkannten. Dieses Gebiet war außerdem wirtschaftlich rückständig. Es stand im Kampf gegen den Deutschen Orden meist allein, wurde aber letztlich nur durch das Eingreifen von Aukstaiten aus gehalten. Während des ganzen 14. Jahrhunderts gab es in Litauen starke Gegensätze zwischen Heidentum, katholischem und orthodoxem Christentum, dazu ständige Rivalitäten innerhalb der großfürstlichen Dynastie. Der Deutsche Orden nutzte diese Zwistigkeiten nach Kräften aus.

Der neue Krieg des Ordens gegen die Litauer ähnelte in vielem den Kämpfen gegen die Prußen. Auch dieses Mal zielte der Orden darauf, die Heiden zu unterwerfen und zu missionieren. Anders als bei den Prußen sollte es ihm jedoch nicht gelingen. Wie früher, so reisten auch jetzt Adlige aus dem Westen für einen Feldzug in das Preußenland und kehrten danach in ihre Heimat zurück. Anders als zuvor kamen diese Adligen nun aus fast ganz Europa. Der Grund für diese Veränderung lag darin, dass im Jahr 1291 die letzten christlichen Stützpunkte in Palästina in muslimische Hand gefallen waren. Es gab – einstweilen, wie man hoffte, doch wie sich herausstellte, auf Dauer – keine Kreuzzüge ins Heilige Land mehr. Wenn die Adligen Europas sich jetzt im Kampf gegen Ungläubige bewähren wollten, mussten sie sich in andere Länder begeben. In Frage kamen die Iberische Halbinsel, auf der die Reconquista noch 200 Jahre weitergehen sollte, die Insel Rhodos, die der Johanniter-Orden erobert hatte, um von dort aus Kriege gegen die Türken zu führen, und schließlich Preußen. Die Quellen nennen die Unternehmungen gegen die Litauer häufig „Reise", was im zeitgenössischen Deutsch „Kriegszug" hieß. In Anlehnung an diese Bezeichnung spricht man von „Preußenreisen".

Zunächst stammten die Preußenreisenden aus dem deutschen Sprachraum, aus Böhmen und Schlesien, auch aus der Nordschweiz und vom Niederrhein. Doch dehnte sich die Beteiligung schnell auf die Niederlande aus. Johann, König von Böhmen, von seiner Herkunft Graf von Luxemburg, erschien 1328/29 in Preußen. Graf Wilhelm IV. von Holland und Hennegau begab sich sogar drei Mal dorthin: 1336/37, 1343/44, 1344/45. Ab 1328/29 sind englische Teilnehmer belegt, seit 1356 auch Schotten. Franzosen erschienen erst spät in den Quellen, nämlich ab 1335/36, aber das ist vielleicht nur ein Problem der Überlieferung. Im Winter 1344/45 besuchte König Ludwig von Ungarn das Ordensland, später folgten andere, einzelne Ungarn. Spätestens in den 1360er-Jahren war die Preußenreise eine Angelegenheit des ganzen europäischen Adels.

Am Ende des 14. Jahrhunderts verebbten dann die Wellen von Ankömmlingen – vor allem deswegen, weil die Litauer zumindest offiziell keine Heiden mehr waren. 1386 war es zur sogenannten Litauisch-Polnischen Union gekommen. Der litauische Fürst Jagiełło ließ sich taufen und nahm den Namen Władisław an, heiratete dann die Erbin des Königreichs Polen und wurde zum König von Polen gekrönt. Zwar wurden nicht alle Litauer sofort Christen, aber nach und nach doch, und damit verloren die Preußenreisen ihre religiöse Anziehungskraft und Legitimation. Als der Deutsche Orden dann 1409–1411 Krieg gegen Polen und Litauen führte, rief er wiederum westeuropäische Freiwillige auf, aber nur wenige kamen, vielleicht 100 bis 200. Um den in seiner Existenz bedrohten Ordensstaat zu retten, erschien in den folgenden Jahren wiederum eine Reihe von Adligen aus dem Westen in Preußen. Doch dies war nur das letzte Aufflackern der alten Tradition. In Spanien und auf Rhodos, wo man nach wie vor Muslime bekämpfen konnte, fanden sich hingegen auch noch im 15. Jahrhundert viele europäische Adlige ein.

Insgesamt sind von 1305 bis 1409 fast 300 Feldzüge gegen die Litauer belegbar, von kleinen Unternehmungen bis zu groß angelegten Operationen. In seltenen Fällen kam es vor, dass Preußenreisende gar nicht in das Siedlungsgebiet der Litauer zogen, sondern in Preußen gegen eingefallene litauische Truppen kämpften. Häufiger waren „Baureisen", die der Errichtung einer neuen Befestigung an der Grenze zum Gebiet der Litauer dienten; dabei ging es insbesondere um Burgen, die den Unterlauf der Memel zu kontrollieren vermochten. Die übliche Art des Krieges aber war der Verheerungsfeldzug – wie schon im Jahrhundert zuvor im Kampf gegen die Prußen. Ein Heer stieß in das Gebiet der Litauer vor, zerstörte Vorräte und Behausungen. Dabei gab es immer wieder kleinere, aber nur selten größere Gefechte. Nur 10 Feldschlachten des Ordens gegen die Litauer sind im 14. Jahrhundert zu verzeichnen.

Diesen Verwüstungszügen stellten sich gravierende naturräumliche Schwierigkeiten im Weg. Die litauischen Siedlungsgebiete waren auf der Memel nicht oder nur schlecht zu erreichen, da man dazu flussaufwärts hätte fahren müssen. Daher blieb nur, die Truppen und vor allem das Kriegsmaterial sowie den Nachschub auf dem Landweg zu transportieren. Zwischen dem Ordensland und dem litauischen Siedlungsgebiet aber lag eine 30–50 km breite, unbewohnte Waldzone, die man kurz und treffend als „Wildnis" bezeichnete. Bevor der Orden und die Preußenfahrer also in Litauen einfallen konnten (oder umgekehrt die Litauer in das Ordensland), musste diese Wildnis durchquert werden. Das war nicht einfach. Es gab dort viele Flüsse und Bäche mit geringem Gefälle, dazu Seen und sumpfiges Land. Im Frühjahr und im Herbst machten Regen und Überschwemmungen das Gebiet völlig unpassierbar. Krieg konnte man daher nur im Sommer oder im Winter führen. Man sprach dementsprechend von einer „Sommerreise" oder „Winterreise". Die „Baureisen" fanden stets im Sommer statt, denn man brauchte warme, beständige Witterung. Im Winter hingegen wurden die Angriffe in litauisches Gebiet vorgetragen, weil dann der Boden fest gefroren war und die Gewässer und Sümpfe der Wildnis den Feind nicht mehr schützten. Wenn es gar nicht fror oder wenn es im Gegenteil zu stark fror und zu

41 Die Anwesenheit von Adligen bei einer Preußenreise wurde manchmal (ähnlich wie bei einem Turnier) dokumentiert, indem ihre Wappen verzeichnet wurden. Die abgebildete Seite aus einem Wappenbuch des 14. Jh. belegt interessanterweise die Teilnahme auch polnischer Adliger bei einer Preußenreise (deren Wappen: Zeile 2, Nr. 3; 4, Nr. 4; 5, Nr. 2–4).

viel Schnee fiel, musste die Winterreise ausfallen. Das kam durchaus vor. Obwohl der Herzog von Geldern siebenmal nach Preußen reiste, konnte er nur einmal an einem Zug gegen die Litauer teilnehmen.

Die Litauer waren nicht so gut ausgerüstet wie die Ordensritter und die Preußenreisenden, aber sie waren kampferprobt und kannten das Gelände. Häufig genug unternahmen sie selbst erfolgreiche Plünderungszüge gegen das Ordensland. Sie waren also durchaus zu fürchten. Eine weitere Gefahr stellte das widrige Klima dar. Wer nach Preußen zog und dort gegen die Litauer kämpfen wollte, konnte durchaus nicht mit Sicherheit damit rechnen, dass er gesund zurückkehren würde. Völlige Abwesenheit von Gefahr hätte auch dem Zweck der Unternehmungen nicht entsprochen. Gerade das Eingehen eines Risikos zur Demonstration ritterlicher Lebensführung machte den Reiz der Preußenreise aus.

Die Modalitäten dieser Reisen lassen sich besser als bei den Unternehmungen gegen die Prußen erkennen, da Quellen aus dem 14. Jahrhundert aufgrund der gestiegenen Schriftlichkeit reichlicher vorhanden sind. Um aufbrechen zu dürfen, brauchte jeder Adlige die Genehmigung seines Lehns- oder Dienstherrn. Gut überliefert ist diese Praxis in England, wo die Ausreise-Erlaubnisse schriftlich aufgezeichnet wurden und noch erhalten sind. Nicht immer aber stimmte der König oder Fürst dem Ansinnen des Adligen zu. Es sind sogar ausdrückliche Verbote überliefert, z. B. deswegen, weil der Fürst selbst Krieg führte und dafür seine Adligen brauchte. Bezeichnenderweise zogen die Waffenstillstände im Hundertjährigen Krieg stets vermehrte Preußenreisen von Adligen aus beiden Ländern nach sich.

Hatte ein Adliger die Erlaubnis erhalten, ging es an die konkreten Vorbereitungen. Man besorgte sich von Fürsten und Königen Empfehlungsschreiben an den Deutschen Orden. Gingen reiche Adlige auf Preußenreise, schickten sie Boten voraus und ließen Geleitbriefe von jenen Herrschern besorgen, durch deren Territorium sie ziehen wollten. Bei größeren Gruppen wurden Leute zum Quartiermachen vorausgeschickt, unter Umständen teilte man sich auf zwei Reisegruppen auf, damit die Übernachtungskapazitäten der Etappenorte nicht überbeansprucht wurden.

Auf der Anreise nach Preußen und in Preußen selbst stellten die Adligen ihren Rang deutlich zu Schau. Wie es auch sonst allgemein üblich war, hängten die Preußenfahrer ihre Wappenschilde an den Herbergen aus, damit man wusste, wo sie wohnten und wer sie waren. Auch ließen sie es sich nicht nehmen, unterwegs bedeutende Kirchen und wirkungsmächtige Reliquien aufzusuchen. Selbstredend hinterließen sie dabei eine beachtliche Spende, die ihrem Rang angemessen war. Hochgestellte reisten mit noch größerem Aufwand, nahmen nicht nur das unmittelbar Nötige mit, sondern mitunter auch Wandteppiche, Falken, Hunde, Gold- und Silbergeschirr.

Die Städte, durch die die Preußenfahrer kamen, und befreundete Fürsten, deren Höfe sie auf ihrer Reise berührten, ließen es sich nicht nehmen, die Adligen durch Geschenke zu ehren. Üblich war insbesondere ein „Ehrenwein“, also ein paar Liter Wein für den Preußenfahrer und sein Gefolge. Die Ordensniederlassungen im Reich aber kümmerten sich bezeichnenderweise nicht um die Preußenfahrer auf der An- und Abreise, gaben ihnen keine Unterkunft, keine Geschenke. Der Deutsche Orden hatte es offenbar nicht nötig, die Preußenreisenden auf diese Weise logistisch zu unterstützen, und die Adligen selbst brauchten solche Hilfe nicht.

Im Ordensland aber widmete man den Ankömmlingen große Aufmerksamkeit. In der Marienburg lud der Hochmeister die Reisenden zum Essen ein und überreichte ihnen Geschenke. Neben den weithin üblichen Gaben wie Wein und Trinkbechern ließ er ihnen manchmal auch seltenere Dinge zukommen, z. B. zwei Rentiere, einen Wisent oder einen Elefantenzahn.

Die Marienburg aber war nur eine Etappe. Das Ziel der Preußenfahrer war Königsberg, denn es lag näher an der Grenze zu Litauen und diente daher als Sammelplatz des Heeres. Bis der Feldzug begann, vertrieb man sich dort die Zeit mit standesgemäßen Vergnügungen, lud sich gegenseitig zum Essen ein oder würfelte, wobei mitunter hohe Summen den Besitzer wechselten.

Zu den besonderen Attraktionen einer Preußenreise und speziell des Aufenthalts in Königsberg zählte der sogenannte Ehrentisch. Diese Bezeichnung meinte im weiteren Sinn ein Festessen, das der Hochmeister oder sein Vertreter für die auf eigene Kosten gekommenen Teilnehmer eines Kriegszugs unmittelbar vor dessen Beginn gab. Bei diesem Bankett kam – in der Zeit wohl zwischen 1340 oder 1350 und dem Ende des Jahrhunderts – der Ehrentisch im engeren Sinn zum Einsatz. Es handelte sich um einen rechteckigen Tisch für 12 oder 14, manchmal auch weniger Ritter. Diese wurden unter den anwesenden Preußenreisenden ausgewählt, und zwar auf Grund des ritterlichen Ruhmes, den sie erworben hatten. Bezeichnenderweise traf diese Auswahl nicht der Hochmeister des Ordens oder der Marschall; beide saßen auch nie an diesem Ehrentisch. Die Wahl nahmen vielmehr die Herolde vor, die aus Westeuropa zur Preußenreise gekommen waren. Nicht Amtsträger des Deutschen Ordens also, sondern die Wächter über ritterliches Verhalten verteilten hier Lob für ritterliches Verhalten. Hier zeigt sich einmal mehr die Internationalität des Rittertums. Die Herolde aus ganz Europa kannten die Preußenreisenden, hatten zumindest von ihnen gehört, vertrauten ihren Kollegen in deren Urteil. Der Ruhm derjenigen, die am Ehrentisch Platz nehmen durften, ging wiederum durch ganz Europa.

Manche Adligen wendeten enorme Mühen und viel Geld auf, um rittergemäß Abenteuer zu suchen. Der Ritter Friedrich von Kreisbach aus Österreich begann 1346 eine Rundreise, die ihn viereinhalb Jahre lang durch ganz Europa und den Nahen Osten führte: Über Venedig und Armenien begab er sich zum Heiligen Grab. Danach besuchte er Zypern und reiste über Konstantinopel und Kaffa auf der Krim durch die „Tartarei" (die Ukraine), Russland, Polen und Masowien nach Preußen. Dann hielt er sich in Livland auf, überquerte die Ostsee nach Schweden, nahm im Heer des schwedischen König an einem Kriegszug gegen die Stadt Orekhov am Ausfluss des Ladoga-Sees in Nordrussland teil, die von Juni bis August 1348 belagert wurde. Über Norwegen und Schottland gelangte er nach England und nahm am 29. August 1350 an der Seeschlacht von Winchelsea teil, in welcher die englische Flotte die kastilische schlug. Jetzt ritt er nach Rom, wo in diesem Jahr, einem sogenannten Jubeljahr, außergewöhnliche geistliche Wohltaten erworben werden konnten. Erst danach fand er sich wieder daheim ein.

Der edle Recke hatte damit aber nicht genug. Schon 1351 brach er wieder auf. Zunächst nahm er am Feldzug Ludwigs von Ungarn gegen Russland teil, bereiste dann Preußen, Schweden, Dänemark, Holstein, Westfalen und den Hennegau, erreichte schließlich Paris. Daraufhin begab er sich auf die Iberische Halbinsel, wo er Sevilla, Granada, Valencia und Alicante aufsuchte. Die folgenden Stationen bildeten Mallorca, Sardinien, Tunis, Sizilien, Kalabrien, Rhodos, Zypern. Von dort aus reiste er ein weiteres Mal zum Heiligen Grab, bevor er über Konstantinopel, Bulgarien, die Walachei, Siebenbürgen und Ungarn in die Heimat zurückkehrte.

Keineswegs reisten alle Adligen Europas einmal in ihrem Leben ins Baltikum – das scheiterte schon daran, dass jeder für selbst aufkommen musste, wenn er nicht zum Gefolge eines Fürsten zählte. Die Reise von Flandern nach Königsberg dauerte ca. 40 Tage und kostete rund 100 Gulden je Pferd. Da ein Adliger wenigstens mit einem oder zwei Dienern und einem Ersatzpferd kommen musste, war man schnell bei Kosten angelangt, die für viele zu hoch waren. Aber wer es sich leisten konnte und etwas auf sich hielt, fand sich in Königsberg ein. Wie viele es insgesamt waren, bleibt unbekannt, und nur in wenigen Jahren lässt sich Genaueres über die Zahl der Preußenreisenden angeben. Man kann jedoch sagen, dass bis 1394 jeder Adlige, der im Dezember in Königsberg ankam, dort 100 bis 200 Standesgenossen aus ganz Europa vorfand. Die Zahl scheint klein, doch in den nächsten Jahren kamen wieder ungefähr genauso viele, so dass insgesamt eine ansehnliche Anzahl von Adligen erreicht wurde.

Von Bedeutung war ferner, dass diese Adligen aus allen Ländern des westlichen Europa kamen. Jeder von ihnen demonstrierte in Preußen seinen Standesgenossen, was ritterlicher Lebensstil in seinem Heimatland war, und jeder übernahm das, was er an seinen Genossen aus anderen Ländern für nachahmenswert hielt. Wieder daheim, berichteten diese Adligen dann, welches Verhalten, welches Auftreten, welche Kleidung sie in Preußen als maßgeblich für einen Standesgenossen kennen gelernt hatten, und sie führten wohl häufig genug alles dies persönlich vor. Auf diese Weise verbreiteten sie ritterliche Normen und modische Entwicklungen in ganz Europa. Die

Preußenreisen trugen also zu einer kulturellen Angleichung zwischen den Adligen in ganz Europa bei, ebenso wie die Aufenthalte in Spanien oder auf Rhodos und zuvor schon die Kreuzzüge ins Heilige Land. Die Folge dieses häufigen Aufeinandertreffens war, dass der europäische Adel im späten Mittelalter und in der Frühen Neuzeit eine Schicht bildete, die in ganz Europa ähnliche Normen verfolgte, ähnliches Auftreten anstrebte, ja ähnliche Kleidung trug – dass also der Adel international geprägt war.

Die Preußenreisen schufen diese Internationalität nicht, sondern verstärkten sie nur, denn sie waren ihrerseits nur aufgrund von sozialen Normen und Werten möglich, die im ganzen christlichen Europa den jungen Adligen anerzogen wurden. Diese Normen und Werte billigten dem Adligen in seinem Selbstverständnis viele Rechte zu, erlegten ihm aber auch ernste Pflichten auf. Insbesondere musste er bereit sein, seine Rechte und die anderer mit Gewalt zu verteidigen, vor allem die vermeintlichen Rechte der christlichen Religion. Durch diese Bereitschaft und durch den tatsächlich eingegangenen Kampf demonstrierte der Adlige seine Zugehörigkeit zu seinen Standesgenossen und verschaffte sich unter ihnen Ansehen. Die plakative Einhaltung sozialer Normen stellte für die einzelnen Adligen einen maßgeblichen Grund dar, in Kämpfe und Kriege zu ziehen. Für den europäischen Adel des Mittelalters war Krieg nicht nur ein politisches Mittel, sondern Teil eines Lebensstils.

42 Burg Eltz.

Befestigungen und Belagerungen

VI.

Fluchtburgen und Herrenhöfe

Schon lange vor Christi Geburt versuchten Menschen ihre Wohnplätze und strategisch wichtige Orte vor Feinden zu schützen – und zwar nicht nur indem sie sich selbst bewaffneten, sondern auch indem sie diese Orte befestigten. Der Sinn einer Befestigung besteht darin, dass man Feinden, die sie anzugreifen drohen, durch Hindernisse den Angriff erschwert oder gar unmöglich macht. Insbesondere soll die Befestigung dafür sorgen, dass der Verteidiger eine überlegene Anzahl von Feinden abwehren kann.

Im Mittelalter hieß das konkret vor allem eines: Man musste dafür sorgen, dass ein Angreifer nicht ohne Hilfsmittel an die Verteidiger eines Ortes herankam. Das konnte man zum einen erreichen, indem man ein möglichst hohes Hindernis (Mauer, Holzpalisade oder Erdwall) errichtete, das die Angreifer nicht ohne weiteres zu übersteigen vermochten. Eine andere Möglichkeit bestand darin, dass man einen Graben aushob, der so breit war, dass ihn die Angreifer nicht überspringen konnten, und so tief, dass niemand einfach an einer Seite hinab- und an der anderen hinaufzusteigen vermochte. Um das Durchqueren des Grabens zu erschweren, konnte man ihn zudem mit Wasser füllen. Beide Maßnahmen erwiesen sich selbstredend als besonders effektiv, wenn sie miteinander kombiniert wurden.

Dies sind die Grundformen der Ortsbefestigung im Mittelalter und darüber hinaus. Wie sich diese Befestigungen aber entwickeln, hängt von einem Konglomerat sozialer, politischer und technischer Gegebenheiten ab, also von Fakten, welche die Gesellschaft insgesamt prägen.

Im Frühmittelalter bildeten ständig mit einer militärischen Besatzung belegte und bewohnte Befestigungen die Ausnahme. Solche Burgen bestanden vor allem in Grenzgebieten, z. B. um 800 an der Grenze des Karolingerreichs zu Sachsen. Häufiger gab es Fluchtburgen, welche die Bevölkerung des umliegenden Gebiets nur im Fall akuter Gefahr aufsuchte. Sie bestanden meist nur aus einem Ringwall, also einem geschlossenen System von Erdaufschüttungen, die gegebenenfalls durch Steine oder Holz verstärkt waren. Fluchtburgen gehörten der Herrschaft, ja sie bildeten einen wichtigen Bestandteil adliger und kirchlicher Grundherrschaften. Deutlich sichtbar wird das daran, dass häufig eine Fluchtburg einem Herrenhof zugeordnet war. In vielen anderen Fällen kann eine solche Zuordnung wegen der räumlichen Nähe zweier entsprechender Anlagen vermutet werden. Der Herrenhof bildete das Zentrum eines großen landwirtschaftlichen Komplexes und war selbst im Allgemeinen nur durch Wassergraben und Palisade provisorisch geschützt.

Das Nebeneinander von Fluchtburg und Herrenhof lässt sich am besten bei großen Anlagen bedeutender Familien, am besten der Herrscherdynastien, aufzeigen. In Grone, das heute ein Stadtteil von Göttingen ist, befand sich z. B. ein bedeutender Königshof und in 2 Kilometer Entfernung ein Ringwall; dieser Wall wurde dann im 10. Jahrhundert zur Pfalz ausgebaut, also zu einem größeren, repräsentativen Wohnsitz des Königs mit festen Gebäuden. In Pöhlde am Südrand des Harzes wurde hingegen der Königshof zur Pfalz ausgebaut; die Fluchtburg, die in 500 Meter Entfernung lag, blieb bestehen.

Solche Herrenhöfe waren im 8. und 9. Jahrhundert wohl die ausschließlichen Aufenthaltsorte adliger Familien, allerdings nicht immer deren feste Wohnsitze, denn die großen Adelsfamilien zogen wie der Königshof von Besitzung zu Besitzung. Die Wohnhäuser, die sich in dieser Zeit auf solchen Höfen befanden, sind vereinzelt archäologisch nachgewiesen. Es handelte sich um recht bescheidene Bauten. In Frankreich und den Benelux-Ländern waren einige der archäologisch untersuchten Häuser dieser Art aus Stein errichtet, in Deutschland bestanden sie meistens nur aus Holz. Auch war ihre Grundfläche nicht groß. Ein adliges Wohnhaus der Karolingerzeit, das man an der Schelde ausgegraben hat, maß nur rund 15 mal 11 Meter. In Doué-la-Fontaine, nahe der Loire gelegen, fand man immerhin ein Steinhaus von 23 mal 16,5 Metern. Am Niederrhein untersuchte man den sogenannten Husterknupp und fand Überreste eines Holzhauses von 11,5 mal 5,5 Metern. Diese Häuser bestanden stets nur aus ein oder zwei Räumen und besaßen außer dem Erdgeschoss nur ein weiteres Stockwerk.

Adlige lebten also in der Karolingerzeit nicht auf Burgen, weder in Fluchtburgen noch in ständig besetzten Burgen. Sie brauchten es nicht. Die Stärke der karolingischen Herrscher hatte das Land soweit befriedet, dass dauernd bewohnte Befestigungsanlagen nur an den Grenzen nötig waren. Für den Rest des großen Reiches genügten Befestigungsanlagen, die man nur in Notfällen benutzte.

43 Die Pfalz Grone bei Göttingen im 10. Jh.

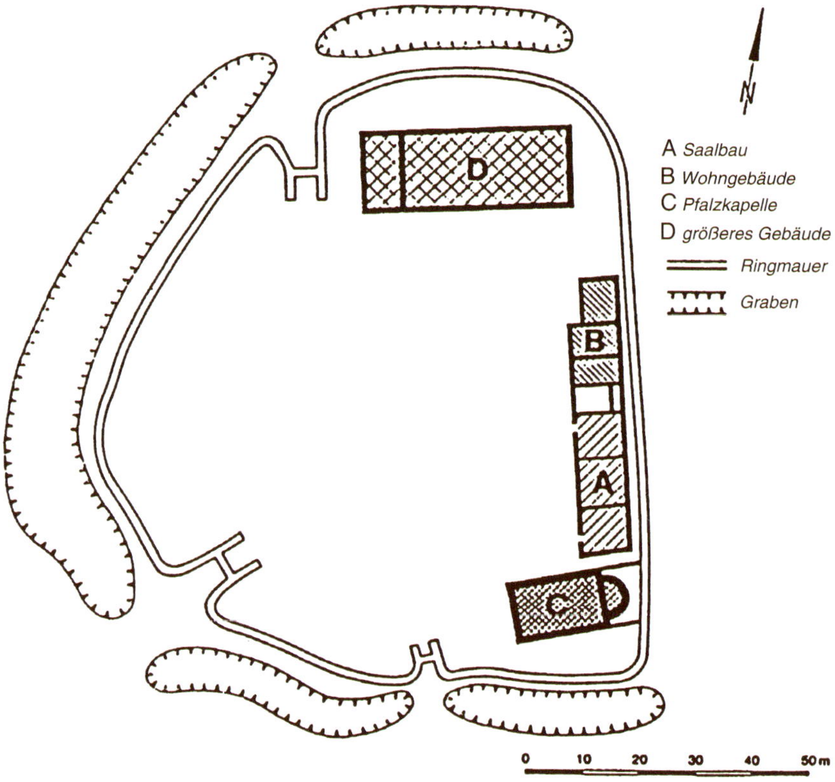

Motten, Donjons und Höhenburgen

Als das karolingische Großreich zerbrach und die Herrscher in ihren jeweiligen Teilreichen an Macht verloren, ließen es äußere Feinde wie innerer Unfrieden vielfach ratsam erscheinen, neue Befestigungsanlagen anzulegen oder alte auszubauen. Insbesondere entstanden neue Formen von Befestigungen, die Angreifern wirksamer zu widerstehen versprachen.

Seit dem Entstehen der neuen Befestigungen sind auch rechtliche Bestimmungen dokumentiert, die sich auf sie bezogen. Zum einen erhob in den Reichen, die auf dem Boden des Karolingerreiches entstanden waren, das Königtum den Anspruch, dass neue Befestigungsanlagen nur mit seiner Genehmigung gebaut werden durften. Schon 864 hatte Karl der Kahle, der im westlichen Frankenreich herrschte, dies so festgelegt. Ob dieser Anspruch je effektiv durchgesetzt werden konnte, muss jedoch sehr bezweifelt werden. Wie sollte ein König überhaupt kontrollieren, ob in seinem Reich nicht irgendwo eine neue Befestigung gebaut wurde? In Deutschland geriet im Verlauf des späten 12. und frühen 13. Jahrhunderts das Befestigungsrecht in die Hände der Reichsfürsten, nicht durch förmliche Verleihung durch den König, sondern durch allmähliche Aneignung. Zum anderen waren mit dem Besitz einer Burg bestimmte Rechte verbunden: der sogenannte Burgbann, d.h. das Recht des Burgherrn, die Bevölkerung der unmittelbaren Umgebung zum Unterhalt der Burg heranzuziehen. Die Begründung hierfür war darin zu sehen, dass die Burg ja schließlich auch das Umland schützen sollte und im Kriegsfall als Fluchtort für die ländliche Bevölkerung diente.

Die Neuheiten im Befestigungswesen betrafen zunächst die sogenannten Motten, von denen einzelne schon vor dem Jahr 1000 entstanden, die meisten jedoch erst danach. Woher sich das eigenartige Wort ableitet, ist nicht geklärt, doch steht fest, dass es mitunter schon im Hochmittelalter verwendet wurde. Eine Motte bestand aus

44 Die Motte Husterknupp am Niederrhein, 11. Jh. (Rekonstruktionszeichnung).

einem Hügel (der eigentlichen Motte) und einer Vorburg, in einigen Fällen auch mehreren. Der Mottenhügel war meist künstlich erhöht worden. Auf ihm standen zunächst nur Holzbauten, vor allem ein Turm. Der Hügel wie die Vorburg waren von Palisaden umgeben und – da dies wohl nicht genug Schutz bot – meist auch von einem Wassergraben. Dementsprechend kamen Motten meist in flachem, allenfalls hügeligem Land vor: in Frankreich vor allem im Norden, von der Loire bis an die Ostgrenze, aber auch in den Flusstälern des Südens, in Deutschland vor allem am Niederrhein und in Schleswig-Holstein.

Bald empfand man den Schutz, den eine Motte mit ihren Holzgebäuden bot, offensichtlich nicht mehr als ausreichend. Man baute nun Steintürme mit sehr dicken Mauern, sogenannte Donjons. Wie bei den Holztürmen einer Motte befand sich der Eingang zum Donjon nicht zu ebener Erde, sondern im ersten Stock. Er war daher nur mit einer Leiter zu erreichen, die bei einem Angriff leicht eingezogen werden konnte. Im Allgemeinen errichtete man diesen Turm auf natürlichem Boden und schüttete dann gegebenenfalls Erde an, um Angreifern den Zugang zu den Mauern zu erschweren. In selteneren Fällen baute man den Steinturm auf eine Motte. Bis um 1100 handelte es sich bei den Donjons um Wohntürme, in denen sich auch in Friedenszeiten Bewohner aufhielten. Um 1100 oder etwas später erschienen auch reine Wehrtürme, die nur dem Zweck der Verteidigung dienten.

In Frankreich wurden wohl in den ersten zwei Dritteln des 11. Jahrhunderts die meisten Donjons errichtet, gegen Ende des 12. Jahrhunderts wurde ihr Bau immer seltener, im 13. Jahrhundert gibt es fast keine neuen Belege mehr. In England hingegen drang dieser Gebäudetyp erst nach 1066, also nach der Eroberung durch die Normannen, durch. Dort wurden auch im 12. Jahrhundert noch viele Donjons gebaut. In Mitteleuropa ist das Bild uneinheitlich; im Westen kamen sie jedenfalls früher als im Osten vor.

Donjons und Motten gingen häufig auf ältere Herrenhöfe zurück, die man durch die neuen Bauten verstärkte und ausbaute. Anders war es bei den Höhenburgen, welche eine weitere wichtige Neuerung im Befestigungsbau darstellten. Es handelte sich stets um neu angelegte Bauten, denn wie der Name sagt, errichtete man sie auf Bergen und Hügeln – und solange Kriege und Gewalt keine Veranlassung dazu boten, baute niemand auf solchen Erhöhungen. Die Errichtung der Burg war schwierig und der Ort blieb schwer zu erreichen. Gerade dieser letzte Aspekt aber machte ihren Vorteil aus, als militärischer Schutz wichtiger wurde. Die Fläche dieser neuen Burgen betrug nur 0,04 bis 0,3 Hektar und war damit deutlich kleiner als die Fluchtburgen der früheren Zeit, die 1 bis 10 Hektar Fläche aufwiesen. Zu den Höhenburgen gehörten im Allgemeinen Wirtschaftshöfe, die sich in einiger Entfernung zur Burg befanden.

45 Blick in das Innere des Donjons von Loches (gelegen bei Tours), erbaut am Ende des 11. Jh.; Höhe: 37 m; Grundfläche: 25 mal 13 m; Mauerstärke: 2,8 m. An der Innenwand sind der Abzug für den Kamin und die Löcher für die Deckenbalken erkennbar.

46 Der Donjon von Montrichard (ebenfalls nahe Tours gelegen), errichtet zwischen 1110 und 1130. Der Zugang erfolgte durch das mittlere der drei Geschosse, in dem die Wohnräume lagen. Im Erdgeschoss befanden sich Lagerräume.

Ein besonders gut erforschtes und aufgrund ihrer Besitzer prominentes Beispiel stellt die Habsburg dar, deren Name sich vom Wort „Habichtsburg“ ableitet. Sie liegt im Aargau, also in der heutigen Schweiz, in der Nähe dreier Flüsse (Limmat, Aare, Reuss) und an der Kreuzung wichtiger Handelswege. Die Burg entstand um 1020/1030, als das umliegende Gebiet durch Rodung urbar gemacht wurde. Sie sollte offenbar den neuen Besitz schützen. Bauherr war ein Angehöriger jener Familie, die sich später nach dieser neuen Burg benennen sollte.

Die Habsburg wurde auf einem Höhenzug gebaut, der im Norden zur Aare hin steil abfällt. Im Süden hingegen geht der Höhensporn in eine Hochterrasse über. Zunächst errichtete man einen Kernbau im Osten der Anlage, der vor allem als Wohngebäude gedacht war und für die Verhältnisse der Zeit imponierende Ausmaße aufwies. Die Grundfläche betrug 18,5 mal 13,2 Meter, die Mauer war 1,90 Meter dick. Der Kernbau war sicherlich von einer Mauer geschützt, die wohl auch einige Holzhäuser umschloss.

Noch in der Zeit um 1100 begann in Deutschland die allmähliche Ablösung der Turmburg durch eine Ringmauer- oder Randhausburg. Diesen neuen Typ kennzeichnete der Umstand, dass es außer dem Wehrturm (oder Bergfried) nun auch ein repräsentatives Wohngebäude (Palas) mit großem repräsentativem Saal gab, das auf der weniger gefährdeten Seite der Burg lag. Turm und Palas waren von einer Ringmauer umgeben. Der Prozess spiegelt sich auf der Habsburg insofern, als dort in einer zweiten Bauphase um 1070 zwar kein Palas entstand, wahrscheinlich weil es schon den Wohnbau gab, aber eine neue Ringmauer, dazu neue Türme im Osten und Norden des Wohnbaus. Ferner existierte wohl schon zu dieser Zeit die Hintere Burg, in der ein weiterer Turm stand.

Im Lauf des 12. Jahrhunderts verzeichnete die Familie der Habsburger einen erheblichen Machtzuwachs, nicht zuletzt weil ihr das Grafenamt im Oberelsass übertragen wurde. Das äußerte sich auf der Habsburg insofern, als man den Wohnbau aufstockte und die Holzhäuser nach und nach durch solche aus Stein ersetzte. Im frühen 13. Jahrhundert erweiterte man die Ringmauer nach Westen und errichtete dort, in der Hinteren Burg, einen großen Wohnturm. Dann wuchsen die Habsburger über ihr ursprüngliches Machtgebiet hinaus. Spätestens als 1273 Rudolf von Habsburg zum römisch-deutschen König gewählt wurde und bald darauf Österreich für seine Dynastie erwarb, sank die Bedeutung der Schweizer Besitzungen für die Familie.

Die Errichtung von Höhenburgen resultierte nicht nur aus neuen technischen Möglichkeiten, die man jetzt nutzte, sondern reflektiert auch tiefer greifende Prozesse, die im 11. und 12. Jahrhundert abliefen. Hatten sich die adligen Familien bislang als Verband der gleichzeitig lebenden

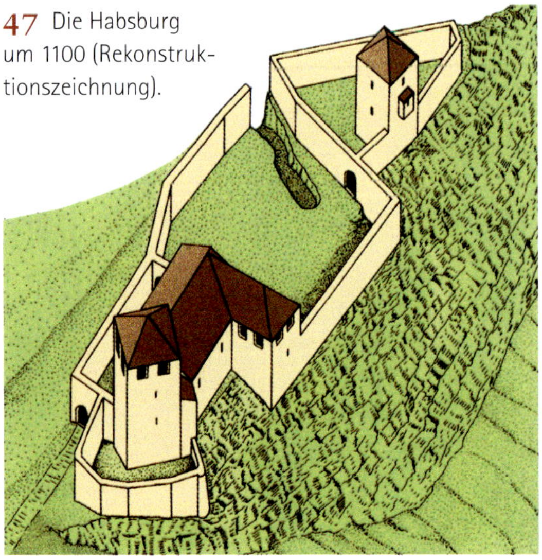

47 Die Habsburg um 1100 (Rekonstruktionszeichnung).

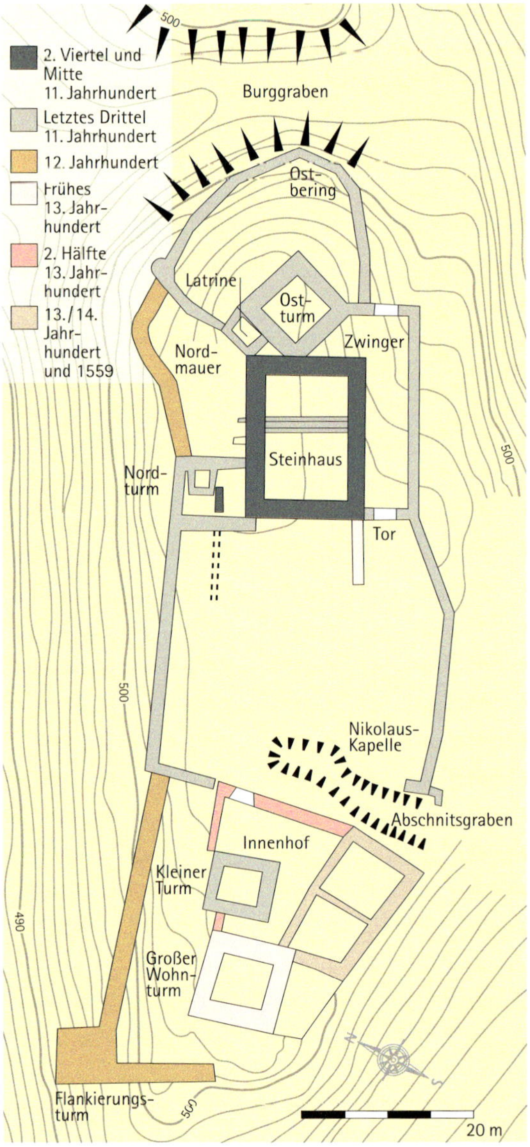

48 Die Habsburg im 11.–16. Jh.

Generationen begriffen und ihre Abstammung von der männlichen wie weiblichen Linie gleichermaßen betont, so betonten sie nun die Generationenfolge, also das Alter der Familie, und strichen die Abkunft von der männlichen Linie heraus. Diese Familien gründeten ihr Selbstverständnis auf ererbten Besitz, ob dieser ihr Eigentum war oder Lehnsbesitz, der in dieser Zeit allgemein erblich wurde. Im Zuge dieser Entwicklungen wurde es auch üblich, dass sich die Familien nach ihrem Wohnsitz, den neuartigen Burgen, benannten. Letzteres ist auch an der Habsburg zu beobachten, nach deren Namen erstmals um 1100 ein Burgherr, Otto II., näher bezeichnet wurde. So stellt die Höhenburg ein wichtiges Indiz für grundlegende Veränderungen innerhalb des Adels dar.

Entwicklungen im späteren Mittelalter

Als die Habsburg im 13. Jahrhundert ihr endgültiges Gesicht erhielt, hatte sich der Befestigungsbau in West- und Südeuropa sowie in Palästina schon längst eine Stufe weiter entwickelt. Kennzeichnend für die Neuerungen war insbesondere der Umstand, dass die jeweilige Burg nicht mehr einen besonders starken Turm, den Bergfried, besaß, sondern mehrere gleichwertige Türme. Einige dieser Burgen ähneln damit von außen einem Kastell aus der römischen Antike, weswegen man den Typ als Kastellburg bezeichnet. Die Vielzahl der Türme entsprach dem Umstand, dass die neuen Burgen eine größere Grundfläche besaßen, damit auch eine längere Mauer, die entsprechend geschützt werden musste. Mitunter waren diese Burgen auch von einem doppelten Mauerring umgeben. Eine weitere Neuerung bestand darin, dass Schießscharten in den Mauern das Schussfeld der Verteidiger vergrößerten und zugleich die Sicherheit für die Schützen erhöhten. Einige Burgen dieser Art entstanden neu, in anderen Fällen wurden ältere Burgen ausgebaut.

Am Ende des 12. Jahrhunderts erschienen diese Bauformen ungefähr gleichzeitig im Heiligen Land und in Nordfrankreich. Früher meinte man, die neuen Entwicklungen hätten sich im Nahen Osten angebahnt, wo die Kreuzfahrerstaaten von Byzanz und den arabischen Staaten gelernt hätten. Von Palästina aus seien diese neuen Tendenzen dann nach Westeuropa gekommen. Heute vermutet man eher, es handele sich um eigenständige Entwicklungen, die sich nur in Teilen an Erfindungen des Nahen Ostens orientiert hätten.

Kein Zufall war es gewiss, dass diese Bauten am frühesten in hart umkämpften Regionen auftraten. Im Heiligen Land handelte es sich um die

49 Blick über den Festungsgraben auf das Tor der Burg von Angers, die ab 1230 in zehnjähriger Arbeit erbaut wurde und ein eindrucksvolles Beispiel für eine Kastellburg darstellt. Die mächtigen Türme waren ursprünglich höher als die Mauer. Zum Tor führte eine Holzbrücke.

immer wieder aufflackernden Kämpfe zwischen den Kreuzfahrerstaaten und den moslemischen Reichen. In Nordfrankreich führten die Könige von England und Frankreich seit der Mitte des 12. Jahrhunderts immer wieder Krieg gegeneinander. Der tiefere Grund dafür bestand wiederum darin, dass die englische Königsdynastie, die Plantagenêts, durch Heiratsverbindungen auch über das Herzogtum Aquitanien in Südwestfrankreich herrschte. Außerdem war der König von England zugleich Herzog der Normandie, seit der Normannenherrscher Wilhelm der Eroberer 1066 von dort aus England erobert hatte. Der englische König kontrollierte also weite Besitzungen innerhalb des Königreiches Frankreich. Der französische Monarch konnte nicht hinnehmen, dass ein anderer in seinem Herrschaftsgebiet mächtiger war als er selbst.

Eine Konsequenz dieser Rivalität bestand darin, dass an den Grenzen zwischen beiden Herrschaftsbereichen viele Befestigungsanlagen ausgebaut wurden oder neu entstanden. Dies betraf insbesondere die Grenze der Normandie, denn einerseits war sie ein reiches Land und daher ein verlockendes Angriffsziel für die Franzosen, die englischen Könige mussten sie also schützen. Andererseits aber war die Normandie ein gefährliches Einfallstor für Angriffe auf den Kern des königlich-französischen Machtgebiets, die Île-de-France um Paris; also mussten auch die französischen Könige ihre Seite der Grenze befestigen.

In dieser Region entstand ein ganzes System von größeren und kleineren Befestigungsanlagen, die aufeinander bezogen waren. Das bedeutendste Beispiel stellt die Burg Château-Gaillard dar, die zwischen Paris und Rouen an der Seine lag. Die Burg selbst ähnelte in der Anlage jenen Bauten, die ungefähr gleichzeitig im Heiligen Land gebaut wurden. Um sie herum bestand zudem ein Netz kleinerer Burgen, die ein Angreifer erst erobern musste, bevor er zum Angriff auf die Hauptburg schreiten konnte.

Das Beispiel Château-Gaillard ist auch in anderer Hinsicht instruktiv. Es zeigt nämlich deutlich, dass alle diese Befestigungen wenig wert waren, wenn ihre Besitzer nicht fähig oder willens waren, sie entschlossen zu verteidigen. 1204 griff der französische König Philipp II. Augustus die Normandie an, sein Heer eroberte die kleineren Burgen, belagerte dann Château-Gaillard selbst. Monatelang kam kein Entsatzheer, bis die Burg schließlich erobert wurde. Nach ihr fiel die ganze Normandie an den französischen Herrscher. In ganz ähnlicher Weise gerieten einige der überaus starken Burgen im Nahen Osten aus Mangel an Kämpfern in die Hände der Feinde, als sich die Kreuzfahrerherrschaft ihrem Ende entgegenneigte.

In der Normandie wie im Heiligen Land hatten diese Burgen nicht nur bautechnische, sondern auch politisch-strukturelle Voraussetzungen. Die großen, aufwändigen Anlagen waren viel zu teuer für eine einzelne Adelsfamilie, die sich eine Burg wie die Habsburg noch hätte leisten können. Allein die Errichtung von Château-Gaillard kostete so viel, dass man davon 7000 Fußsoldaten für ein Jahr hätte besolden können. Nur ein sehr bedeutender Machthaber konnte den Bau der Hauptburg und der Nebenburgen, deren Unterhaltung sowie die ständige Besetzung durch eine ausreichende Garnison finanzieren und organisieren. Im Heiligen Land übernahmen die Ritterorden diese Rolle, in England und Frankreich die Könige.

Die Könige waren in Westeuropa, die Ritterorden im Heiligen Land die einzigen, die in ihrer Region solche finanziellen und organisatorischen Mittel aufbringen konnten. Dass sie diese Burgen dann bauten, stärkte ihre Position in der jeweiligen Region, denn zur Verteidigung des Landes waren die Bewohner nun mehr als vorher auf sie angewiesen. Gerade weil die Könige und die Ritterorden diese Burgen besaßen, konnten sie ihre politische Macht noch weiter ausbauen und die Geschicke des jeweiligen Landes immer mehr kontrollieren.

Bezeichnenderweise kamen solche Kastellburgen im nordalpinen Europa in Nordfrankreich und in England, dazu im Rhein-Mosel-Gebiet vor. Im größten Teil des spätmittelalterlichen Deutschland fand sich dieser Typ nicht. Dort hatte niemand das Geld, um solche aufwändigen Bauten zu finanzieren. Auch bestand insofern keine Veranlassung, als eine ständige Bedrohung durch einen mächtigen Feind fehlte, der über solche Geldmittel verfügt hätte. Auch in weniger von Kriegen heimgesuchten Gegenden Frankreichs wie Burgund oder Lothringen waren die Burgen kleiner.

50 Château-Gaillard an der Seine, zwischen Paris und Rouen gelegen, erbaut 1196–98, war Kern eines ganzen Befestigungsnetzes, das die Normandie vor Angriffen des französischen Königs schützen sollte. Noch die Ruinen geben einen Eindruck von Größe und Wehrhaftigkeit des Baus.

Gleichwohl gab es vielzählige Burganlagen in Deutschland. In der Mitte, im Westen und im Süden waren die Burgen größer als im Norden, aber meist handelte es sich bei ihnen nicht um Kastellburgen, sie besaßen also nicht mehrere gleichwertige Türme. Doch konnten sich auch diese (im Vergleich zu Château-Gaillard) bescheideneren Anlagen nur noch Fürsten leisten, keine Familien des Niederadels. Einer jener Fürsten, die ihr Territorium planmäßig durch Burgen sicherten, war am Beginn des 14. Jahrhunderts Erzbischof Balduin von Trier, ein Sprössling der Grafen von Luxemburg, der Onkel des späteren Kaisers Karl IV. Einige seiner Neubauten sind leicht daran zu erkennen, dass er ihnen seinen Namen mitgab: Balduinstein, Baldeneltz, Baldenau, Baldeneck.

Im weniger wohlhabenden Norddeutschland fand sich meist nur der Typ des „Festen Hauses". Wie der Name sagt, bestand diese Burg hauptsächlich aus einem großen Haus. Hinzu traten ein Burgfried und eine Mauer, doch blieb das Haus dominant. Es zählte vier bis sechs Stockwerke, war durch dicke Außenmauern zur Verteidigung vorbereitet und diente außer zur Verteidigung zugleich für Wohn- und Repräsentationsaufgaben.

In der Architektur der Burgen bildeten sich also regionale Eigenheiten innerhalb Europas ab, die auf den unterschiedlichen politischen und wirtschaftlichen Voraussetzungen in den einzelnen Gegenden beruhten. Die Geschichte der Burgen ist damit ein Indikator für die Geschichte eines Landes.

Der Bau einer Burg

Es ist unmittelbar plausibel, dass der Bau einer Burg großen Aufwand und hohe Kosten verursacht. Doch ist es sinnvoll, sich diese Sachverhalte und ihre Folgen anhand eines Beispiels genauer zu vergegenwärtigen. In der Art eines heutigen Architekten oder Bauingenieurs hat Alexander Antonow berechnet, wie aufwändig im 13. Jahrhundert der Bau einer idealtypischen Burg war – einer Burg ähnlich der Habsburg. Er geht von einer Burg in durchschnittlicher Größe aus, die 40 mal 25 Meter misst, also 1000 Quadratmeter. An der Schmalseite hat sie einen Graben, der oben 15 Meter breit ist, unten aber nur 5 m. Kern der Anlage ist ein Bergfried. Umgeben ist die Burg von einer Ringmauer, die 1,90 Meter breit und 8 Meter hoch ist. Ein Teil dieser Ringmauer bildet zugleich eine Mauer des Wohngebäudes, so dass Steine und Arbeitszeit gespart werden.

Dennoch war der Arbeitsaufwand für eine solche Burg beachtlich. Man musste das Grundstück roden, eine plane Fläche herstellen, den Burggraben ausheben, Steine brechen, transportieren, anheben, versetzen. Dazu brauchte man viele Arbeitskräfte und Zugtiere, außerdem Knechte, die sich um die Pferde oder Ochsen kümmerten, und Mägde, welche die Bauleute verpflegten.

Am aufwändigsten waren die Steinmetzarbeiten. Allein für den Bergfried benötigte man 1020 Kubikmeter Bruchsteinmauerwerk, für die Ringmauer weitere 1070 Kubikmeter. Das Wohngebäude hatte dünnere Wände und war kleiner, beanspruchte also weniger Steine: nur 330 Kubikmeter. Das sind insgesamt knapp 2500 Kubikmeter Bruchsteinmauerwerk.

Diese Masse an Steinen wurde zunächst in einem Steinbruch gebrochen, zu Quadern geschlagen und dann zur Baustelle transportiert. Allein für das Behauen der Quader kann man 150 000 Arbeitsstunden von Steinmetzen veranschlagen. Wie alle Bauhandwerker konnten Steinmetze nur ungefähr 9 Monate im Jahr arbeiten, denn sie taten dies im Freien und im Winter war es zu kalt. Ferner wurde sonntags nicht gearbeitet. Es ergeben sich damit rund 250 Arbeitstage pro Jahr und Steinmetz. Zur Arbeit benötigte man selbstredend Tageslicht, denn künstliche Beleuchtung durch Talglichter wäre enorm teuer gewesen. Der einzelne Arbeitstag war daher durch Sonnenaufgang und Sonnenuntergang begrenzt, also im Sommer länger als im Spätherbst. Allerdings arbeitete man, solange es hell blieb. Setzt man den Arbeitstag im Jahresdurchschnitt hoch an, mit rund 10 Stunden, ergibt das pro Jahr und Steinmetz 2500 Arbeitsstunden. Nimmt man an, dass eine Kolonne von 20 Steinmetzen beschäftigt wurde, so hätte diese drei Jahre benötigt, um die erwähnten 150 000 Arbeitsstunden zu leisten.

Drei Jahresgehälter von 20 Steinmetzen – das waren hohe Kosten. Obendrein stellten die Steinmetze nur einen Teil der Bauarbeiter dar. Der Lohn der Steinmetze bestand im 13. Jahrhundert nur zum Teil aus Geld, zum größeren Teil darin, dass sie vom Auftraggeber verköstigt und untergebracht wurden. Der Adlige, der eine Burg baute, ließ ihnen also Hütten errichten und gab ihnen täglich Lebensmittel. Diese wiederum bekam er als Abgaben von seinen Bauern oder aus der Eigenwirtschaft, d.h. von dem Hof, den er selbst von Knechten bewirtschaften ließ. Er erhielt die Lebensmittel also zum Selbstkostenpreis, mithin billiger, als wenn er sie selbst hätte einkaufen müssen.

Für ein Korn Saat konnte man im 13. Jahrhundert nur zwei oder drei Körner Ernte rechnen. Wenigstens ein Drittel der Ernte musste eine Bauernfamilie daher als Saatgut zurückbehalten. Ein weiteres Drittel konnte die Familie als Nahrung verbrauchen, denn das letzte Drittel der Ernte hatte sie im Durchschnitt für verschiedene Abgaben zu verwenden: für den Zehnten an die Pfarrkirche, für die Pacht und andere Abgaben an den Grundherrn; dieser mochte ein gutes Fünftel der Ernte erhalten. Angesichts dieser Verhältnisse waren die Bauern bei einer Missernte vom Hungertod bedroht.

Auch der Grundherr aber war von der Ernte abhängig – also letztlich vom Wetter. Fiel die Ernte schlecht aus, sanken seine Einnahmen. Konnte sich eine Bauernfamilie in durchschnittlichen Jahren von jenem Drittel des Ertrags ernähren, das ihr blieb, dann vermochte der Grundherr mit seinem Fünftel vielleicht drei oder vier erwachsene Menschen zu versorgen. Die Steinmetzkolonne von 20 schwerarbeitenden Männern beanspruchte also die Abgaben von sechs oder sieben Bauernhöfen – in einem Jahr mit durchschnittlicher Ernte. Dazu kamen noch die vielen anderen Bauarbeiter. Der Burgbau erforderte also allein für die Lebensmittelversorgung der Bauleute die Abgaben eines ganzen Dorfes, womöglich mehr. Fiel dann die Ernte schlecht aus, benötigte der Bauherr noch weit mehr Besitz, um die Bauleute versorgen zu können, oder er musste den Bau ruhen lassen.

Ferner brauchte der Burgherr Bargeld für den Bau der Burg. Er entlohnte die Bauleute zum Teil auch mit Geld. Des Weiteren musste er die Steine und Baumaterialien mit Geld bezahlen, wenn er nicht selbst große Wälder und Steinbrüche besaß. Aber selbst dann verzeichnete er durch die Verwendung des Bauholzes und der Steine zu eigenen Zwecken einen erheblichen Verdienstausfall. Außerdem musste der Erbauer der Burg samt seiner Familie und dem Dienstpersonal auch noch leben – und zwar standesgemäß, also auf einem deutlich höheren Niveau als die Bauern. Er musste insbesondere Agrarerzeugnisse zu einem Markt transportieren lassen, dort gegen Geld verkaufen und mit dem Geld Konsumgüter erstehen, deren Besitz er seiner adligen Stellung schuldete. Er konnte sich dabei zwar einschränken, aber ein guter Teil dieser Kosten waren Fixkosten. Ein Teil dessen, was der Bauherr alljährlich einnahm, konnte er also gar nicht für den Burgbau einsetzen. Schließlich fielen auch nach der Fertigstellung der Burg laufende Kosten an: für die Bemannung, die Ausrüstung mit Waffen, die Vorratshaltung sowie für den Unterhalt des Gebäudes.

Ein Adliger, der eine Burg baute, musste also recht wohlhabend sein. Nur eine Elite des Adels vermochte diese Kosten zu tragen. Wer dies allerdings konnte, war militärisch überlegen. Wenn ein Streit mit Nachbarn in Gewalt ausartete, konnte er sich notfalls in seine Burg zurückziehen und lange Zeit abwarten. Schon die Aussicht, einem solchen Burgbesitzer nicht effektiv schaden zu können, mag viele davon abgehalten haben, mit ihm Streit anzufangen. Wer eine solche Burg besaß, war also konfliktfähiger und mächtiger. Wer sich keine Burg leisten konnte, war im politischen Ringen benachteiligt. Dieser Sachverhalt trug dazu bei, dass der Adel sich sozial ausdifferenzierte.

Gerade weil der Besitz einer Burg so eng mit tatsächlicher Macht verknüpft war, ging ihre Bedeutung für die adlige Familie über die eigentliche Funktion als Verteidigungsanlage weit hinaus. Die Burg gehörte für den Adel zum standesgemäßen Leben und stellte ein Statussymbol dar.

Die Burg als Herrschaftsarchitektur

Die Aufwendungen beim Burgenbau verfolgten nicht immer nur das praktische Ziel, das Land durch eine Befestigungsanlage besser verteidigen zu können. Besonders deutlich wird dies am Beispiel des Deutschen Ordens in Preußen, weil dieser eine eigene, charakteristische Burgenarchitektur entwickelte.

Die Errichtung der Ordensburgen folgte zunächst strategischen Erwägungen, indem die neuen Befestigungsanlagen, wie schon erwähnt, die Eroberungen des Ordens sicherten. Ihre militärische Funktion behielten diese Burgen bei, nachdem die Prußen endgültig niedergeworfen waren. Die bedeutenderen dieser Befestigungen übernahmen dann zugleich eine weitere Funktion und dienten als Verwaltungsmittelpunkte von Bezirken, von denen die größeren Komtureien, die kleineren Unterämter hießen. In diesen Burgen lebten außerdem nicht nur einzelne Ritterbrüder, sondern Gemeinschaften von wenigstens zwölf Ritterbrüdern, die man Konvent nannte.

Während sich der Orden im Land etablierte, folgte er beim Bau seiner Burgen offensichtlich der Maßgabe, dass mit geringen Mitteln in kurzer Zeit eine hinreichende Befestigung errichtet werden sollte. Der Grundriss dieser Bauten passte sich den äußeren Gegebenheiten an und war daher entsprechend unregelmäßig. Bis ungefähr

1250 errichtete der Deutsche Orden lediglich Holz-Erde-Befestigungen, dann erst baute er mit Backsteinen; Natursteine kamen im Ostseeraum kaum vor. Ein typisches Beispiel für diese erste Phase des Burgenbaus im Ordensland bildet die Burg in Thorn. Bevor sich der Orden in Thorn niederließ, hatte es dort eine slawische Holz-Erde-Befestigung gegeben. Die ab 1236/1240 neu errichtete Burg stützte sich auf diese Anlage. Später erfolgte der Ausbau in Stein, wobei der alte Grundriss beibehalten wurde.

Eine zweite Phase im Burgenbau des Deutschen Ordens begann ab 1270, als der Besitz des Landes endgültig gesichert war. Waren bisher die Burgen den örtlichen Gegebenheiten und den praktischen Vorteilen gefolgt, so errichtete man jetzt Burgen, die einen einheitlichen Typ bildeten. Diese Anlagen verfügten über einen rechteckigen Grundriss, wobei sich nur an drei Seiten dieser Vierecke Gebäude befanden; die vierte Seite wurde nur von einer Mauer gebildet. Diese Burgen wurden im Gebiet um das Frische Haff

51 Die Marienburg von der Flussseite. Die viereckige Kernburg, errichtet wohl ab 1279, bildet nur den kleineren Teil der ausgedehnten Anlage. Links der Hochmeisterpalast aus dem späten 14. Jh.

errichtet, das den Kernraum des Ordenslandes bildete. Ein typisches Beispiel für eine solche Anlage stellt die Brandenburg am Frischen Haff, südlich von Königsberg gelegen, dar; auch die Burgen in Lochstedt und Elbing sind dazu zu rechnen.

Diese zweite Phase war jedoch nur eine relativ kurze Epoche des Übergangs, vielleicht auch des Experimentierens, denn schon zwanzig Jahre später setzte die dritte Phase des Burgenbaus in Preußen ein. Sie dauerte rund vierzig Jahre, von 1290 bis 1330, und prägte das Aussehen der Deutschordensburgen entscheidend, zum einen, weil in dieser Zeit eine Vielzahl von Anlagen errichtet oder ausgebaut wurden, zum anderen, weil auch später errichtete Burgen weitgehend diesem Typ entsprachen; sie waren jedoch weniger einheitlich gestaltet als diejenigen, die in der Zeit vor 1330 erbaut worden waren. Musterbeispiele für den dritten Typ bilden die Burgen Mewe, Rehden und Strasburg, die wohl von demselben Architekten entworfen wurden. Derselben Art der Anlage folgte auch das Hochschloss der Marienburg, der bedeutendsten Burg des Ordens, die seit 1309 für anderthalb Jahrhunderte die wichtigste Residenz des Hochmeisters darstellte.

In der dritten Phase baute man statt der zuvor üblichen lang gezogenen, dreiflügeligen Anlagen solche mit quadratischer Grundfläche, die an allen vier Seiten Gebäude aufwiesen. Der so entstandene Innenhof war von einem Kreuzgang umgeben, was bei Burgen sonst nicht vorkam und auch keinen praktischen Zweck verfolgte. Die Deutschordensburg übernahm hier bewusst eine Eigenart von Klöstern. Auf diese Weise fanden in der Architektur die Struktur und die Ideologie des Deutschen Ordens sichtbaren Ausdruck, der wie alle geistlichen Ritterorden eine Mischform von Ritter- und Mönchtum darstellte.

Diese kompakten, hoch aufragenden Burgen boten einen imponierenden Anblick, der nicht

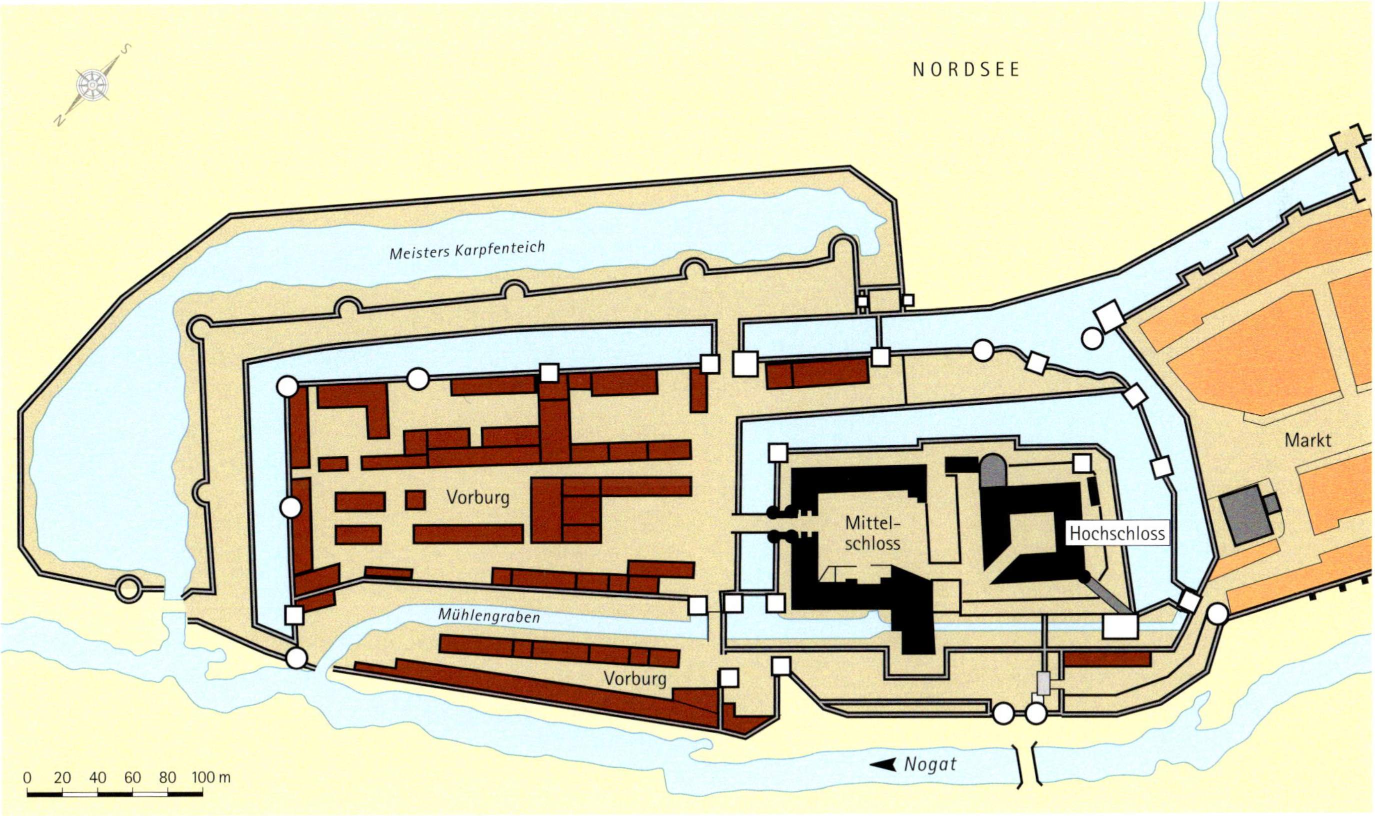

52 Die Marienburg.

nur ästhetisch reizvoll war, sondern eindrucksvoll die Macht des Ordens symbolisierte. Das galt umso mehr, als die Mauern zum Teil mit architektonischem Schmuck gestaltet waren. Außerdem waren den Kernburgen häufig Vorburgen vorgelagert, in denen sich Wirtschaftsgebäude befanden. Die Vorburgen waren ebenfalls mit einer Mauer umgeben und bildeten damit den äußeren Verteidigungsring. Die gesamte Marienburg erstreckte sich entlang der Nogat, eines Mündungsarms der Weichsel, über eine Länge von mehr als einen halben Kilometer. Die Stadt Marienburg, die neben der Burg lag, war im Vergleich zu diesen Ausmaßen klein.

Anders als eine Deutschordensburg konnten die Burgen anderer Besitzer, ob eines weltlichen oder geistlichen Fürsten oder eines Adligen, keinen religiös-ideologischen Anspruch verkörpern. Politische Macht aber symbolisierten viele Burgen durch ihre Größe und Höhe, durch die Zurschaustellung von Wehrhaftigkeit, mitunter auch durch Namen wie Landshut oder Friedberg. Der militärische Zweckbau war auch Herrschaftsarchitektur.

53 Im sog. Hochmeisterpalast der Marienburg befindet sich auch der Sommerremter, d.h. der im Sommer benutzte Speisesaal des Hochmeisters. Er belegt wie die Außenansicht der Burg den Willen des Deutschen Ordens, durch eindrucksvolle Architektur politische Ansprüche auszudrücken.

Alltag auf der Burg

Burgen wurden zwar für den Fall von Kriegen gebaut, aber die meiste Zeit herrschte Frieden und nicht tatsächliche Verteidigung, sondern nur die Bereitschaft dazu war gefordert. Wie der Alltag auf einer Burg in Friedenszeiten aussah, lässt sich sehr plastisch aus einem Text erschließen, welcher die thüringische Burg Kapellendorf betraf. Sie gehörte der Stadt Erfurt. Der Rat der Stadt übertrug die Verwaltung jeweils einem Adligen als Burgvogt, d.h. als Verwalter und Kommandanten der Burg. Im Jahr 1392 war der bisherige Amtsinhaber, der Ritter Dietrich Schenke, gerade gestorben und sein Sohn Rudolf folgte ihm. Bei der Amtsübergabe wurde das gesamte Inventar der Burg aufgelistet, soweit es irgendwie von Wert war.

Die ausführliche Liste beginnt mit jenen Gegenständen, die man auf einer Burg am ehesten erwartet: Waffen. Innerhalb der Burg gab es ein Gebäude, das die Quelle „Harnischhaus“ nennt, ein Zeughaus also, aus dem man die Burgbesatzung und weit mehr Leute ausrüsten konnte. Aufgezählt sind 84 Armbrüste sowie deren Zubehör: 10 Köcher für Armbrustbolzen, 26 gute Sehnen für Armbrüste, 26 Gürtel und ebenso viele Haken, die man zum Spannen dieser Waffen benötigte. Ferner gab es dort „zwei große Bänke, die voll Pfeilen liegen und von einer Wand zur anderen reichen, acht Kisten mit Pfeilen, zwei große Kisten mit Pfeilen, sechs Tonnen voller Pfeile“; gemeint sind mit diesen „Pfeilen“ sicherlich Armbrustbolzen. Auch Schutzbewaffnung hortete man auf der Burg: 40 Helme, dazu 20 Hauben und elf Eisenhüte (d.h. flache Helme ohne Visier), acht Paar eiserne Handschuhe, 27 Koller (d.h. lederne Brustpanzer), 13 Harnische, nochmals zehn eiserne Helme. Dazu kamen alle möglichen Werkzeuge: Brecheisen in verschiedenen Größen, eiserne Keile, Hacken und so fort.

In der Küche der Burg gab es sieben große eiserne Töpfe, zwei Bratroste, zwei Bratspieße und anderes mehr, auch zwei Kessel, einer „eimerig“, der andere „halbeimerig“; das bezieht sich auf ein Hohlmaß namens „Eimer“, ein Kessel war also doppelt so groß wie der andere. In den Vorratsräumen war man ebenfalls gut vorbereitet: sechs halbe Fässer mit altem Bier, fünf halbe Fässer mit frischem Bier (wobei ein halbes Fass kein halb leeres war, sondern ein kleines, das halb so groß war wie die sonst üblichen), zwei Eimer Weißwein, zwei Tonnen Rotwein. Bier konnte man auf der Burg selbst herstellen. Es gab ein Brauhaus mit einer großen Kupferpfanne und vier Braubottichen. Für die Aufbewahrung großer Mengen Flüssigkeiten war man ebenfalls bereit. Es fanden sich unter anderem 13 leere Halbfuder-Fässer und ein 3-Eimer-Fass. Auch Vorräte an Lebensmitteln waren vorhanden. In der Fleischkammer gab es 30 Stück Brühfleisch, 180 Bratwürste, eine halbe Tonne Schmalz.

Schließlich verzeichnet das Inventar lebendes Vieh: neun dreijährige Schweine, 14 einjährige und 15 weitere Schweine, fünf Zuchtsauen, einen Zuchteber, 17 Spanferkel; dazu 48 Lämmer und 119 Schafe, davon fünf Schafböcke, alle ungeschoren übergeben, wie der Text ausdrücklich festhält. Auch zählte man sieben Rinder, vier „Wagenpferde“ (d.h. Zugpferde) und acht weitere „Pferde“, mit denen man wohl Reitpferde meinte. Die Schweine, Schafe und Rinder wurden sicherlich nicht in der eigentlichen Burg gehalten, sondern auf Weiden in ihrer Nähe. Außer diesen Weiden gehörten zur Burg einige Äcker, auf denen Wicke, Hafer, Weizen und Gerste wuchsen, und Gärten, in denen man Wein, Erbsen, Mohn und Hanf anbaute.

Dieser Anbau wie auch die Tierhaltung dienten zunächst einmal der Ernährung der ständigen Burgbewohner – solche Selbstversorgung war nichts Ungewöhnliches, noch nicht einmal in großen städtischen Haushalten. Doch hatte dieser landwirtschaftliche Betrieb beträchtliche Bedeutung für den Verteidigungsfall. Er stellte unter anderem Vorräte zur Verfügung, die im Notfall bei einer Belagerung genutzt werden konnten. Die Tiere wurden bei drohender Gefahr sicherlich in die Burg getrieben – um sie vor Viehdiebstahl zu schützen, aber auch damit man sie gegebenenfalls aufessen konnte.

Zur Vorbereitung auf einen Krieg zählte auch, dass man auf der Burg auf die Beköstigung vieler Menschen vorbereitet war. Küche, Brauhaus und

54 Ungeachtet ihres ernsten Zwecks wurde die spätmittelalterliche Burg seit dem 19. Jh. romantisch verklärt. So kann sie auch repräsentativ für Deutschland und seine Vergangenheit stehen – wie hier die Burg Eltz auf dem 500-DM-Schein.

Vorratsräume zeigen deutlich große Kapazitäten. Allerdings war der Vorrat an Lebensmitteln zwar beachtlich, aber für den Fall einer längeren Belagerung viel zu gering, um eine große Besatzung zu verpflegen. Wenn ernsthafte Gefahren gedroht hätten, wären die Vorräte sicher aufgestockt worden. Ohne direkte Bedrohung aber scheuten sich Stadtrat wie Burgvogt begreiflicherweise, zu viel Geld in Vorräten anzulegen, denn die gelagerten Lebensmittel, die man nicht verzehren konnte, wurden älter und verloren damit an Wiederverkaufswert, verdarben irgendwann sogar.

Die Vorräte und die Kochgeräte dienten in erster Linie also dazu, die täglich auf der Burg lebenden Menschen zu versorgen – und das waren wohl nicht allzu wenige. Einige mussten die Burg bewachen, der Burgvogt und seine Familie brauchten Dienerschaft, es gab ferner mit Sicherheit einige Personen, die als Handwerker, Viehhirten, Köche, Brauer, Fleischer, Knechte, Mägde und so weiter arbeiteten; manche übten gewiss mehrere dieser Tätigkeiten aus, je nachdem, was gerade anlag.

In Friedenszeiten war die Burg also in erster Linie der Kern eines großen landwirtschaftlichen Betriebes. Sie war auch ein Wohnort für eine adlige Familie (diejenige des Burgvogts) und sicherlich ein Verwaltungszentrum, von dem aus das Umland verwaltet wurde. Die Burg hatte also wichtige nicht-kriegerische Funktionen.

Doch auch wenn der Alltag des Burglebens für die meisten Bewohner nichts mit Krieg und Verteidigung zu tun hatte, so waren die militärischen Aufgaben doch stets präsent. Das Tor zur Burg wurde gewiss dauernd bewacht und nachts fest verschlossen. Auch auf dem Turm dürfte stets ein Wächter gestanden und Ausschau gehalten haben. Ein großes Haus innerhalb der Burg diente ausschließlich dazu, Waffen und Munition zu lagern. Vor allem ordnete sich das Leben stets architektonisch dem Befestigungscharakter unter, war der Alltag eingezwängt zwischen engen Mauern, deren Erbauer sie für das Überstehen einer Belagerung geplant hatten, nicht für die Annehmlichkeit ihrer Bewohner in Friedenszeiten.

Pulverartillerie und Befestigungen

Wer im Mittelalter Befestigungen erbaute, musste selbstredend damit rechnen, dass ein Angreifer mit Hilfe technischer Geräte die Burg oder die Stadt zu erobern versuchte. Bis in das 14. Jahrhundert hinein bildeten vor allem die Wurfgeschütze eine Gefahr für die Mauern. Im 14. und vor allem im 15. Jahrhundert aber musste der Befestigungsbau dann auf eine weit größere Herausforderung reagieren: die Pulverartillerie.

Die einfache Wurfmaschine hatte schon die Antike gekannt, das frühere Mittelalter übernahm sie. Sie bestand aus einem Gestell, an dem ein Wurfarm angebracht war. Dieser wurde mit Muskelkraft gespannt, arretiert, mit einem Geschoss beladen und dann plötzlich losgelassen. Seit dem Beginn des 13. Jahrhunderts setzte man eine verbesserte Version ein, die „Blide“. Bei ihr ruhte der Wurfarm auf dem Gestell, auf seine längere Seite wurde die Munition gelegt, an der kürzeren war ein schweres Gegengewicht angebracht, das den gespannten längeren Arm schneller zurückschlagen ließ. Reichweite und Durchschlagskraft wurden auf diese Weise erhöht. Mit diesen Geschützen schleuderte man Steine gegen die Stadtmauer, aber auch andere Geschosse über die Mauer: zum einen Brandgeschosse, zum anderen Tierkadaver, Leichen und Abfälle, die Krankheitskeime in die belagerte Befestigungsanlage hineinbringen sollten. Diese neuen Wurfgeschütze vermochten Mauern durchaus ernsthaft zu beschädigen; vielerorts reagierte man daher auf diese Neuentwicklung, indem man die Befestigungsmauern verstärkte. Die Bliden blieben aber schwer transportabel. Außerdem verlangte ihr Bau und ihr Einsatz erfahrene Spezialisten. Wurfgeschütze wurden daher keineswegs bei jeder Belagerung wirklich eingesetzt.

Die Entwicklung der Pulverartillerie setzte selbstredend das Schießpulver voraus. In China war es bereits 1044 bekannt, von dort gelangte es über die Mongolen in den moslemisch-arabischen Kulturraum. Schon in der Mitte des 13. Jahrhunderts nutzten die Mauren auf der Iberischen Halbinsel das Schießpulver militärisch, indem sie Pulverladungen mit herkömmlichen mechanischen Schleudergeschützen in belagerte Städte warfen. Für das Jahr 1267 ist erstmals belegt, dass man im christlichen Europa Kenntnis des Schießpulver-Rezeptes besaß. Aus den 1320er-Jahren stammen dann erstmals Nachrichten über neue Kriegsmaschinen, die das Pulver als Treibmittel für ein Geschoss nutzten und den dabei auftretenden, enormen Druck aushalten konnten. Wo diese Erfindung gelang, weiß man nicht, ebenso wenig, wessen Ingenieurskunst sie zu verdanken ist. Fest steht jedoch, dass sich die neuen Waffen schnell ausbreiteten. Schon vor 1350, also nur 20 oder 25 Jahre nach den ersten Belegen, waren Pulvergeschütze im ganzen westlichen Europa bekannt. Man belegte sie mit unterschiedlichen Bezeichnungen, z.B. nannte man sie „Rohr“, was auf Latein „canna“ heißt und zum Wort Kanone führte, oder „Büchse“.

Die neue Erfindung besaß freilich noch diverse Schwächen, die man nur nach und nach beseitigen konnte. Der Ladevorgang war zu langwierig. Außerdem verbrannte das Pulver recht langsam, man experimentierte noch mit dem richtigen Mischungsverhältnis der Zutaten herum. Die Reichweite der Geschosse war daher gering. Dennoch mussten die Rohre sehr dick sein, damit sie nicht platzten. Die Geschütze blieben deswegen sehr schwer beweglich, zumal die Rohre zunächst auf vierrädrigen Wagen transportiert, zum Schießen abgeladen und auf einem Gestell installiert wurden. Erst seit der Mitte des 15. Jahrhunderts wurden die Rohre auf zweirädrige Lafetten montiert, was ihre Mobilität deutlich erhöhte. Außerdem versah man die Rohre beim Guss in der Mitte links und rechts mit je einer Metallstange, die senkrecht nach außen abstand, den sogenannten Schildzapfen. Auf ihnen ruhte das Rohr auf der Lafette, so dass seine Mündung gehoben oder gesenkt und damit die Schussweite verändert werden konnte. Ein Schraubmechanismus am hinteren Ende des Rohrs, dem Bodenstück, half, den Höhenwinkel genau einzustellen. Man entwickelte auch kleinere Rohre, die ein einzelner Mann tragen und bedienen konnte, Vorläufer der Gewehre also.

Im Lauf der Zeit stieg die technische Qualität und infolge dessen auch die Zahl der Geschütze, die in den Heeren verwendet wurden. 1372 sollte z.B. ein englisches Heer, das in Frankreich Krieg führen sollte, 29 Kanonen mit sich führen. Knapp 150 Jahre später, im Jahr 1513, als der englische König Heinrich VIII. die Stadt Tournai im heutigen Belgien belagerte, zählte seine Artillerie schon 180 Rohre.

Diese Steigerung in der Produktion führte dazu, dass eine neue Art der Rüstungsbetriebe entstand: die Geschützgießereien. Ein Staat, der seine politische und militärische Rolle zu wahren gedachte, musste jetzt tunlichst in der Lage sein, selbst Geschütze herzustellen, die dem Stand der Technik entsprachen. Auch die Herstellung des Schießpulvers musste sichergestellt sein. Ferner benötigte man für die Herstellung der Waffen und ihrer Munition sowie für ihre richtige Bedienung eine Reihe von Fachleuten, die über die erforderliche Erfahrung und technisches Verständnis verfügten. Kanonengießer und Büchsenmeister waren gesuchte und hoch bezahlte Spezialisten. Damit gab es in den Armeen jetzt eine technische Elite, die zwar zahlenmäßig klein blieb, aber doch ein Novum darstellte. Diese Spezialisten brauchten nicht Übung mit Pferden und Waffen, was eine adlige Erziehung ohne Weiteres gewährleistete. Sie benötigten technische Kenntnisse und eine entsprechende Erfahrung, letztlich also eine Art Ausbildung.

Nicht nur das Personal war teuer, sondern auch das Geschütz und die Munition, denn die Rohre bestanden ja aus Eisen oder gar Bronze, die Kugeln waren zunächst aus Stein; erst um die Mitte des 15. Jahrhunderts gelang es, ein Verfahren zum Gießen eiserner Kugeln zu entwickeln. Ferner brauchte man für den Transport dieser schweren Lasten viele Pferde, die wiederum viel

Geld kosteten. Schließlich waren die Kanonen über den Materialwert hinaus wertvoll, weil sie nicht ohne Weiteres ersetzt werden konnten, schon gar nicht in großer Zahl und in kurzer Zeit.

Angesichts der Mängel, die ihnen lange Zeit anhafteten, revolutionierten die Kanonen keineswegs schlagartig die Kriegführung. In der Feldschlacht blieb ihr Nutzen trotz aller Verbesserungen noch um 1500 gering, vor allem weil die Schussfolge noch immer langsam war. Im Belagerungskrieg bewirkten die Geschütze ebenfalls nur im Lauf langer Jahrzehnte einschneidende Veränderungen. In sehr bezeichnender Wiese zeigt sich dies daran, dass sie die Steinwurfmaschinen nur nach und nach verdrängten. Auch waren die Mauern von Burgen und Städten zwar nun verwundbarer, doch verloren sie keineswegs schlagartig ihren Nutzen. Außerdem konnten die Belagerten ihrerseits Geschütze auf ihren Mauern aufstellen und damit auf die Geschütze der Angreifer schießen, so dass sich die Waffen beider Seiten gegenseitig neutralisierten.

Im Lauf der Jahrzehnte aber bewirkte die langsam leistungsfähiger werdende neue Waffe, dass man durch bautechnische Veränderungen die Befestigungen an die neuen Gegebenheiten anpassen musste. Eine nahe liegende Reaktion lag schlicht darin, dass man die Mauern dicker und die Gräben breiter baute. Doch war diese Maßnahme sehr aufwändig, denn sie wirkte letztlich nur, wenn der gesamte Befestigungsring derart verstärkt wurde. Effektiver war es, die Position der eigenen Artillerie zu stärken. Seit dem Ende des 14. Jahrhunderts baute man in die Mauern Schießscharten für die Geschütze ein, verschaffte ihnen damit ein gutes Schussfeld und schützte sie zugleich vor feindlichem Beschuss. Außerdem warf man vor den Mauern und insbesondere vor den Toren, den verwundbarsten Stellen der Befestigungsringe, niedrige Erdwälle auf, welche die Mauern zumindest zum Teil gegen Beschuss deckten. Auf diesen Wällen postierte man dann mitunter Geschütze, die auf diese Weise ein Stück vor der eigenen Mauer standen und durch ihr Feuer die feindliche Artillerie auf größere Distanz zur Mauer halten konnten.

Ferner entwickelte man den Typ des Artillerieturms. Türme dieser Art errichtete man an den verwundbarsten Stellen der Festungen, um diese durch eine Anzahl von Geschützen zu verteidigen. Damit die Kanonen auf ihnen aufgestellt werden konnten, besaßen diese Türme einen größeren Durchmesser als die bisher üblichen Türme, zumal jene der Stadtbefestigungen. Außerdem waren sie recht niedrig, denn je höher das Gebäude, auf dem eine Kanone stand, desto bedrohlicher konnte sich der Rückstoß auf das Mauerwerk auswirken. Diese Artillerietürme waren rund – wie bisher viele Türme an Stadtmauern. Das hatte den Nachteil, dass sich die Schussfelder der Kanonen kaum überschnitten und das Feuer nicht konzentriert werden konnte. In Italien ging man schon um 1500 einen Schritt weiter. Man baute dort Bastionen, niedrige, eckige Werke zur Aufnahme von Geschützen, und ordnete mehrere dieser Bauwerke so um die Fes-

55 Eine burgundische Kanone aus der Zeit um 1460 (Rohrlänge: 185 cm; Durchmesser der Mündung: 7,5 cm; Breite der Lafette: 158 cm). Es handelt sich um eine der wenigen erhaltenen spätmittelalterlichen Kanonen. Die Stadt La Neuveville bewahrte sie zur Erinnerung an die eidgenössischen Siege über Karl den Kühnen von Burgund auf.

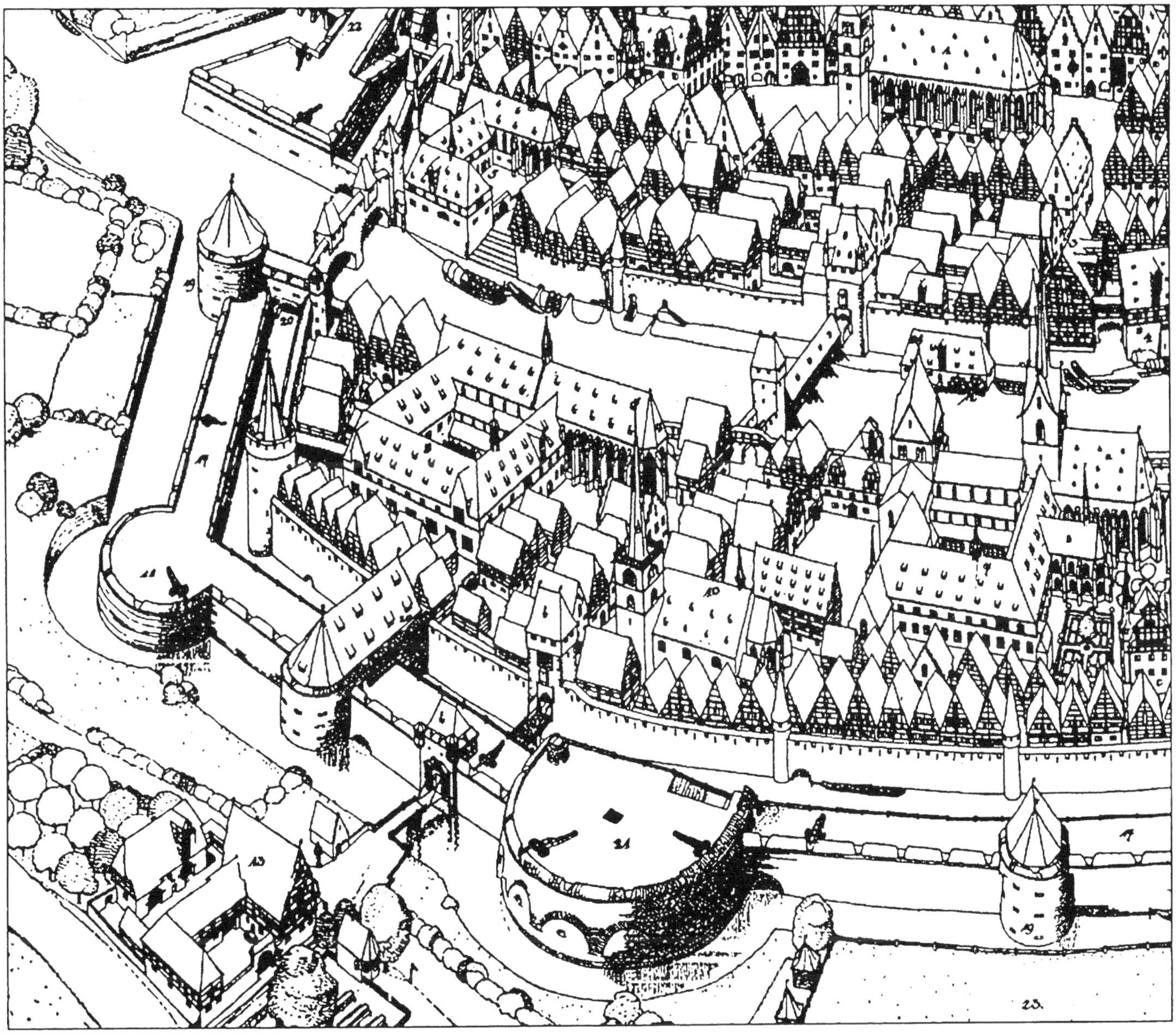

56 Idealtypische Stadtbefestigung, vor der Mitte des 16. Jh. Vor der mittelalterlichen Stadtmauer befinden sich neuere Befestigungswerke, die Reaktionen auf die Verbreitung der Kanonen darstellen, insbesondere ein Artillerieturm.

tung an, dass die Schussfelder der Kanonen sich überschnitten. Diese Bastionen sollten das Aussehen der Festungen auf Jahrhunderte bestimmen.

Langfristig änderte sich auf diese Weise das ganze Konzept der Befestigungsanlagen. Die Mauern und Türme hatten bisher vor allem dazu gedient, einen Sturmangriff abzuhalten. Dazu waren sie desto besser geeignet, je höher sie waren. Jetzt war die Höhe nutzlos, ja schädlich. Je höher Mauern oder Türme, desto leichter waren sie von den feindlichen Kanonen zu treffen und desto größer war der Schaden, wenn sie zusammenbrachen. Im 16. Jahrhundert sollte man sogar dazu übergehen, die Mauern nicht mehr mit senkrechter Außenfront zu bauen, sondern sie leicht abzuschrägen. Auf diese Weise vermied man, dass die Kugeln fast rechtwinklig aufprallten und mit voller Wucht auf die Mauersteine einwirkten.

Alle diese Veränderungen setzten sich jedoch nur langsam und mit großen regionalen Unterschieden durch. Wie die Errichtung der alten Mauern, so kostete auch der Bau der neuen Anlagen enorme Summen. Dieses Geld gab man verständlicherweise im Allgemeinen nur aus, wenn es nötig war, wenn man also glaubte, Krieg und

Belagerung fürchten zu müssen. Viele Städte und Burgherren konnten sich die Anpassung ihrer Befestigungsanlagen überhaupt nicht leisten. Das galt insbesondere für viele Adlige, deren Burgen auf diese Weise an militärischem Wert verloren.

Doch auch veraltete Befestigungen besaßen einen, wenn auch beschränkten Verteidigungswert. Sie verhinderten zumindest, dass die Stadt oder die Burg völlig wehrlos war und einfach besetzt wurde. Wer sie einnehmen wollte, musste Artillerie heranführen. Das kostete Zeit und Geld; der Angreifer musste abwägen, ob ihm der mögliche Gewinn diesen Einsatz wert war. So konnten am Ende des 15. Jahrhunderts Burgen, die grundsätzlich dem Stand der Militärtechnik wenig entgegenzusetzen hatten, dennoch weiterhin ihrem adligen Besitzer eine gewisse Unabhängigkeit gewährleisten. Abgetragen wurden alte Befestigungsanlagen ohnehin häufig nicht, schon weil auch das Geld kostete, das man sparen wollte.

Auf lange Sicht stärkten die neuen Befestigungstechniken die Rolle des frühmodernen Staats. Er allein konnte die enormen Summen aufbringen, die nötig waren, um die kostspieligen Anlagen zu errichten, zu unterhalten und zu besetzen. Das vermochte kaum eine Stadt, kaum ein Adliger, zumal zur Kriegführung auch ein teures Söldnerheer gehörte. Im Befestigungswesen spielten nicht mehr Burgen oder eigenständige Städte, die sich mit einer Mauer umgaben, die dominierende Rolle, sondern die Festung, die dem Fürsten unterstand und mit seinen Truppen besetzt war.

Belagerungen

Der Aufwand, der mit Mauern, Türmen, Gräben getrieben wurde, zahlte sich im Allgemeinen aus: Die meisten Burgen und Städte wurden kaum einmal wirklich belagert. Die Tatsache, dass sie befestigt waren, wirkte abschreckend genug. Viele Befestigungen aber wurden durchaus angegriffen und mitunter auch erobert. Angreifer wie Verteidiger waren dabei auf ein überschaubares Repertoire möglicher taktischer Verhaltensweisen festgelegt.

Der erstrebenswerteste Weg zur Eroberung einer Burg oder Stadt lag zweifellos darin, sie in einem Handstreich schnell und ohne hohe Verluste einzunehmen. Das setzte freilich ein Überraschungsmoment oder eine gelungene List voraus. Da die Verteidiger meist auf der Hut waren, blieben solche Handstreiche selten, wurden aber angesichts des Wagemuts der Angreifer von den Chronisten ihrer Partei desto lieber erzählt.

Eine weitere Möglichkeit, eine Burg oder eine Stadt einzunehmen, lag darin, dass die Angreifer die Zufahrtswege blockierten, auf diese Weise die Nahrungsmittelzufuhr abschnitten und abwarteten, bis den Belagerten die Vorräte ausgingen. Doch diese hatten im Allgemeinen mit dieser Gefahr gerechnet und sich verproviantiert, so dass sich das Aushungern über mehrere Monate hinziehen konnte. Die lange Zeitdauer aber stellte die Belagerer vor mehrere Probleme. Vor allem mussten sie ihr Heer so lange besolden, also viel Geld in das Unternehmen investieren. Außerdem bot das Umland womöglich nicht genug Nahrungsmittel, damit sich ein Heer über mehrere Monate aus der Umgebung ernähren konnte; es musste also Nachschub organisiert werden, was wiederum Geld kostete. Ferner waren die Belagerer den Witterungsunbilden schutzloser ausgeliefert als die Belagerten. Letztere hatten im Allgemeinen alle Häuser in der näheren Umgebung der Stadt angezündet, um ihren Feinden keine Quartiere zu überlassen. Daher mussten die Belagerungstruppen häufig in Zelten oder Hütten hausen. Das war unbequem und nicht sehr hygienisch, zumal in einer Zeit, in der man gar nicht genau wusste, wie sich Seuchen verbreiten. Auch in der belagerten Stadt aber waren die Voraussetzungen für Reinlichkeit nicht sehr günstig. Ferner sorgte der Nahrungsmangel unter Umständen auf beiden Seiten für erhöhte Anfälligkeit. Epidemien waren daher häufig Begleiterscheinungen von Belagerungen.

Es gab also gute Gründe, nach einem anderen, schnelleren Weg zur Eroberung der Burg oder Stadt zu suchen: Man konnte die Befestigung erstürmen. Dazu waren die Gräben vor den Mauern mit Bündeln von Reisig, mit Erde, mit Stei-

57 Szenen einer Belagerung, die dem technischen Stand aus der Entstehungszeit der Illustration, kurz vor 1450, entsprechen: Die Kanonenrohre ruhen noch nicht auf Lafetten; eine hochklappbare Holzwand schützt sie vor Beschuss. Der Stadtgraben wird mit Reisigbündeln gefüllt. Die Angreifer versuchen, die Türme in Brand zu stecken, und legen Sturmleitern an. Rechts im Hintergrund ein Belagerungsturm.

nen und Ähnlichem zu füllen. Technisch war das nicht schwierig, nur setzten sich die Belagerer bei diesen Versuchen zwangsläufig dem Beschuss von den Mauern aus. Außerdem mussten die Angreifer über die Mauern steigen, am einfachsten mit Hilfe von Leitern. Aufwändiger war es, wenn die Angreifer einen Holzturm auf Rädern bauten, an die Mauer heranrollten und dann von ihm aus zum Sturm ansetzten. In jedem Fall wurden die Mauern energisch verteidigt. Sie zu übersteigen, drohte daher hohe Verluste zu kosten. Da die Angreifer nicht hoffen konnten, die durch Mauer und Zinnen gut geschützten Verteidiger zu töten, blieb meist nur der Weg, einen Teil der Mauer – es reichten zwanzig oder dreißig Meter – zu zerstören und dann dort zum Sturmangriff zu schreiten.

Zerstören konnte man die Mauer, indem man sie mit Wurfmaschinen oder Kanonen beschoss. Man konnte sie jedoch auch unterminieren. Dazu begann man in sicherer Entfernung von der Mauer, einen Stollen zu ihr vorzutreiben. Hatte man sie erreicht, grub man ein Stückweit unter der Mauer die Erde weg, stützte dabei aber jeweils die Mauern mit Balken ab. Bevor sich das Schießpulver verbreitet hatte, ging man nun weiter so vor, dass man Reisig und Holzscheite unter der Mauer aufhäufte. Wenn diese nun angezündet wurden, griff das Feuer über die Balken über, diese gaben plötzlich nach und die Mauer stürzte ein. Seit dem 14. Jahrhundert konnten die Angreifer Schießpulver unter der Mauer lagern, es zur Explosion bringen und ein Stück der Befestigung auf diese Weise zerstören.

Beschuss und Unterminierung kosteten ebenfalls Zeit und Geld. Pulvergeschütze und ihre Munition mussten mühsam herangeschafft werden. Dasselbe galt für Wurfmaschinen, doch konnte man sie auch vor Ort bauen. Allerdings benötigte man dazu abgelagertes, sorgfältig ausgesuchtes Holz, Fachleute für den Bau und die Bedienung der Maschinen. Auch die Stollen für die Unterminierung mussten Leute graben, die Erfahrung damit hatten. Am Ende des Mittelalters wurden dafür z. B. Bergleute aus der Gegend von Lüttich herangezogen, denn dort gab es Steinkohlenbergbau, was andernorts noch nicht üblich war, und man kannte sich daher mit dem Vorantreiben von Stollen gut aus.

Für die Verteidiger drängte sich eine Reihe von Gegenmaßnahmen geradezu auf. Sie konnten versuchen, die Wurfmaschinen der Angreifer durch ihre eigenen Wurfmaschinen auszuschalten, dasselbe galt später für Pulvergeschütze. Wurde ein Stollen von außen gegen die Mauer vorgetrieben, verfügten die Verteidiger über die Möglichkeit, selbst einen Stollen zu demjenigen der Feinde zu graben, die Mineure zu überwältigen und den feindlichen Stollen zum Einsturz zu bringen. Außerdem konnten sie stets versuchen, durch überraschende Ausfälle Wurfmaschinen oder Kanonen zu erobern und gebrauchsunfähig zu machen. Auf dieselbe Weise war es möglich, den Eingang zu einem Stollen für kurze Zeit in den eigenen Besitz zu bringen, von dort in den Gang einzudringen und ihn zu zerstören. Nicht zuletzt bestand die Möglichkeit, dass ein Entsatzheer den Verteidigern von außen zur Hilfe kam und die Belagerer in die Flucht schlug. Selbstredend konnten die Angreifer ihrerseits wiederum versuchen, sich gegen solche Unternehmungen zu wappnen, und Truppen bereitstellen, die plötzliche Ausfälle zurückschlugen. Alle diese technischen und taktischen Optionen waren für die jeweiligen Gegner leicht zu erschließen, so dass die Lage vor einer belagerten Festung kaum Überraschungen erlaubte.

So blieb jede Belagerung eine Kraftanstrengung, die vom Angreifer viel Geld und noch mehr Geduld verlangte. Ihr Ergebnis konnte den Ausgang eines Feldzugs, ja eines Kriegs ebenso beeinflussen wie eine Feldschlacht, womöglich mehr. Die langfristige Wirkung der Schlacht von Crécy 1346 lag z. B. wesentlich darin, dass sie den siegreichen Engländern die Eroberung von Calais erlaubte; damit verfügten sie für Jahrzehnte über einen wichtigen Stützpunkt auf dem Kontinent. Völlig zu Recht wertete man daher Belagerungen im Mittelalter und in der Frühen Neuzeit als wichtige militärische Ereignisse. Die Einnahme einer wichtigen Festung feierte man dementsprechend als großen, ruhmreichen Erfolg. Erst als sich um 1800 die militärischen Rahmenbedingungen vor allem durch den Einsatz von Massenheeren wandelten, konzentrierten sich Militärschriftsteller wie Propagandisten auf Feldschlachten, während die Rolle von Belagerungen weitgehend missachtet wurde.

Scharmützel

Da Belagerungen sich meist lange hinzogen, bestanden sie für die meisten Kämpfer im Wesentlichen aus langweiligen Wachdiensten unter belastenden, womöglich deprimierenden Umständen – sei es in der bedrohten, vom Umland isolierten Festung oder in provisorischen Quartieren vor den Mauern. Erfolgserlebnisse – Siege, Aufsehen erregende Taten, Freude über große Beute – ergaben sich unter diesen Umständen selten von allein.

Wie die Kämpfer und ihre Anführer auf diese Situation reagierten, zeigt in besonders aufschlussreicher Weise eine Chronik, die um 1370 in der Normandie entstand, denn es handelt sich bei ihr teilweise um einen Augenzeugenbericht. Der Autor dieses Textes kann zwar nicht namentlich identifiziert werden, doch war er mit Sicherheit ein Adliger, der die berichteten militärischen Ereignisse seit 1346 zu großen Teilen selbst als Inhaber unterer Kommandostellen im französischen Heer miterlebt hatte. Seine Darstellung ist umso wertvoller, als er schmucklos, ja nüchtern schreibt und auch hinsichtlich des Inhalts keineswegs zu Übertreibungen neigt.

Wenn dieser Verfasser von Belagerungen spricht, erwähnt er immer wieder Ausfälle und Scharmützel. Über die Belagerung von Blaye schreibt er z. B., die belagerten Franzosen hätten bei einem Ausfall 500 Engländer getötet und 300 gefangen genommen. Offensichtlich machte der beachtliche Erfolg diese Episode für ihn erinnerns- und berichtenswert. Auch Schilderungen vieler anderer Autoren von der Karolingerzeit bis zum Ende des Mittelalters lassen bei solchen Unternehmungen konkrete Ziele und Erfolge erkennen. Ausfälle der Belagerten konnten dazu dienen, Kanonen oder anderes Gerät des Feindes zu zerstören oder schlicht zu zeigen, dass man noch kampfkräftig war. Auch konnten sich Einzelne bei diesen Anlässen hervortun und damit ihrem Streben nach Ehre Genüge leisten. Wurde ein Scharmützel erfolgreich beendet, hob dies sicherlich auch die Stimmung auf Seiten der Sieger. Diesen zuletzt genannten Absichten konnten auch Zweikämpfe dienen, von denen bei Belagerungen mitunter ebenfalls erzählt wird.

Häufig jedoch bieten die Autoren der Quellen keine so konkreten Angaben, wenn sie Scharmützel erwähnen. Auch der normannische Chronist beschränkt sich meist auf unpräzise, ja formelhafte Worte. Über die Franzosen während der Belagerung von Rennes 1356/57 schreibt er, dass sie die Stadt „tapfer hielten und verteidigten und eine große Zahl von Ausfällen und Scharmützeln unternahmen, bei denen tapfer gekämpft wurde und welche die Engländer verloren". Diese Worte sind typisch für die Tendenz, welche bei diesem Verfasser die Bemerkungen über Scharmützel und Ausfälle stets auszeichnet. Bei aller Knappheit seiner Formulierungen liegt ihm häufig daran, den Kampf als tapfer zu charakterisieren, und immer hebt er hervor, die Franzosen, also seine eigene Partei, hätten das Gefecht gewonnen.

Es wäre unplausibel anzunehmen, dass die Franzosen in allen Scharmützeln bei den zahlreichen erwähnten Belagerungen den Sieg davongetragen hätten. Der Autor verfälscht hier also das Geschehen, zum guten Teil wohl nicht einmal absichtlich. Vielmehr dürften für ihn als Augenzeugen die Scharmützel nur dann erinnernswert gewesen sein, wenn seine Seite sie gewann oder wenn sie zumindest als Sieg seiner Partei interpretiert werden konnten. Im Rückblick entstand dann bei ihm subjektiv der Eindruck, die Franzosen hätten bei der jeweiligen Belagerung alle kleinen Gefechte für sich entschieden.

Ferner fällt auf, dass der Verfasser nie irgendeine konkrete Auswirkung eines Scharmützels auf die Belagerung erwähnt. Wie seine formelhaften Wendungen erkennen lassen, ging es ihm gar nicht darum, ein konkretes Ereignis wegen seiner Wirkungen auf den Ablauf des Geschehens festzuhalten. Vielmehr füllten die Scharmützel als recht beliebige Versatzstücke seine Erinnerungen an die einförmigen Wochen der jeweiligen Belagerungen mit Inhalt und machten damit die Vorgänge erst richtig erinnernswert. Das gilt umso mehr, als der tapfere Kampf und die Siege der Franzosen deren treuliche Pflichterfüllung belegten. Die Scharmützel gaben damit den militärischen Anstrengungen der eigenen Partei im Rückblick Sinn, was die Erwähnung der bloßen

Belagerungsdauer oder der Verweis auf abstrakt bleibende strategische Erwägungen nicht vermochten. Einmal mehr erweist sich, dass für die Kämpfenden, zumal im Mittelalter, ganz andere Vorgänge und Kriterien bedeutsam waren als diejenigen, die in den Augen neuzeitlicher Generalstäbler und Kriegshistoriker als militärisch wichtig und effektiv erscheinen mochten.

Verhandlungen über die Kapitulation

Da eine Belagerung lange dauern und hohen finanziellen Aufwand erfordern konnte, lag es im Interesse der Belagerer, die Unternehmung vor einer militärischen Entscheidung zu ihren Gunsten zu beenden, indem sie den Belagerten vorteilhafte Bedingungen für eine Kapitulation einräumten. Diese wiederum mussten danach trachten, nicht durch unnützen Widerstand ohne Aussicht auf Erfolg ihr Leben zu gefährden.

Schon um 1100 waren in Nordfrankreich daher bei Belagerungen Verhandlungen über die Übergabe der angegriffenen Städte und Burgen völlig üblich. Ordericus Vitalis, ein Chronist aus dieser Region, der sein Werk bald nach den Ereignissen verfasste, berichtet z.B. davon, wie Graf Fulko V. von Anjou 1118 die Festung La Motte-Gautier-de-Clinchamp angriff, die Heinrich I., dem König von England und Herzog von Normandie, unterstand:

„Während dessen ermüdeten die Krieger des Anjou die Normannen durch viele Sturmangriffe und zermürbten durch wuchtige Steinwürfe die Befestigung. So wurden 140 Krieger, deren Anführer Roger de Saint-Jean und dessen Bruder Jean vom König selbst ausgewählt worden waren, zur Übergabe gezwungen und mussten dabei keinen Schaden an ihrem Leib oder ihren Waffen erleiden. (...) Die Garnison kam, betrübt wegen ihres Misserfolgs, nach Alençon. Als der König wegen der Übergabe wütend wurde, erröteten sie sehr vor Scham, entschuldigten ihre Niederlage jedoch mit vernünftigen Gründen: Während sie häufig durch Boten um Hilfe gebeten und lange gewartet hätten, habe der Entsatz mit den notwendigen Kräften sich sehr verspätet und übermäßige Gewalt der Angreifer sei über die Eingeschlossenen hereingebrochen."

Die Verteidiger übergaben die Festung also und erhielten im Gegenzug freien Abzug zugesichert und mussten nicht einmal ihre teuren Waffen ausliefern. Die Belagerer hingegen vergeudeten nicht mehr Zeit mit dem Angriff auf die Festung, riskierten keine hohen Verluste beim Sturmangriff und erreichten dennoch das Ziel ihrer Unternehmung: Als die Besatzung abgerückt war, brachen sie die Befestigung ab. Es war ihnen also nur darum gegangen, die Feinde eines Stützpunktes zu berauben; sie wollten sich nicht selbst in der Burg festsetzen. König Heinrich I. war über das Verhalten seiner Krieger zwar erzürnt, aber diese selbst meinten ihr Verhalten rechtfertigen zu können, und der Chronist war derselben Meinung. Die Lage war offensichtlich aussichtslos, weil die Garnison den Angriffen nicht mehr lange widerstehen konnte und weil von außen keine Hilfe nahte. Daher konnte man ehrenhaft abziehen.

In ganz ähnlicher Weise wurde bis zum Ende des Mittelalters und darüber hinaus bei vielen Belagerungen verfahren. Die Bedingungen, unter denen die Eingeschlossenen aufgeben konnten, variierten verständlicherweise je nach Lage. Manchmal durften sie – wie im zitierten Beispiel – frei und mit ihren Waffen abziehen, manchmal wurde festgelegt, dass sie zusätzlich ihre Pferde mitnehmen konnten. In anderen Fällen mussten sie ihre Habe zurücklassen, entgingen aber selbst der Gefangenschaft. Waren die Bedingungen ganz ungünstig, musste die Garnison in Gefangenschaft gehen; dann verlor sie selbstredend auch ihre Habe. Seit dem Spätmittelalter legte man solche Vereinbarungen schriftlich nieder. Da eine einzelne Klausel in einem Vertrag im Mittellateinischen mit dem Wort „capitulum" benannt werden konnte, bezeichnete man das Aushandeln eines Vertrags in derselben Sprache mit dem Verb „capitulare". Auf Französisch nannte man das Verhandeln „capituler", einen Vertrag „capitulation". Später engte sich die Bedeutung dieser Wörter im Französischen und im Deut-

58 Die Plünderung einer Stadt wird in dieser Illustration aus dem 15. Jh. mit Liebe zum Detail dargestellt, lässt aber die tatsächlichen Schrecken nur erahnen.

schen auf die Übergabe einer Festung oder einer Truppe ein.

Die Praxis, dass eine Stadt oder Burg nach Verhandlungen dem Feind übergeben werden konnte, führte im Prinzip stets zu einem Konflikt zwischen pragmatischen Erwägungen und gesellschaftlichen Normen: Je früher eine Garnison aufgab, desto günstigere Konditionen konnte sie aushandeln. Die Ehre der Krieger und die Treue gegenüber ihrem Herrn verlangten aber, dass die Garnison so lange wie möglich aushielt. Wie lange also mussten die Verteidiger im Einzelfall ausharren, um in Ehren aufgeben zu dürfen?

Dieses Problem ließ sich nicht grundsätzlich lösen. Letztlich kam es darauf an, wie die belagerte Garnison und ihr Herr die Lage interpretierten. Um die Lage in ihrem Sinn darzustellen, beriefen sich in der soeben zitierten Passage die Garnison vor ihrem König und indirekt auch der Chronist vor seinen Lesern auf Kriterien, die in ihren Augen die Aussichtslosigkeit der Lage plausibel machten. Eine Passage über die Belagerung von Vignat durch normannische Truppen, die ebenfalls von Ordericus stammt, zeigt ebenfalls ein Bestreben, solche Kriterien einzuhalten, ist aber anekdotenhaft verformt:
„Die Krieger in der Stadt erhofften einen Sturmangriff, weil sie bereit waren, die Befestigung, wenn der Angriff kraftvoll wäre, zu übergeben. Sie wollten nämlich nicht ohne Gewaltanwendung kapitulieren, damit sie nicht mit Recht für böswillige Verräter gehalten würden."

Es kam dann aber alles ganz anders, denn Verräter unter den normannischen Adligen zündeten die Zelte des eigenen Heeres an, riefen damit Verwirrung hervor, flohen und rissen den Rest des Heeres mit sich – was die Garnison mit spöttischen Zurufen quittierte.

Einen Weg gab es jedoch, um Diskussionen über die Berechtigung der Übergabe weithin zu vermeiden. Die Garnison konnte mit den Belagerern ein Abkommen schließen, demzufolge sie die Festung ausliefern werde, falls nicht binnen einer bestimmten Frist Entsatz käme. Über diese Vereinbarung konnten die Eingeschlossenen dann mit Zustimmung ihrer Feinde ihren Herrn per Boten informieren. Erreichte die ersehnte Hilfe die Garnison nicht rechtzeitig, musste sie die Stadt oder Burg übergeben und durfte dies nach dem Ehrenkodex des Kriegeradels auch. Denn keineswegs verlangte die Treue zum Herrn den sinnlosen Kampf in einer aussichtslosen Lage, in welcher der Herr seine Treueverpflichtung zur Unterstützung seiner Vasallen oder Söldner nicht mehr wahrnehmen konnte.

Alle diese Praktiken waren Teil eines Korpus von etablierten Verhaltensregeln, die allgemein akzeptiert wurden und eine Art Kriegsrecht bildeten, kein verschriftlichtes freilich, sondern ein gewohnheitsrechtlich überliefertes. Der Belagerungskrieg wurde durch diese Verfahrensweisen insofern humanisiert, als ihre Anwendung Menschenleben schonte. Zugleich aber legitimierten sie indirekt Grausamkeiten. Denn wenn die Verteidiger nicht rechtzeitig aufgaben, verwirkten sie aufgrund derselben Regeln grundsätzlich ihr Recht auf rücksichtsvolle Behandlung.

Tatsächlich kam es in vielen Fällen nicht zur Kapitulation der Befestigung, sondern zum erfolgreichen Sturmangriff. Dann ergossen sich die Belagerer in die Stadt oder Burg und noch erregt vom Kampf und gierig nach Beute, sie mordeten, vergewaltigten, raubten. Auch wenn die Stadt oder Burg sich halten konnte, wenn am Ende die Angreifer sogar erfolglos abziehen mussten, hatte die Belagerung doch auf beiden Seiten Opfer gekostet. Menschen waren im Kampf gefallen, vielleicht verhungert, womöglich an Seuchen gestorben. Erst seit Burgen und Stadtmauern ihren ernsten Zwecken nicht mehr dienen, erscheinen sie romantisch.

59 Carcassonne.

Städte im Krieg

VII.

Das städtische Wehrwesen

Zum Bild der spätmittelalterlichen Stadt gehören ihre Mauern – nicht nur nach heutigen Vorstellungen, sondern auch schon im Urteil der Zeitgenossen. Die Befestigungen bedeuteten Sicherheit für die Bewohner, sie signalisierten Wehrhaftigkeit und Selbstbehauptungswillen, ja sie symbolisierten die Stadt schlechthin, denn Dörfer besaßen keine Mauern. Doch beschränkten sich die Städte im spätmittelalterlichen Reich keineswegs darauf, sich selbst zu verteidigen. Ein allgemeiner Aufschwung der städtischen Wirtschaft brachte im 13. und frühen 14. Jahrhundert Geld in die Kassen vieler deutscher Kommunen und machte sie weit finanzkräftiger als die Fürsten, weil diese die Finanzkraft ihrer Länder noch nicht effektiv abschöpfen konnten. Vielen Städten gelang es, ihren Einfluss in durchaus aggressiver Weise auszuweiten. Sie emanzipierten sich weitgehend oder ganz von ihren Stadtherren, erwarben Dörfer und Burgen im Umland, errichteten mitunter Territorien, die es im Fall von Bern oder Nürnberg durchaus mit Fürstentümern aufnehmen konnten. Außerdem unterhielten sie politische Beziehungen zu benachbarten und entfernteren Machthabern, Fürsten wie Städten, gingen mit einigen Bündnisse ein und waren mit anderen verfeindet.

Diese eigenständige Politik machte häufig auch den Einsatz militärischer Mittel notwendig. Grundlage der städtischen Kriegführung waren die Stadtbefestigungen, die jeden Angriff auf die Stadt schwierig machten. Bau und Unterhalt von Mauern, Türmen und Gräben waren allerdings aufwändig. Als in der kleinen Stadt Limburg an

60 Ansicht Nürnbergs in der Schedelschen Weltchronik, die in dieser Stadt 1493 gedruckt wurde. Die einzelnen Details sind ganz realistisch abgebildet, doch hebt der Künstler jene Bauten hervor, die den Rang der Stadt deutlich machen: die Burg, die Kirchen sowie die Stadtmauer. Links im Vordergrund Sperren, welche die Annäherung an das Tor erschweren sollen.

61 Die Mauern von Aigues-Mortes in der Provence, errichtet ab 1272, bilden für die Zeit ihrer Entstehung eine geradezu idealtypische Stadtbefestigung. Mächtige, turmbewehrte Tore schützen die Eingänge.

62 Auch innerhalb der Städte gab es oft Befestigungsanlagen: Burgen der Stadtherren oder wehrhafte Häuser adliger Familien wie dieses Haus im elsässischen Rosheim, das wohl aus der Zeit um 1200 stammt. Der Eingang befand sich ursprünglich im ersten Stock und war nur durch eine Leiter zu erreichen.

der Lahn um 1200 eine Stadtmauer errichtet wurde, verbaute man 21 000 Kubikmeter Bruchsteinmauerwerk und hob 50 000 Kubikmeter Erde aus. Für die Arbeiten benötigte man 1 Million Arbeitsstunden. Zum Teil bewältigten die Kommunen diesen Aufwand dadurch, dass sie ihre Bürger verpflichteten, durch ihre eigene Arbeit zur Errichtung oder zum Erhalt der Anlagen beizutragen. Hinzu traten jedoch hohe Geldkosten, die den städtischen Haushalt umso schwerer belasteten, als Neubauten meist Reaktionen auf Bedrohungen darstellten und daher relativ schnell durchgeführt werden mussten. Dementsprechend konzentrierten sich die enormen Aufwendungen in wenigen Jahren.

Außer den Stadtbefestigungen selbst gab es auch im Umland Anlagen zur Verteidigung: die Landwehr. Es handelte sich um ein simples, aber effektives System. Man hob einen Graben aus, eventuell parallel dazu einen zweiten, schüttete den Aushub auf und pflanzte darauf Büsche und Bäume an, vorrangig solche, die Ranken trieben oder Dornen besaßen, so dass eine mehrere Meter tiefe, undurchdringliche Hecke entstand. Diese Hecke wurde in einer Entfernung von einigen Kilometern um die Stadt herumgeführt. Nur an wenigen Ausfallstraßen war sie unterbrochen. Dort befanden sich häufig Schranken oder Tore, dazu ein Haus für den Wärter, häufig auch ein kleiner Turm, der als Ausguck und elementares Verteidigungswerk diente. Manchmal ergab die Hecke einen geschlossenen Ring, manchmal schirmte die Landwehr die Stadt nur gegen eine Richtung ab. Einige Städte legten im Lauf der Zeit auch weitere Landwehren an, um sich und ihre Dörfer besser zu schützen.

Diese Landwehr war nicht geeignet, massive Angriffe größerer Kontingente auf die Stadt zu vereiteln, aber darin bestand auch nicht ihr Zweck. Sie behinderte vielmehr sehr effektiv genau die Art von Kriegführung, die in den Kriegen am häufigsten vorkam. Falls eine kleine, schnell bewegliche Schar in die Feldmark der Stadt und der zu ihr gehörigen Dörfer einfallen, dort das Vieh stehlen, die Dörfer plündern und abbrennen wollte, musste sie den Hinweg durch einen der wenigen Durchlässe der Landwehr wählen. Die dortigen Wärter konnten zwar kaum verhindern, dass die Schar in die Stadtmark durchbrach, aber sie würden die Bewohner der Stadt alarmieren. Während der Plünderungen und Verwüstungen in den Dörfern mussten die Angreifer dann damit rechnen, dass ihnen eine städtische Truppe entgegentrat oder aber ihnen den Rückweg abschnitt, was recht leicht möglich schien, denn dieser musste wiederum durch einen Durchlass in der Landwehr führen. Ein Verwüstungszug in die Stadtmark war durch die Landwehr also deutlich riskanter.

Beschützt und verteidigt wurde die Stadt nicht zuletzt von ihren männlichen Bürgern, für die grundsätzlich eine Wehr- und Wachpflicht be-

63 Das Stadttor von Sterzing in Südtirol belegt, dass für Städte Befestigungsanlagen nicht immer nur Zweckbauten waren, sondern auch Statussymbole sein konnten. Das Geld dafür konnte Sterzing dank seiner lukrativen Lage aufbringen: Der Betrachter blickt jene Straße entlang, die von Italien über den Brenner nach Deutschland führte.

dieser Weise ging es in den folgenden Monaten weiter. Kurze, schnelle Plünderungszüge der einen und der anderen Seite wechselten einander ab. Dörfer wurden niedergebrannt, Bauern gefangen genommen, Vieh weggetrieben, die Ernte vernichtet. Diese letztgenannte Maßnahme war besonders einschneidend, denn bei Beginn der Kampfhandlungen war es Herbst. Die Bauernfamilien würden bis zur Ernte im nächsten Spätsommer kaum noch an Nahrung kommen.

Angriffe auf militärische Ziele waren die Ausnahme. Ein solcher Fall trat ein, als die Adligen vom Hus und Hardenberg Anfang Februar 1486 zwei Dörfer niederbrannten, die der Stadt gehörten. Der Rat entschied beim Eintreffen der Nachricht sofort, Burg Jühnde anzugreifen, von wo aus der Herr vom Hus seinen Zug begonnen hatte. In der Nacht vom 9. auf den 10. Februar 1486 wurde die Burg von großer Übermacht im Sturm genommen, die Besatzung war offenbar nicht wachsam und nicht auf einen massiven Angriff vorbereitet. Die Göttinger belegten die Burg sofort mit Besatzung und ließen Ausbesserungsarbeiten vornehmen. Sie wollten die Burg also unter eigenem Kommando weiterverwenden. Außerdem stiftete der Rat zum Gedenken an das ruhmreiche Ereignis und für das Seelenheil der Gefallenen Gottesdienste in St. Johannis, der größten Göttinger Kirche. An jedem Jahrestag sollte ein Prozessionsgottesdienst stattfinden, bei dem die Schüler der städtischen Lateinschule unter Leitung ihres Rektors sangen.

69 Die Verteidigungsabschnitte der Göttinger Gilden auf der Stadtmauer im Jahr 1490.

Historisch-kritischer Stadtplan (Zustand Frühe Neuzeit)

In der Zwischenzeit hatte die Fehde weite Kreise gezogen, zumal sich ähnliche Vorgänge wie im Göttinger Umland auch in der Gegend um Hannover, Hildesheim und Braunschweig ereigneten. Die Fehde verstieß eigentlich gegen den Landfrieden, den Kaiser Friedrich III. verkündet hatte. Aber das Reichsoberhaupt verfügte über keinerlei Mittel, um weitab seiner Stammlande die Einstellung der Kampfhandlungen zu erzwingen. Er ernannte jedoch schon im Oktober 1485 Herzog Albrecht von Sachsen und Kurfürst Johann von Brandenburg, also die beiden mächtigsten Fürsten im weiteren Umfeld des Kriegsgebiets, zu Schiedsleuten. Verhandlungen in Zerbst wurden angesetzt, aber sie scheiterten, weil nur wenige Beteiligte Vertreter dorthin schickten und wenn, dann nur Leute niederen Ranges. Nun schalteten sich der Landgraf von Hessen sowie die Bischöfe von Paderborn und Osnabrück ein, also ebenfalls Fürsten, deren Länder dem Kriegsgebiet benachbart waren. Zwei von ihnen waren darüber hinaus insofern indirekt in den Konflikt verwickelt, als Adlige aus Hessen und dem Hochstift Paderborn in Göttinger Solddienst standen. Aber auch diese Vermittlungsversuche zeitigten keinen Erfolg.

So kam es zu einer weiteren größeren Unternehmung. Im Juli 1486 brachten die verbündeten Städte ein recht großes Heer zusammen, um das nördlich von Göttingen gelegene Nörten sowie die nahe gelegene Burg Hardenberg anzugreifen. Außer Truppen aus Göttingen nahmen auch Kontingente aus Hildesheim, Northeim, Einbeck, Goslar, Braunschweig, Hannover und sogar Lüneburg teil. Das

Koalitionsheer erwies sich jedoch als instabil. Der Ort Nörten wurde zwar genommen. Doch dann zogen die Goslarer und Lüneburger wieder ab, weil im Goslarer Umland Kämpfe ausgebrochen waren. Die Belagerung der Burg Hardenberg scheiterte daher. Drei Jahre später stiftete der Göttinger Rat dennoch zur Erinnerung an die Eroberung Nörtens wiederum Messen, diesmal sogar in allen fünf städtischen Pfarrkirchen.

Nun bewegte man sich langsam auf einen allgemeinen Friedensschluss zu, nicht etwa, weil irgendeine militärische Entscheidung gefallen wäre, sondern weil einige Bündnispartner auf beiden Seiten das Interesse an einer Fortführung des Konflikts verloren. Am 29. August 1486 vereinbarten der Bischof von Hildesheim und Herzog Wilhelm auf der einen sowie zwei westfälische Adlige, der Graf von Rietberg und der Edelherr von Lippe, auf der anderen Seite, einen Sonderfrieden. Auch drängten die Städte, die vom Streit weniger betroffen waren, ihre Verbündeten zum Friedensschluss. Mitte Dezember 1486 kam es zur Einigung. Die Gefangenen, die sich noch im Gewahrsam der jeweils anderen Partei befanden, wurden ohne Lösegeld freigelassen und der welfische Herzog erhielt von den Städten einen Kredit von 8000 Gulden, von denen Göttingen immerhin 800 Gulden aufbringen musste. Die Stadt Göttingen konnte erreichen, dass die Burg Jühnde in ihrem Besitz verblieb.

Dieser Erfolg war teuer erkauft. Menschen waren getötet und verwundet worden, Teile des Umlandes waren verwüstet. Langfristig fatal und sehr genau belegbar waren die finanziellen Folgen des Kriegs. Aus unterschiedlichsten Gründen waren Ausgaben angefallen: für Botenlohn, für die Verköstigung und Bewachung der Gefangenen, für Zahlungen an verschiedene Handwerker und so fort. Den Löwenanteil verschlangen jedoch die Kosten für die Anwerbung von Panzerreitern, deren Sold, den Ankauf von Pferden sowie deren Unterhalt: mehr als 7200 Mark. Insgesamt beliefen sich die Ausgaben auf fast 15 000 Mark Göttinger Währung.

Immerhin: Göttingen hatte aus der Fehde auch Einnahmen zu verzeichnen, rund 4300 Mark, die aus dem Beutegut, Lösegeldern, dem Ertrag einer Sondersteuer, die wegen des Krieges eingezogen wurde, und Krediten von verbündeten Städten zusammenkamen. Doch nach Abzug dieser Einnahmen verblieben Kosten in Höhe von fast 11 000 Mark – knapp das Vierfache dessen, was die Stadt vor der Fehde jährlich an Ausgaben zu verbuchen hatte.

Ein geringer Trost mochte sein, dass mehr als ein Drittel der Kosten in die heimische Wirtschaft zurückfloss. Dennoch waren die finanziellen Folgen der Fehde ruinös. Der Rat nahm Kredite auf, um die Kriegskosten zu begleichen. In den Jahren nach der Auseinandersetzung handelte es sich um mehr als 1000 Mark im Jahr, die Kreditaufnahme lag damit 220 % über den Tilgungen. Schon zwei Jahre nach der Fehde erreichten die Zinszahlungen die Höhe der städtischen Vermögenssteuer, der Haupteinnahmequelle des Rats, und sie stiegen unaufhaltsam weiter. Die Katastrophe ließ sich hinauszögern, aber nicht vermeiden. 1513 ging Göttingen bankrott.

Solche finanziellen Folgen eines Kriegs waren keineswegs einzigartig. Nur wenige Jahre vor Göttingen war das viel größere Erfurt zahlungsunfähig geworden, weil es seit den 1480er-Jahren bei Versuchen, seine weitgehende Unabhängigkeit gegen die sächsischen Herzöge und den Mainzer Erzbischof zu verteidigen, übergroße Schulden angehäuft hatte. Köln, die größte Stadt des Reichs, musste wegen des Neußer Kriegs 1475 hohe Kredite aufnehmen und konnte schließlich den Bankrott nur durch buchhalterische Manipulationen verdecken. Kleineren Städten ging es oft nicht besser.

Diese Bankrotte erklären sich nicht allein aus den jeweiligen politischen Verwicklungen und hohen Kosten, sondern auch aus den Strukturen städtischer Finanzpolitik. Über die Jahre hinweg betrachtet, hielten sich die Ausgaben für Kriegshandlungen und Befestigungen durchaus in überschaubaren Grenzen. Die Kriegskosten lagen im mehrjährigen Mittel im Allgemeinen unter einem Fünftel der Gesamtausgaben, die Kosten für die Befestigungen lagen eher noch niedriger. Auch diese Anteile werden noch dadurch relativiert, dass die Stadt den größten Teil ihrer Ausgaben für Außenpolitik im weitesten Sinn tätigte: außer für Kriege und Befestigungen vor allem für Gesandtschaften. Das wiederum lag zum Teil daran, dass die Kosten für diese Aufgabenfelder hoch waren.

70 Die dörfliche Bevölkerung nutzte häufig das einzige massive Bauwerk des Dorfs, die Kirche, als Schutz gegen Angriffe. So war es auch im elsässischen Hunawihr, dessen Gotteshaus mit einer 4 m hohen Befestigungsmauer samt sechs Türmen aus der Zeit um 1500 umgeben ist.

Vor allem aber besaß die mittelalterliche Kommune für heutige Begriffe nur ein sehr begrenztes Tätigkeitsfeld. Ausgaben, die nach heutiger Auffassung als Wirtschaftsförderung oder Soziales zu verbuchen wären, kamen kaum vor.

Das Problem für die Städte lag darin, dass die Summen für Kriege stets plötzlich und dann in großer Höhe auftraten. Ähnliches gilt für die Kosten von Befestigungsbauten, die, wie gesagt, meist bei aktuellen Bedrohungen vorgenommen wurden. Aus den normalen Einnahmen waren solche Ausgaben nicht zu decken. Mitunter erhob der Rat Sondersteuern, doch scheute man davor zurück, weil sie begreiflicherweise wenig beliebt waren und ohnehin nicht genug einbrachten. So blieb nur die Kreditaufnahme. Damit stieg aber die Zinslast, welche die Stadt jährlich zu zahlen hatte, es blieb weniger für die anfallenden Ausgaben, die womöglich wieder mit Krediten finanziert wurden. So kam ein verhängnisvoller Prozess in Gang, der häufig genug zum finanziellen Ruin führte.

Im Lauf des 16. Jahrhunderts konnten dann auch Kommunen, deren Finanzen bislang unter den Belastungen der Kriegführung nicht zusammengebrochen waren, die Kosten für die neuen, immer aufwändigeren Befestigungsanlagen, welche die Entwicklung der Pulverartillerie nötig machte, nicht mehr tragen. Zudem hatten die Städte ihren organisatorischen Vorsprung gegenüber den Fürsten verloren; diesen gelang es jetzt, aus ihren Ländern Summen herauszuholen, mit denen die Städte nicht mehr konkurrieren konnten. Das militärische Gewicht, das viele Städte im späten Mittelalter besessen hatten, war dahin, damit auch ihr politischer Einfluss und in manchen Fällen, auch in Göttingen, die weitgehende Unabhängigkeit vom Landesherrn.

Kommunale Erinnerungen an den Krieg: Die Schweizer Eidgenossen

Am 22. Juni 1476 wurde das Heer Herzog Karls des Kühnen von Burgund bei Murten von den Truppen einer Koalition geschlagen, zu der die Schweizer Eidgenossen, der Habsburgerherzog Siegmund der Münzreiche sowie die noch nicht zur Eidgenossenschaft gehörige Stadt Basel zählten. Wenig später hielt Hans Knebel, Kaplan am Basler Münster, die Ereignisse in seinen chronistischen Aufzeichnungen fest. Unter anderem hob er Folgendes hervor: „Im Heer gab es vier Hauptbanner, nämlich diejenigen Herrn Sigismunds von Österreich, der Berner, der Basler und der Schwyzer (...). Andere Banner gab es auf der Gegenseite. Die Basler erhielten und erlangten von diesen jene der Lausanner und der Walliser sowie den Waffenrock des Herzogs von Burgund (...). Diese wurden in die Basler Kirche (das Münster) gebracht und den früheren beigesellt.“

Fahnen werden als Trophäen präsentiert – das Phänomen scheint aus der Neuzeit hinlänglich bekannt. Auch aus der Antike und aus anderen Kulturen ließen sich Beispiele dafür finden. Doch ist es gerade nicht selbstverständlich, dass und vor allem wie Fahnen als Zeichen des Sieges zur Schau gestellt werden. Der Bericht des Chronisten reflektiert vielmehr strukturelle Eigenarten von Kommunen und darüber hinaus politische Konstellationen im Umfeld der entstehenden Schweizer Eidgenossenschaft.

Knebels Worte haben schon gezeigt, dass er zwischen den Bannern der einzelnen Kontingente und den „Hauptbannern“, den Feldzeichen der größeren, mehrere Kontingente zusammenfassenden Truppenabteilungen, unterschied. Es handelte sich jeweils um quadratische oder rechteckige Tücher. Kleinere Gruppierungen von Kämpfern, zumal die Aufgebote aus weniger bedeutenden eidgenössischen Orten, führten kleinere Feldzeichen, die in den Schweizer Quellen „Fähnli“ heißen. Die jeweiligen Einheiten wurden häufig selbst als Fähnli oder Banner bezeichnet.

Eidgenössische Chroniken, aber auch Lieder, widmen den praktischen Funktionen und symbolischen Bedeutungen der eigenen wie der feindlichen Feldzeichen große Aufmerksamkeit. Elemente ihrer Darstellung, welche die Chronistik bis ins 16. Jahrhundert auszeichnen, zeigen sich beispielhaft schon an einem frühen Beispiel, der Schlacht bei Laupen im Jahr 1339, bei der ein

Heer der Stadt Bern und ihrer Verbündeten eine Truppe der Stadt Freiburg im Üchtland und deren Bundesgenossen besiegte. Bald nach dem Ereignis entstand in Bern ein Text namens „Conflictus Laupensis", der die Geschehnisse aus der Sicht der Sieger beschreibt. Der Autor verzeichnet die städtischen Würdenträger: den Schultheißen, die Stadtschreiber – und die Fahnenträger, denn dieses Amt war wichtig und sehr geachtet. Dann vermerkt der Verfasser ausdrücklich, die Berner seien „mit ihren Fahnen" ausgezogen – dieser Umstand signalisiert die Kampfbereitschaft. Über das Gefecht berichtet der Verfasser insbesondere, dass die Berner alle Fahnen der Freiburger erobert und deren Träger erschlagen hätten. Zum Abschluss seines Berichts vermerkt der Text stolz: „Und die Berner nahmen ihren Feinden 27 Fahnen ab und 80 gekrönte Helme als Beute von den Erschlagenen." Die „gekrönten Helme" sind Helme mit Helmzier, also Helme von Adligen; ihre Besitzer waren sicherlich getötet oder gefangen genommen worden.

Etwas anders verfuhr der Verfasser der frühesten Quelle, welche die Schlacht von Sempach 1386 aus Sicht der siegreichen Schweizer beschreibt: „Und die Eidgenossen errangen viel Gut und viele Harnische, Helme, Gold und Silber, und das Banner von Tirol, das Banner (der Herren) von Ochsenstein, das Banner der Grafen von Hochberg, das Banner des Grafen von Tierstein, ein Banner von Montbéliard, ein Banner der (Ritter-)Gesellschaft ob der Etsch, ein Banner von Freiburg im Breisgau, ein Banner von Schaffhausen und von Lenzburg, das Banner (des Herrn) von Hasenburg."

Die erbeuteten Fahnen wurden also nicht nur gezählt, sondern auch identifiziert, ja es war wichtig, dass es nicht nur irgendwelche Fahnen waren, sondern dass man wusste, wem sie gehört hatten. Ihr Rang unter anderen Trophäen bemaß sich nicht zuletzt nach dem Rang und dem militärischen Vermögen des ursprünglichen Besitzers. Auch hing ihr Erinnerungswert wesentlich daran, dass sie möglichst konkret mit einer bestimmten Schlacht verknüpft werden konnten. Denn wie es schon Hans Knebel erwähnt hat, wurden die eroberten Feldzeichen in der Kirche des Heimatortes auf Dauer zur Schau gestellt. Dies betrachtete man keineswegs als dem Charakter eines Gotteshauses nicht angemessen. Kirchen, zumal städtische Pfarrkirchen, waren im späten Mittelalter nicht (nur) Orte der Ruhe und stiller Andacht, sondern der öffentliche Raum par excellence.

Die Fahnen wurden in mehreren Fällen sogar konsequent gepflegt. Am aufwändigsten waren gewiss die Maßnahmen, die man in Luzern traf. In der dortigen Barfüßerkirche hängten die Bürger nach der Schlacht bei Sempach 1386 die Fahnen auf, die sie dort erbeutet hatten. Feldzeichen aus anderen Gefechten kamen später hinzu. Offenbar weil diese Textilien zerfielen, wurden sie 1491 auf Leinwand abgemalt. Die Reste der Originale wurden dann in einem Turm aufbewahrt, die Nachbildungen hängte man in die Kirche. Im Jahr 1622 ließ man dann die Faksimiles in das städtische Zeughaus bringen und in der Kirche neue Bilder der Fahnen auf den Putz malen. Diese Fresken wurden 1734 aufgefrischt, 1790 dann auf Holztafeln kopiert, die man nun aufhängte, nachdem die Fresken übertüncht worden waren. 1896–99 wurden diese wieder freigelegt und restauriert. In der zweiten Hälfte des 17. Jahrhunderts wurde darüber hinaus ein Fahnenbuch angelegt, das Abbildungen aller in Luzern erhaltenen Fahnen vereint.

Zählen, identifizieren, präsentieren, restaurieren – die Eidgenossen trieben einen auffälligen Kult um die erbeuteten Fahnen. Hierzu stehen die Praktiken, die bei den französischen und niederländischen Adligen in der gleichen Zeit üblich waren, in krassem Kontrast. Was den Kampf um eine Fahne anging, so war – wie schon in der adligen Kriegführung des Hochmittelalters – der symbolisch bedeutende Moment derjenige, in dem das Feldzeichen fiel, in dem es also aufgrund der Bemühungen der Gegenseite seine praktische Funktion nicht mehr erfüllen konnte. Nur in seltenen Ausnahmefällen erzählen die Quellen von der Inbesitznahme einer einzelnen Fahne oder gar von deren Benutzung als Trophäe. Auch wenn man in Rechnung stellt, dass dies häufiger vorkam, als es berichtet wird, bleiben zwei wesentliche Unterschiede zur Praxis der Eidgenossen bestehen: Erstens wurden im Hundertjährigen Krieg und seinem Umfeld nach Auskunft der Chronisten erbeutete Feldzeichen nicht gezählt. Zweitens listen die Autoren nach Schlachten nie auf, wessen Feldzeichen erbeutet wurden, sehr

71 (linke Seite) Kettenhemd, Ende des 14. Jh., hergestellt in Nürnberg. Angeblich trug Herzog Leopold III. von Österreich dieses Stück, als er bei Sempach 1386 von den Eidgenossen erschlagen wurde. Diese Behauptung ist nicht nachprüfbar, belegt aber wie die Aufbewahrung des Kettenhemds in Luzern eindrucksvoll den Wunsch, die Erinnerung an den Sieg wachzuhalten.

72 (oben) Wandbilder eroberter Fahnen in der Luzerner Barfüßerkirche.

wohl aber, welche hochrangigen Adligen man getötet oder gefangen genommen hatte.

Die auffallende Rolle, die bei den Eidgenossen Fahnen als Trophäen spielten, stand in Zusammenhang mit der Bedeutung, die den eigenen Fahnen zugemessen wurde. Diese wiederum erklärt sich daraus, dass – im Umfeld der Eidgenossenschaft wie bei allen Städten – die Fahne einer Stadt stets das Stadtwappen zeigte und damit auf Dauer für die Stadt, ihre Bewohner und für beider Ehre stand. Der Verlust einer Fahne im

73 Das Kölner Stadtbanner, ca. 1450–75. Seit ca. 1410–20 regelte eine detaillierte Anordnung des Kölner Rats den Umgang mit der städtischen Hauptfahne. Unter anderem war festgelegt, dass ihr Aufbewahrungsort geheim zu bleiben hatte – kein Unbefugter sollte das Zeichen legitimer Ausübung von Waffengewalt in seine Hand bekommen.

Kampf bedeutete also Schmach für die ganze Stadt. Eroberte die Stadt hingegen eine feindliche Fahne, so lag der Umkehrschluss nahe, dass der eigene Ehrgewinn als entsprechend groß eingeschätzt werden konnte. Diese Vorstellungen dürften den Stadtbewohnern desto plausibler gewesen sein, als innerhalb der Stadt die Banner der Gilden und Zünfte in ganz ähnlicher Weise Symbole für Gruppen, deren Ehre und deren sozialen Rang darstellten. Dies war umso wichtiger, da sich das städtische Aufgebot im Allgemeinen aus

Teilkontingenten zusammensetzte, die von Gilden und Zünften gestellt wurden.

Welche große Bedeutung ein Feldzeichen für eine Kommune erlangen konnte, hatte sich schon am sogenannten Carroccio gezeigt, der in den 1030er-Jahren erstmals in Oberitalien verwendet wurde und später auch in Städten nördlich der Alpen, z. B. in Köln, vorkam. Es handelte sich um einen schweren, vierrädrigen Wagen, auf dem vor dem Kampf ein hoher Mast errichtet wurde. An diesem wurde dann die wichtigste Fahne des städtischen Kontingents gehisst. Aufgrund dieser Funktion wurde der Carroccio zum politischen Symbol für die Zusammengehörigkeit und das Selbstbewusstsein der Kommune. Ein eroberter feindlicher Carroccio war dementsprechend eine wertvolle Trophäe. Bezeichnenderweise verlor dieses symbolträchtige Gefährt aber in der zweiten Hälfte des 13. Jahrhunderts seine Bedeutung, nicht zuletzt deswegen, weil sich in den nord- und mittelitalienischen Städten häufig autoritäre Stadtherrschaften etablierten und ein Symbol für die Gemeinschaft gleichberechtigter Bürger an Bedeutung verlor.

Die Fahne eines Adligen hingegen zeigte sein Wappen oder seine Devise (also ein vom Wappen unterschiedenes persönliches Zeichen), sie war also eindeutig die Fahne einer einzelnen Person und allenfalls während eines Krieges als Symbol einer Gruppe, nämlich einer militärischen Einheit, aufzufassen. Für sich genommen, war die erbeutete Fahne eines Adligen also nur ein Symbol des Sieges über ihren ursprünglichen Besitzer, nicht aber des Sieges über das feindliche Heer oder das Land, für das dieses Heer focht. Das galt umso mehr, je weniger bekannt der Adlige im Land seiner Feinde war. Was den Sieg über einen konkreten Adligen anging, so gab es ohnehin ein lukrativeres Zeichen dafür: seine Gefangennahme, für die der Sieger viel Lösegeld erwarten konnte.

Bezeichnenderweise gibt es aus dem französisch-niederländischen Raum im 14. und 15. Jahrhundert nur einen Beleg dafür, dass ein Fürst alle Fahnen des besiegten Feindes, die er in seine Gewalt hatte bringen können, in Kirchen als Trophäen präsentieren ließ, dass also ein Fürst so handelte wie die Schweizer Städte: Als sich die Stadt Gent 1453 wieder ihrem Fürsten Philipp dem Guten unterwarf, musste sie die Gildebanner ausliefern. Philipp übergab sie an zwei Kirchen in Boulogne und in Halle bei Brüssel, die beide der Muttergottes geweiht waren. Philipp der Gute reagierte hier auf den Symbolwert, der den Gildebannern von der Stadt Gent beigemessen wurde; er musste dies tun, um die Rebellion der Stadt auch symbolisch angemessen zu bestrafen, indem er ihr nämlich die Sinnbilder ihrer Wehrhaftigkeit und der Legitimität ihres Widerstandes entzog.

Der eidgenössische Umgang mit Fahnen ist ferner in andere Praktiken zur Erinnerung an Kriege einzubetten, welche im Bereich der Eidgenossen ebenfalls üblich waren. Zum einen erweist sich, dass Fahnen zwar aus den soeben geschilderten Gründen stark beachtete, aber keineswegs die einzigen Siegestrophäen waren. Besonders instruktiv ist die sogenannte „Burgunderbeute“ aus den Kriegen gegen Karl den Kühnen von Burgund in den 1470er-Jahren, die unter den eidgenössischen Städten möglichst gerecht verteilt und von ihnen sorgsam aufbewahrt wurde. Vieles davon ist noch erhalten: Feldzeichen, Kanonen, andere Waffen, aber auch ganz unkriegerische Gegenstände des fürstlichen Lagerlebens wie Tapisserien. Das Aufbewahren und Präsentieren von Siegestrophäen war auch in Städten außerhalb der Eidgenossenschaft grundsätzlich üblich, ist aber seltener belegt.

Zum anderen ist festzustellen, dass der Gefallenen in den eidgenössischen Gemeinden alljährlich liturgisch gedacht wurde: in den sogenannten Schlachtjahrzeiten. Ganz ähnliche Gedenkmessen waren auch außerhalb der heutigen Schweiz im ganzen deutschen Sprachgebiet weit verbreitet. Die Göttinger taten dies, wie erwähnt, aus Anlass der Eroberung der Burg Jühnde und der Stadt Nörten. Um die liturgischen Feiern lagerten sich andere Formen des Gedenkens an. Für die Eidgenossenschaft sei nur das Beispiel von Näfels in Glarus genannt, wo noch heute jedes Jahr eine Prozession stattfindet, die dem Anmarschweg des eidgenössischen Aufgebots zum Schlachtfeld von 1388 folgt und dann über die Walstatt führt. Stets erweist sich, dass die wiederkehrende gemeinsame Erinnerung der Bürger an ihre – siegreiche – Vergangenheit eine wichtige integrative Funktion für die Städte besaß.

74 Im Jahr 1453 musste die rebellische Stadt Gent die Unterwerfung unter ihren Herrn, Herzog Philipp den Guten, in einer demütigenden Zeremonie manifestieren. In deren tatsächlichen Ablauf ebenso wie auf dem Bild, das der Sieger wenig später davon malen ließ, spielten die Fahnen der Genter Gilden eine herausragende Rolle.

Die intensive Form des Erinnerns an Schlachten, die sich in jährlichem liturgischem Gedenken, daran angelagerten anderen Praktiken und der Aufbewahrung von Trophäen (auch über längere Zeit hinweg) äußerte, war also an sich keine Besonderheit der Eidgenossenschaft. Es handelt sich vielmehr um eine Eigenheit von Kommunen. Lediglich in relativ kleinen politischen Einheiten war es aus praktischen Gründen möglich, auch nur einen wesentlichen Teil der Bürger zur Feier zu vereinen. Vor allem aber benötigte die politische Gemeinde der Stadt oder Talschaft solche wiederkehrenden Rituale und stets präsenten Symbole, um sich in der Erinnerung an ihre Geschichte ihrer dauerhaften Zusammengehörigkeit immer aufs Neue zu vergewissern.

In der Eidgenossenschaft wurden diese Praktiken besonders ausdauernd und auffällig betrieben, weil die Kriege für die Herausbildung dieser Gemeinschaft konstitutiv waren. Unter äußerem Druck schlossen sich Städte und Talschaften zusammen, und unter äußerem Druck wurde diese lose Verbindung immer wieder bestätigt. Ihre Glieder entwickelten ein Gefühl von Zusammengehörigkeit. Die siegreichen Schlachten bildeten daher – bis weit ins 20. Jahrhundert, womöglich bis heute – im Bewusstsein der Eidgenossen die Grundsteine für die politische Gemeinschaft.

Auch französische Könige und Fürsten in anderen Teilen Europas stifteten durchaus für die Gefallenen von Schlachten Gedenkmessen in einer einzelnen Kirche, ja mitunter sogar geistliche Institutionen zur Abhaltung dieser Messen. Doch blieben diese Stiftungen auf die liturgische Memoria begrenzt. Außerdem waren die Gedenkmessen wie auch die Existenz der dafür eingerichteten Kirchen nur lokal wahrnehmbar. Schon deswegen taugten sie nicht zur Identitätsstiftung für das ganze Königreich. Auch für den königlichen Hof, der am ehesten als politische Zentrale betrachtet werden kann, spielten diese Messen keine dauerhafte Rolle, denn der Hof befand sich kaum einmal an diesen Orten. Das Heer zerfiel als Gemeinschaft, die Gedenken hätte tragen können, ohnehin spätestens, wenn es sich nach dem Krieg auflöste. Das ganze Volk kam als Träger eines solchen Gedenkens nicht in Frage, denn die Vorstellung, das Königreich könne eine Schicksalsgemeinschaft der in ihm Lebenden, könne die Nation sein, entstand erst im Verlauf des Hundertjährigen Krieges. Als dies geschah, tauchte bezeichnenderweise auch ein überregionales, jährliches Schlachtengedenken auf: erstmals zur Erinnerung an den Entsatz von Orléans durch Jeanne d'Arc 1429.

Weil die Trägergruppe fehlte, welche fähig und willens war, die politische Erinnerung wachzuhalten, dürften auch Trophäen in fürstlichen Territorien eine geringere Rolle gespielt haben. Vielleicht nahm der eine oder andere Fürst oder Adlige ein erobertes Banner mit nach Hause, ohne dass es je in den Quellen erwähnt wurde, vielleicht schenkte er es auch einer Kirche, aber diese Trophäe verlor doch mit der Zeit an Bedeutung. Nachkommende Generationen der Adelsfamilien hatten daran wenig Interesse, weil sie – anders als Kommunen – ihren Status kaum mit Hilfe alter Fahnen definieren konnten und dies auch nicht mussten.

Es ist schon angeklungen, dass der Schweizer Umgang mit Fahnen als Siegeszeichen, mit anderen Trophäen und mit Erinnerungsritualen der Praxis in anderen Städten in den Niederlanden und im Reich ähnelt. Auch die Praxis des französischen und niederländischen Adels dürfte Ähnlichkeiten zu derjenigen von Adligen und Fürsten in anderen Teilen Europas aufweisen.

Grundsätzlich unterschieden sich im Spätmittelalter kommunale und adlige Praktiken in Bezug auf erbeutete Fahnen und auf Trophäen, ja auf die Erinnerung an Kriege überhaupt. Der Umgang mit Fahnen als Symbolen des Sieges – wie der Umgang mit jedem politischen Symbol im weiteren Sinn – ist also abhängig von politischen Strukturen und politischen Vorstellungen der jeweiligen Gesellschaft und der jeweiligen Gemeinschaft.

Städte brauchten eigene Fahnen und erbeutete Fahnen als Symbole, die ihren Zusammenhalt bestätigten. Erst gegen Ende des Mittelalters, ja in der Frühen Neuzeit, als die Fahne eines Truppenteils nicht mehr das Zeichen eines Adligen, sondern das von Staat und Nation wurde, etablierte sich in den Staaten Europas eine ähnliche Symbolik. Wenn die eingangs angeführte Präsentation von Fahnen als Trophäen eine vertraute Praxis zu betreffen schien, so lag dies auch daran, dass hier – wie in anderen Punkten – die spätmittelalterliche Stadt Charakterzüge zeigte, die „modern" erscheinen, weil sie die neuzeitlichen Staaten ebenfalls kennzeichneten.

Ferner hat sich eindrucksvoll erwiesen, dass die Erinnerung an Kriege auch im Mittelalter nicht nur durch Historiographie und Literatur aufrechterhalten wurde. Vielmehr geschah dies auch durch sachliche Überreste und soziale Praktiken. Beides gehörte zusammen: Trophäen trugen Erinnerung, aber nur, wenn die Erinnerung ständig erneuert wurde, wenn der Sinn der Trophäen bekannt blieb und immer wieder aufs Neue die Aktualität dessen, was sie aussagen, bekräftigt wurde – wenn man also die Geschichte mit der Gegenwart verband.

75 Bogenschützen und Panzerreiter, Ende des 15. Jh.

Der Hundertjährige Krieg

VIII.

Der Ablauf des Konflikts

Im 14. und 15. Jahrhundert zerfleischten sich England und Frankreich in langwierigen Feindseligkeiten, die üblicherweise als Hundertjähriger Krieg bezeichnet werden. Sachlich trifft dieser Name jedoch nicht zu. Zum einen vergingen zwischen dem Beginn der Feindseligkeiten und jenem Waffenstillstand, der die Kämpfe nach gängiger Meinung endgültig beendete, deutlich mehr als 100 Jahre, noch mehr sogar bis zum Abschluss eines Friedensvertrags. Zum anderen wurde in diesen langen Jahren keineswegs pausenlos Krieg geführt, sondern es gab zahlreiche, mitunter jahrzehntelange Phasen, in denen Waffenstillstand herrschte, und das Wiederaufflammen des Kampfes hatte jeweils ganz unterschiedliche Gründe. Was diese Kette von Konflikten zusammenbindet, sind weniger die Ereignisse als das, was sie für beide Länder bedeuteten: entscheidende Schritte auf dem Weg zum frühmodernen Staat.

Der Weg zum Ausbruch des Krieges unterschied sich kaum vom Beginn anderer militärischer Auseinandersetzungen, sei es zwischen England und Frankreich, sei es zwischen anderen Fürsten. Den Kern des Konflikts stellte das Herzogtum Aquitanien im Südwesten des Königreichs Frankreich dar. Dieses Fürstentum war aufgrund einer Heiratsverbindung im Jahr 1152 in den Besitz der Plantagenêt-Dynastie gelangt, die auch die Könige von England stellte. Verständlicherweise gab es um das Herzogtum und den Grad seiner Abhängigkeit von der französi-

76 Frankreich während des Hundertjährigen Kriegs.

schen Krone immer wieder Meinungsverschiedenheiten, die oft militärisch ausgetragen wurden. In den 1330er-Jahren kam es zu einer Reihe von Verstimmungen, aufgrund deren der Konflikt wieder einmal eskalierte. Im Jahr 1337 brach ein Krieg aus. Einige Jahre später bekam der Konflikt zusätzliche Schärfe, denn Eduard III., dessen Mutter aus dem französischen Königshaus stammte, erhob aufgrund einer abenteuerlichen juristischen Konstruktion den Anspruch, rechtmäßiger Erbe der französischen Krone zu sein, und nahm den Titel eines Königs von Frankreich an.

Die zahlreichen und verwickelten Kampfhandlungen des Hundertjährigen Krieges sind kaum zu überblicken. Grob gesagt, lassen sich vier Phasen unterscheiden, die politisch und militärisch bedeutsam waren. Zwischen diesen Zeiten harter Kämpfe lagen lange Perioden, in denen ein unentschiedener Kleinkrieg geführt wurde oder in denen die Waffen ruhten.

Im ersten Abschnitt des Konflikts brachten die Engländer den Franzosen schwere Niederlagen bei. Bei Crécy 1346 sowie bei Poitiers 1356 schlugen sie jeweils ein französisches Heer vernichtend. In der zuletzt genannten Schlacht wurde sogar König Johann II. von Frankreich gefangen genommen. Frankreich durchlitt daraufhin tumultuöse Jahre, während die Engländer weite Gebiete in Besitz nahmen. Dieser Abschnitt des Konflikts endete 1360 mit dem Vertrag von Brétigny, der große Teile Frankreichs in der Hand des englischen Monarchen beließ.

In der zweiten Phase (1370–1375) eroberten die Franzosen dank durchgreifender Reformen in Heer und Staat einen Großteil der verlorenen Gebiete zurück. Ein Waffenstillstand beendete die Kämpfe vorübergehend, danach lebten die Gefechte wieder auf, schließlich wurde abermals eine Waffenruhe vereinbart und später mehrfach verlängert.

Die dritte Phase begann 1415, weil England einen Bürgerkrieg innerhalb Frankreichs zu seinen Gunsten ausnutzen wollte. Noch in demselben Jahr schlug das englische Heer unter Heinrich V. die Franzosen vernichtend bei Azincourt. Bedeutsamer aber war, dass es dem englischen Herrscher 1419 gelang, ein Bündnis mit Herzog Philipp von Burgund einzugehen, der eine der beiden Parteien in den innerfranzösischen Auseinandersetzungen anführte. Abermals besetzten die Engländer große Teile Frankreichs, sogar die Hauptstadt Paris. Doch die englischen Anstrengungen überstiegen die Leistungsfähigkeit des Landes, während es Frankreich unter dem jungen König Karl VII. gelang, seine Kräfte zu konzentrieren. Angesichts dieser strukturellen Gegebenheiten war das spektakuläre Auftreten der Jeanne d'Arc im Jahr 1429 weniger der Grund als vielmehr ein Signal für den Umschwung. Endgültig änderten sich die Kräfteverhältnisse zugunsten Frankreichs, als 1435 durch den Frieden von Arras der Herzog von Burgund aus dem Krieg ausschied. Von nun an, in der vierten Phase des Krieges, eroberte König Karl VII. von Frankreich nach und nach sein Königreich zurück. Dieser Vorgang war 1453 im Wesentlichen abgeschlossen. Erst 1475 aber wurden die Streitigkeiten durch einen Friedensvertrag beendet.

Während dieser langandauernden Kämpfe wandelten sich Frankreich und England grundlegend. Die harte Auseinandersetzung erforderte die Mobilisierung aller Mittel und dies wiederum machte es sowohl erforderlich wie auch überhaupt erst möglich, dass in Heer, Staat und Verwaltung neue Strukturen eingeführt wurden, die sonst kaum durchsetzbar gewesen wären. Diese Veränderungen hatten langfristige Folgen. Am Ende des Hundertjährigen Krieges waren in Frankreich weitgehend jene staatlichen Strukturen etabliert, die bis 1790 sein staatliches Dasein bestimmen sollten. Für England gilt Ähnliches, doch in etwas schwächerem Maß, weil hier zwei grundlegende Ereignisse hinzukamen: die Reformation im 16. Jahrhundert und die inneren Konflikte des 17. Jahrhunderts, welche die Stellung des Parlaments letztlich erheblich stärkten. Daher wird im Folgenden Frankreich exemplarisch betrachtet.

Lehnsaufgebot, Söldnertruppe und Stehendes Heer

In der Mitte des 14. Jahrhunderts war die Rolle des Lehnsaufgebots gegenüber früheren Zeiten deutlich gesunken. Der wichtigste Grund lag darin, dass sich das Lehnswesen im Lauf der Jahre stark verrechtlicht hatte. Von Bedeutung für die Kriegführung war vor allem, dass die Zeitdauer begrenzt wurde, für die ein Vasall seinem Herrn in den Krieg folgen musste, falls der Kriegsschauplatz außer Landes lag. Ferner gab es eine Reihe von Umständen, die als legitimer Hinderungsgrund angesehen wurden: z.B. Gefangenschaft, vor allem Krankheit und Alter. Hier boten sich dem unwilligen Lehnsmann also Möglichkeiten, sich seiner Pflicht zu entziehen. Schließlich war strittig, ob nicht ein Vasall die Dienstpflicht durch Geldzahlung ersetzen konnte. Tatsächlich hatten einige Lehnsherren bei einigen Gelegenheiten die Geldzahlung vorgezogen. Ob dies aber hieß, dass ein rechtlicher Anspruch der Lehnsleute bestand, immer den Waffendienst nach Belieben durch eine Geldzahlung zu ersetzen, war höchst zweifelhaft. Selbstredend war auch fraglich, wie hoch diese Summe denn sein musste.

Alles dies führte dazu, dass die Kriegführung mit Lehnsaufgeboten schwer durchzusetzen und zu kalkulieren war. Der bezahlte Kriegsdienst hingegen erwies sich als durchaus effektiv. Wer für Geld kämpfte, hatte ein Interesse daran, noch mehr Geld zu bekommen. Er blieb daher beim Heer, auch wenn der Krieg länger dauerte. Die Anwerbung von Söldnern war also eine sinnvolle Ergänzung, wenn nicht sogar ein effektiver Ersatz für ein Lehnsaufgebot.

Aus der Perspektive des 19. Jahrhunderts schien diese Entwicklung verwerflich, betrachtete man es doch seinerzeit als höchste Ehre für jeden Mann, voller Begeisterung und Selbstlosigkeit für die eigene Nation in den Krieg zu ziehen. Ähnlichen Idealismus meinte man bei mittelalterlichen Adligen zu entdecken, die ihrem Lehnsherrn treu in den Kampf folgten. Söldner hingegen, die nur für Geld kämpften und töteten, scheinen suspekt. Tatsächlich waren viele dieser Söldner übles Gesindel, zumal bei den Fußtruppen. Bei der Reiterei hingegen musste man sich weitgehend auf jene Schicht stützen, die gemeinhin als Panzerreiter kämpfte: den Adel. Für viele Adlige war der Solddienst eine attraktive Einnahmequelle und keineswegs ehrenrührig. Das ritterliche Ethos verlangte, dass der adlige Krieger sich im Kampf bewährte, dass er dabei so kämpfte, wie es den ritterlichen Normen entsprach, und dass er in diesem Kampf treu zu seinem Herrn stand – ob das nun sein Lehnsherr war, wenn er auf Grund seiner Lehnspflichten in den Krieg zog, oder der Dienstherr, wenn er gegen Sold kämpfte.

Doch ein Söldnerheer konnte ein Fürst nur in einem solchen Umfang und nur so lange unterhalten, wie es seine Finanzen zuließen. Er brauchte also Geld, mehr Geld als sein Feind, um mehr Söldner anwerben zu können als dieser. Die Aufbringung von Geld, von riesigen, bisher unerhörten Beträgen wurde nötig.

Bislang hatte das Prinzip gegolten, dass der König seine Aufgaben mit den Erträgen zu bewältigen hatte, die ihm sein Grundbesitz sowie finanziell verwertbare Rechte (z. B. Zollstätten) zur Verfügung stellten. Für eine Kriegführung, die sich wesentlich auf Soldtruppen stützte, reichte das aber nicht mehr aus. In einer besonderen Notlage, so argumentierten die Herrscher nun, müssten die Untertanen ihnen Geld zahlen, damit sie es zum allgemeinen Wohl verwenden könnten. Dies galt anerkanntermaßen dann, wenn ein Krieg geführt werden musste – und wenn der Fürst eine seiner Töchter verheiraten wollte; die Mitgift war teuer und galt selbstverständlich nicht als Privatsache des Fürstenhauses. Allerdings durfte der Herrscher nicht einfach die Einziehung des Geldes veranlassen. Er musste sich vielmehr an seine Untertanen, genauer: deren Repräsentanten, die Ständevertreter, wenden und sie um die benötigte Summe bitten. Folgerichtig hieß das Geld, das man dann forderte, auf Mittelniederdeutsch „bede", d. h. „Bitte". Auf Mittelhochdeutsch konnte man von „stiure" reden, was eigentlich „Hilfe" hieß; daher erklärt sich das heutige Wort „Steuer". Auf Französisch benutzte man in ähnlicher Weise das Wort „aide", das ebenfalls „Hilfe" bedeutete. Bei diesen Steuern handelte es sich jeweils um eine einmalige Zahlung, die zudem zweckgebunden war. Sie blieben eine Maßnahme für Notfälle.

In engem Bezug zu diesem Finanzierungssystem stand die Zusammensetzung und die Organisation des Heeres. In den ersten Jahren des Hundertjährigen Krieges bestanden die Truppen des französischen Königs aus vier Sorten von Kämpfern. Zum Ersten handelte es sich um Adlige, die der alten Heeresdienstpflicht Folge leisteten. Im Prinzip betraf dies alle Lehensinhaber der Krondomäne – vorausgesetzt, sie waren nicht jünger als 16 Jahre, nicht älter als 60 Jahre und nicht durch Krankheit oder andere hinreichende Gründe verhindert. Zum Zweiten gab es ein Aufgebot, das ursprünglich nur in besonderen Notfällen einberufen werden konnte, eine Art Miliz, den sogenannten „arrière-ban". Er umfasste im 14. Jahrhundert alle gesundheitlich tauglichen Männer zwischen 18 und 60 Jahren, soweit sie in jenem Teil des Königreiches wohnten, das durch den König direkt oder durch andere Angehörige der Dynastie beherrscht wurde. Die meisten dieser Kämpfer waren nicht militärisch ausgebildet, ihre Bewaffnung und Ausrüstung, die sie selbst stellen mussten, war im Allgemeinen mangelhaft. Der „arrière-ban" hatte daher nur einen geringen militärischen Wert. Zum Dritten gab es eine zahlenmäßig nicht bedeutende Anzahl von Adligen und Städten, die dem König – außerhalb der beiden soeben genannten Kategorien – auf Grund spezieller, jeweils differierender und seit alters bestehender Verpflichtungen Heeresdienst leisten mussten. Viertens gab es Freiwillige, die gegen Sold dienten. Dies waren nicht nur Hilfstruppen, die aus Nicht-Adligen bestanden, sondern auch Adlige, die als Panzerreiter dienten und dafür Geld bekamen.

Die Truppenstärken, die auf diese Weise zusammengebracht werden konnten, waren meist recht gering. Am charakteristischsten aber war, dass die Zahlen stark schwankten. Je nach Jahreszeit und militärischer Lage wurden Dienstpflichtige aufgerufen und Söldner angeworben oder wieder entlassen. Als 1339/40 ein Feldzug im Norden Frankreichs geführt wurde, zählten die Truppen von November 1339 bis Februar 1340 weniger als 2000 Mann; im Winter gab es kaum

77 Eine Episode der antiken Geschichte, den Einfall der Hercynier in Gallien, illustriert diese Miniatur aus der Mitte des 15. Jh., indem sie zeitgenössische Trosswagen abbildet. Es mag dem Thema geschuldet sein, dass auf jedem Wagen Frauen und Kinder sitzen; andererseits erinnert dies treffend daran, dass zu jedem Heer eine große Zahl von Nichtkombattanten gehörte – auch Frauen, seltener Kinder.

militärische Aktivitäten, also brauchte man auch keine Truppen zu unterhalten. Im April verzeichnete man dann 4000 Mann, im September war die Zahl auf 22 000 gestiegen. Fast alle wurden kurz darauf abrupt entlassen, weil ein Waffenstillstand geschlossen wurde.

Als am Beginn des Hundertjährigen Krieges Jahr um Jahr Heere aufgestellt und besoldet werden mussten, stiegen die Kriegskosten bald stark an, so dass sie mit den üblichen einmaligen Steuern nicht mehr zu bewältigen waren. Doch die Untertanen sperrten sich gegen eine stärkere Belastung. Insbesondere wollte jede Provinz am liebsten nur dann zahlen, wenn sie selbst unmittelbar bedroht war. Dann aber ereignete sich eine finanzielle und militärische Katastrophe: 1356 nahmen die Engländer den französischen König Johann II. gefangen. Er musste freigekauft werden – für eine enorme Summe. Gleichzeitig marodierten Söldnerbanden im Königreich, in Paris tobte ein Aufstand. In dieser verzweifelten Lage ließ sich durchsetzen, was bisher nicht möglich gewesen war: Die Stände, die bisher jeder Steuer Widerstand entgegengesetzt hatten, erklärten sich jetzt bereit, Steuern zu zahlen – wenn nur Ruhe und Ordnung wieder einkehrten. Zu ihrer Meinungsänderung mag beigetragen haben, dass in den Ständeversammlungen die Vertreter der wohlhabenden Schichten das Wort führten und die königliche Verwaltung ihnen entgegenkam. Man erhob indirekte Steuern, nämlich verschiedene Verbrauchssteuern, die jeder zahlte, vor allem auch die weniger Wohlhabenden. Direkte Steuern, also Steuern auf Besitz oder Einkommen, wären vor allem von den Reichen getragen worden.

Eigentlich hatte der König versprochen, diese Abgaben nur so lange einzufordern, bis sein Lösegeld gezahlt sei. Doch bald verwendete man die eingehenden Gelder für alles Mögliche und man hörte nicht mehr auf, sie zu erheben, auch als die Lösegeldzahlung nicht mehr nötig war. Die Untertanen nahmen es hin. Das Königtum verfügte nun endlich über die Mittel, die es für den Krieg gegen England benötigte. Dieses Geld war die Voraussetzung dafür, dass Frankreich jetzt sein Heer effektiver organisieren konnte.

Als König Karl V. in der zweiten Phase des Hundertjährigen Kriegs, also seit dem Ende der 1370er-Jahre, die Rückeroberung der an die Engländer verlorenen Gebiete betrieb, zog er weiterhin Truppen aus allen vier genannten Kategorien heran. Entscheidend war jedoch, dass er dank der regelmäßigen Steuern die Rolle der Soldtruppen deutlich stärken konnte. Diese Söldner wurden faktisch zum Kern der königlichen Streitkräfte, obwohl sie nur 6000 Mann zählten. Mehr konnte sich der König trotz regelmäßiger Steuern nicht leisten, zumal er die Söldner jetzt nicht nur für ein paar Monate anwarb, sondern für ein ganzes Jahr. Er behielt sich sogar vor, den Vertrag zu verlängern, was meist geschah. Damit hatte er während des ganzen Krieges ständig eine zwar nicht große, aber schlagkräftige, gut ausgebildete und erfahrene Truppe einsatzbereit. Nur bei länger andauernden Waffenstillständen wurden die Söldner entlassen.

Nach dem Tod Karls V. im Jahr 1380 fiel das Königreich in seiner Heeresstruktur wieder einen Entwicklungsschritt zurück, weil finanzielle Krisen und innere Zwistigkeiten es unmöglich machten, die Söldner über längere Zeit zu entlohnen und dementsprechend die Truppe beisammenzuhalten. Frankreich war wieder auf kurzfristig angeworbene Heere angewiesen.

Seit 1445 aber ging man dann einen entscheidenden Schritt voran. Karl VII. schuf ein stehendes Heer, also Truppen, die auch in Friedenszeiten in Diensten des Fürsten standen und von ihm bezahlt wurden. Ihre Stärke und Gliederung wurden durch einen königlichen Erlass, eine „ordonnance" geregelt, weswegen die Einheiten auch als Ordonnanz-Truppen bezeichnet wurden. Sie teilten sich seit 1450 in zwei Kategorien ein: die Garnisonstruppen (genannt „petite ordonnance"), welche den Grundstock zur Verteidigung der Städte und Festungen bildeten und nicht beritten waren, sowie die schwere Panzerreiterei („grande ordonnance"), mit deren Hilfe man Feldzüge führen wollte. Zunächst gab es rund 10 800 Mann in der „grande ordonnance", 1478 schließlich rund 25 000 Mann. Noch 1482 lag die Zahl in dieser Höhe. Danach wurde die Truppenstärke wieder verkleinert. Im Kriegsfall vergrößerte man zum einen das stehende Heer, zum anderen warb man andere Truppen an, die beim Abschluss eines Friedens oder Waffenstillstands wieder entlassen wurden. Diese Zweiteilung in stehendes Heer und angeworbene Söldnertruppen blieb für die europäischen Heere charakteristisch – bis zur Französischen Revolution.

Verglichen mit den Heeresstärken in späteren Zeiten scheinen diese Zahlen klein. Aber im Vergleich zu anderen zeitgenössischen Staaten waren sie hoch. Zu bedenken ist auch, dass noch 100 Jahre zuvor 6000 Mann sogar in Kriegszeiten die maximale Belastung gewesen waren, welche der König Frankreich zumuten wollte. Die Strukturen von Finanzen und Verwaltung hatten sich entscheidend weiterentwickeln müssen, damit solche Truppenstärken möglich wurden. Das Königtum schöpfte immer mehr Geld von der Bevölkerung ab, um den Staat zu unterhalten – und das hieß vor allem: um Krieg zu führen.

Entscheidendes war geschehen. Aus dem hochmittelalterlichen Fürstentum, dessen Einnahmen aus dem Grundbesitz des Herrschers und dessen herrscherlichen Rechten wie Zöllen und Ähnlichem resultierten, war unter den Belastungen des Hundertjährigen Krieges ein frühmoderner Staat geworden, der im Wesentlichen von den Abgaben der Untertanen finanziert wurde. Die Einziehung der Steuern erforderte einen Beamtenapparat, ebenso wie deren Verwendung für die Bezahlung der Soldaten und die Anschaffung ihrer Ausrüstung. Damit aber wurde jene Institution gestärkt, welche die Steuern einzog und die Bürokratie kontrollierte: das Königtum.

78 Ein Armbrustschütze beim Spannen seiner Waffe.

Armbrust und Langbogen

Veränderungen im Kriegswesen ergaben sich während des Hundertjährigen Kriegs auch daraus, dass zwei Waffen, die an sich schon länger bekannt waren, jetzt durch massierten und taktisch geschickten Einsatz an militärischer Bedeutung gewannen und damit auch die Zusammensetzung der Heere beeinflussten. Es handelte sich zum einen um den Langbogen, zum anderen um die Armbrust. Im 16. Jahrhundert sollten beide Waffen dann wieder an Bedeutung verlieren, weil die Pulverwaffen sie mehr und mehr ersetzten.

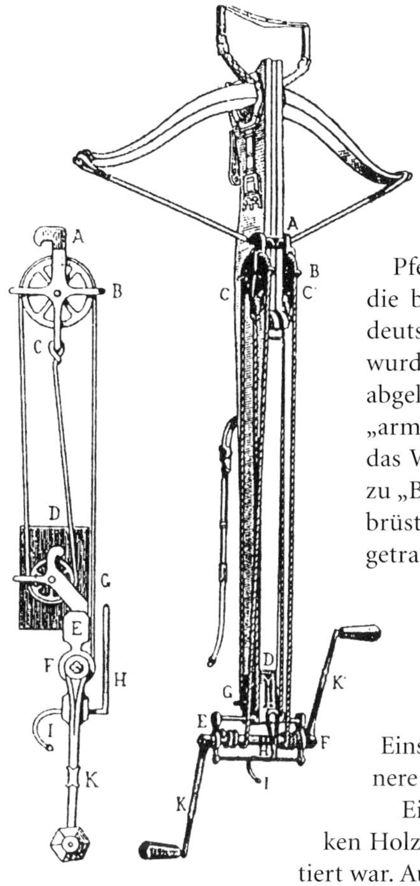

79 Armbrust mit Stahlbogen und Winde aus der Zeit um 1500 (Rekonstruktionszeichnung).

Seit der Mitte des 10. Jahrhunderts waren Armbrüste im mittelalterlichen Europa belegt. Man verschoss mit ihnen zunächst Pfeile, ungefähr ab 1100 dann Bolzen, die bis zu 40 cm lang sein konnten. Die deutsche Bezeichnung für diese Waffe wurde aus dem Französischen „arbalète" abgeleitet, dieses dann umgeformt zu „armberust" (von „rüsten"), dann erst, als das Wort „berust" ungebräuchlich wurde, zu „Brust" umgedeutet. Die meisten Armbrüste wurden von jeweils einem Schützen getragen und bedient. Es gab jedoch auch größere Modelle, die nur von einer Art Lafette abgeschossen werden konnten und wegen ihrer Schwerfälligkeit nicht in der Feldschlacht, sondern nur bei Belagerungen zum Einsatz kamen. Ferner benutzte man kleinere Armbrüste zum Scheibenschießen.

Eine Armbrust bestand aus einem starken Holzschaft, auf den quer ein Bogen montiert war. Außerdem war dieser Schaft mit einem Haken versehen, an dem man die Sehne dieses Bogens arretieren konnte. Zum Laden stellte man sie auf den Boden, und zwar mit dem Bogen nach unten. Dann stieg man mit den Füßen auf den Bogen und hatte so den nötigen Halt, um mit aller Kraft die Sehne zurückzuziehen und mit dem Haken zu arretieren. Nun konnte der Schütze zielen und schießen.

Dieses Gerät wurde nach und nach verbessert. Seit dem Ende des 12. Jahrhunderts ging man dazu über, einen Haken an einem Gürtel um die Hüfte zu tragen. Man hakte ihn beim Spannen hinter der Sehne ein, entlastete damit den Rücken und konnte zugleich mehr Kraft aufwenden. Gleichzeitig entwickelte man Modelle, die man mit Hilfe eines langen Hebels spannte. Einige Jahrzehnte später baute man dann vor dem Bogen einen Metallring an, der einem Steigbügel glich; man spricht daher von einer Steigbügelarmbrust. In diesen Ring stellte man beim Spannen einen Fuß hinein, was den Vorgang ebenfalls erleichterte. Im Lauf des 13. Jahrhunderts verbesserte man außerdem den Bogen der Armbrust. Bislang hatte er aus Holz bestanden. Jetzt setzte man eine Verbindung von Ziegenhörnern, Sehnen und Holz ein. Ein solcher Bogen hielt mehr Spannkraft aus, nämlich 150 kg, die Durchschlagskraft erhöhte sich entsprechend. Anfang des 14. Jahrhunderts gab es dann sogar Modelle mit einem stählernen Bogen. Die Spannkraft einer solchen Armbrust betrug 500 kg, aber damit man sie überhaupt noch spannen konnte, musste man einen kleinen Flaschenzug oder ein Zahnradsystem an die Armbrust montieren. Diese Vorrichtungen waren umständlich zu bedienen und sicherlich auch anfällig. Wohl deswegen setzte sich der eiserne Bogen bei der Armbrust erst im 16. Jahrhundert völlig durch, kurz bevor die Waffe von den Handfeuerwaffen verdrängt wurde.

Der Hauptvorteil der Armbrust war ihre große Durchschlagskraft. Schon die Modelle aus der Zeit um 1200 besaßen eine effektive Schussentfernung von 50 Metern und durchschlugen auf diese Distanz 4–7 cm Holz. Ihre maximale Reichweite betrug 200 Meter. Die spätere Armbrust mit Hornbogen konnte bis zu 300 Meter weit schießen und war effektiv bis zu einer Entfernung von 200 Metern einzusetzen. Dann durchschlug sie vielleicht nicht jeden Plattenpanzer, doch reichte der Schuss allemal, um einen leichten Pferdepanzer zu durchschlagen und das Tier zu verwunden.

Etwas später als die Armbrust erschien der Langbogen auf den westeuropäischen Kriegsschauplätzen. Erst seit dem Ende des 13. Jahrhunderts setzten die Engländer ihn ein. In manchen Schlachten des Hundertjährigen Krieges war er kampfentscheidend. Im 16. Jahrhundert verlor er an Bedeutung, weil die Pulverwaffen ihn mehr und mehr ersetzten.

Der Langbogen war mannshoch und aus einem Stück Holz gefertigt. Am besten und daher begehrtesten waren Langbögen aus Eibenholz. Das Holz musste abgelagert sein, man nahm auch keine dicken Zweige, sondern spaltete junge Bäume, um aus den Stämmen Bögen zu machen. Diese Waffen entwickelten eine beachtliche Durchschlagskraft. Ihre Pfeile durchschlugen 1,5 Millimeter Stahl auf 150–200 Meter Entfernung – also, wenn sie günstig trafen, allemal ein Kettenhemd, mit etwas Glück auch einen Plattenharnisch.

Ein erfahrener Schütze konnte mit dem Langbogen 10 bis 12 Schüsse pro Minute abgeben.

81 Bogenschützen auf einer Darstellung aus der Mitte des 15. Jh.

80 (linke Seite) Mitglieder einer Armbrustschützengilde in den südlichen Niederlanden, Abbildung vom Anfang des 16. Jh. Das Armbrustschießen war in den Städten durchaus auch ein geselliger Sport, zumal für die Oberschicht. Wie man sieht, überließen die Schützen das mühsame Spannen der Waffe einem Diener.

Den Langbogen konnte man jedoch nicht gespannt halten, weil das zu viel Kraft kostete. Man musste ihn also schnell spannen, zielen und den Pfeil loslassen. Dieses Loslassen wiederum musste sehr exakt erfolgen, sonst drohte die vorschnellende Sehne an die Finger zu schlagen und den Schützen womöglich auf Dauer zu verstümmeln. Der Langbogen war daher eine Waffe, die erfahrene Schützen verlangte. Die Engländer verfügten über solche Leute. Die französischen Monarchen versuchten, ihrerseits das Bogenschießen zu fördern, aber ohne viel Erfolg. Im spätmittelalterlichen Deutschland spielte der Langbogen kaum eine Rolle, wohl aber die Armbrust.

Die Armbrust hatte gegenüber dem Langbogen den Nachteil, dass die Schussfolge deutlich geringer war. Bestenfalls zwei Schüsse in der Minute waren möglich, denn das Laden war umständlicher und brauchte Zeit. Andererseits war der Ladevorgang leicht zu erlernen und verlangte wenig Geschick. War die Waffe dann erst einmal geladen, konnte man sie ohne Gefahr oder Anstrengung eine Weile gespannt halten, und zwar so lange, bis sich ein Ziel bot oder bis man dieses Ziel gut im Visier hatte. Besonders beim Kampf um Befestigungen war das wichtig, weil der Schütze hier warten musste, bis sich ein Ziel zeigte. Bogenschützen hingegen waren bei Belagerungen wenig effektiv.

Auch wenn Langbogen und Armbrust gefährliche Waffen darstellten, waren ihrer Wirkung doch Grenzen gesetzt. Nicht jeder Schuss war ein Treffer. Außerdem entfalteten die Geschosse ihre maximale Durchschlagskraft nur, wenn sie im rechten Winkel auf das Ziel trafen. Schlugen sie im schrägen Winkel auf die Panzerung oder den Schild, wurde die Wirkung abgemindert, womöglich wurden sie ganz abgelenkt. Noch geringer war die Trefferquote auf weite Entfernung. Nur bis ungefähr 100 Meter Entfernung konnte man mit Langbogen und Armbrust direkt richten. Wenn man weiter schießen wollte, musste man den Schusswinkel erhöhen und den Pfeil oder den Bolzen mit 30 oder 50 Grad Erhöhung schräg nach oben abschießen. Das aber erschwerte das Zielen, zumal das Geschoss eine längere Flugbahn hatte, sich dementsprechend länger in der Luft befand und daher leichter durch äußere Einflüsse wie den Wind abgelenkt werden konnte. Außerdem sank auf hohe Entfernung die Durchschlagskraft. Aus allen diesen Gründen brauchte man eine Vielzahl von Armbrust- oder Bogenschützen, wenn man diese Waffen wirkungsvoll einsetzen wollte. Außerdem benötigten die Schützen viele Pfeile und Bolzen.

Die Beschossenen konnten einige Gegenmaßnahmen ergreifen. Am naheliegendsten war es, wenn sie sich mit ihren Schilden zu schützen versuchten. Pfeil und Bolzen hatten, selbst wenn sie den Schild durchschlugen, nicht mehr die Wucht, um noch die Panzerung zu durchschlagen. Außerdem konnte man versuchen, feindliche Armbrust- und Bogenschützen durch eigene Armbrust- oder Bogenschützen in ungefähr gleicher Stärke auf Distanz zu halten. Ferner verbesserte man die Panzerung, indem man vor allem seit dem Ende des 13., verstärkt im Lauf des 14. Jahrhunderts, den Plattenharnisch einführte, d.h. den Oberkörper durch eine große, einteilige Eisenplatte schützte, die den Umrissen des Körpers angepasst war. Er schützte weit besser als ein Kettenhemd, konnte aber unter Umständen von einem Pfeil oder Armbrustbolzen durchaus durchschlagen werden.

Beim Einsatz beider Waffen waren darüber hinaus taktische Schwierigkeiten zu bedenken. Armbrust- und Bogenschützen konnten zwar gepanzerten Reitern auf Schussentfernung ihrer Waffen empfindliche Verluste zufügen, aber falls es zum Nahkampf kam, nutzte ihnen ihre Schusswaffe nicht mehr. Effektive Körperpanzerung besaßen sie nicht. Allenfalls konnten sie ihre Schwerter, vielleicht auch Schilde zur Selbstverteidigung benutzen. Sie waren also im Handgemenge angreifenden Panzerreitern hoffnungslos unterlegen. Folglich mussten die Bogenschützen ihrerseits durch Panzerreiter gedeckt werden, seien es solche zu Pferde, seien es abgesessene wie bei Crécy 1346, wo diese Maßnahme entscheidend zum Sieg der Engländer beitrug.

Armbrust und Langbogen verfügten also wie jede Waffe über Vorzüge, die man ausnutzen konnte, die aber auch der Feind durch taktische, organisatorische und waffentechnische Gegenmaßnahmen zu konterkarieren vermochte. Keineswegs verursachten sie allein eine grundlegende Umwälzung in der Kriegführung. Sie trugen jedoch dazu bei, dass die Bedeutung der Soldtruppen stieg, denn sie erforderten erfahrene Schützen, die letztlich nur dadurch gewonnen werden konnten, dass man sie besoldete. Auch steigerte sie die taktische Rolle der Fußtruppen im Gefecht – auf Kosten der Panzerreiterei.

Von den Panzerreitern zur schweren Kavallerie

Erstmals seit der Karolingerzeit verfügten in der zweiten Hälfte des 14. Jahrhunderts europäische Fürsten über ausgebildete, verlässliche Infanterie. Zum Teil lag dies daran, dass der lang andauernde Krieg es nötig machte, Truppen auf längere Zeit zu besolden, so dass die einzelnen Kämpfer wie ihre Einheiten an Erfahrung und Disziplin gewannen. Außerdem ließen neue Waffen wie Armbrust und Langbogen den Einsatz von Infanterie, die damit ausgerüstet war, als sehr wünschenswert erscheinen. Entscheidend war jedoch, dass die Staaten es schafften, ihre Einnahmen zu erhöhen und die dringend benötigten Fußtruppen damit zu bezahlen.

Auffällig sind eine Reihe von Schlachten, in denen Infanterie einer Truppe gepanzerter Reiterei eine schwere Niederlage beibrachte: die sogenannte „Goldsporenschlacht" von Kortrijk 1302, wo Aufgebote der flandrischen Städte ein französisches Panzerreiterheer besiegten; die Schlachten am Morgarten 1315 und bei Sempach 1386, bei der Schweizer Fußvolk eine habsburgische Reiterstreitmacht vernichtete; drei Schlachten im Hundertjährigen Krieg, in denen ein englisches Heer, vor allem dank seiner Bogenschützen, ein französisches besiegte: bei Crécy 1346, bei Poitiers 1356 und bei Azincourt 1415.

Diese Schlachten nahmen die bürgerlichen Historiker des 19. Jahrhunderts desto bereitwilliger als Anzeichen einer militärhistorischen Wende, indem sie unausgesprochen ihre eigenen tagespolitischen Wünsche hineinmischten. Hinter ihren Interpretationen stand die Auffassung, schon in diesen Gefechten habe sich gezeigt, dass ein Ritterheer gegenüber einem Infanterieheer unterlegen sei, dass mithin der Adel die militärische Begründung für seine bevorrechtigte Stellung verloren habe – und jetzt, im 19. Jahrhundert, sei es an der Zeit, seine Vorrechte endlich insgesamt zu beseitigen.

Ein näherer Blick auf die Geschehnisse zeigt, dass dieses Urteil überzogen ist. Bei Kortrijk z. B. war die Niederlage der Franzosen deswegen so vernichtend, weil sie die flämischen Fußtruppen unklugerweise über einen Graben hinweg angegriffen hatten. Als die feindlichen Reihen dann dem Ansturm standhielten, wurde derselbe Graben auf dem Rückweg zu einer tödlichen Falle. Außerdem wurden die flämischen Milizen später nicht weniger vernichtend von Panzerreiterheeren geschlagen: 1328 bei Cassel und 1382 bei West-Roosebeke. In ähnlicher Weise unterlagen z. B. die städtischen Aufgebote von Lüttich 1408 bei Othée oder von Gent 1453 bei Gavere einem Heer, das im Wesentlichen aus Panzerreitern bestand. Am Morgarten fand ein Überfall aus dem Hinterhalt statt, nach dem Gefecht bei Sempach wussten die siegreichen Schweizer offenbar selbst nicht genau, warum sie gewonnen hatten. Bei den drei genannten Schlachten im Hundertjährigen Krieg begingen die französischen Befehlshaber schwere Fehler.

Diese Schlachten sind also insofern Indizien eines Wandels, als sie zeigen, dass Fußtruppen jetzt gegen Reiterei Erfolge erringen konnten, wenn die Gegebenheiten günstig waren. Doch verlor weder der Adel schlagartig seine Rolle im

82 Rüstung des Südtiroler Adligen Ulrich IV. von Matsch aus der Zeit um 1390: ein „Hundsgugel" genannter Helm, Bruststück, Armstücke, Handschuhe.

83 Brustharnisch mit Rüsthaken und ein Helm, ein so gen. Schaller; um 1500.

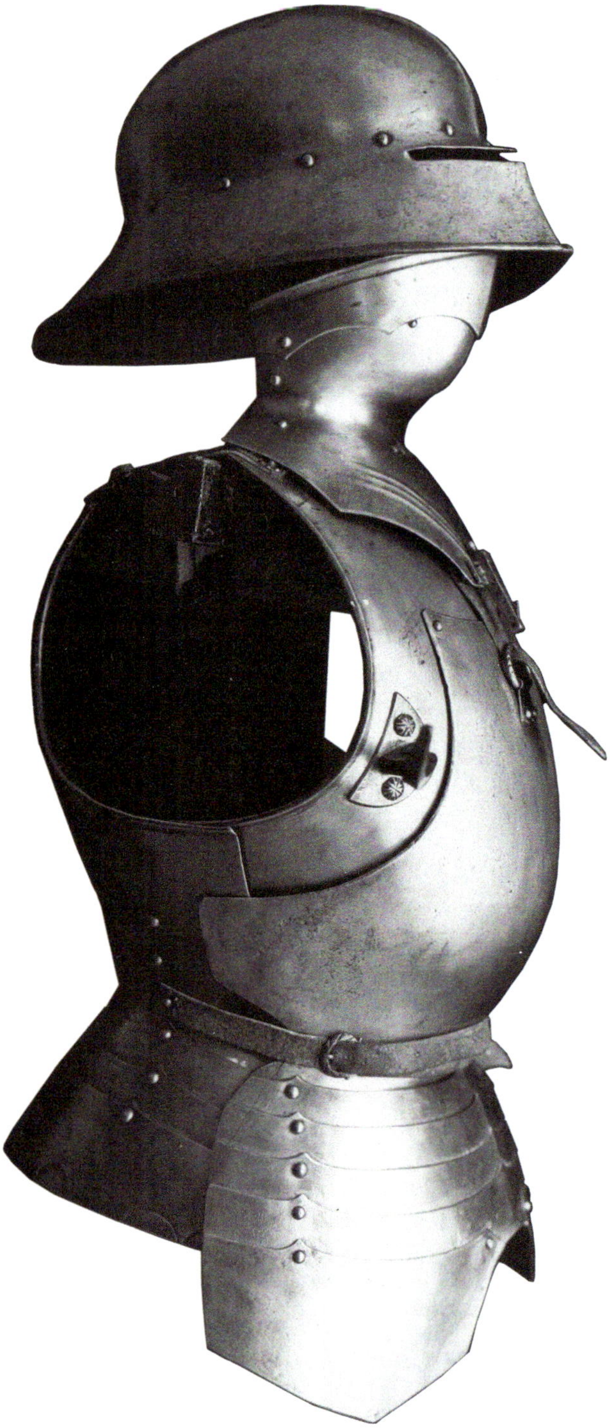

Kriegswesen und im Staat noch die Reiterei ihre gesamte Bedeutung für die Heere. Im Gegenteil: Bei der Aufklärung blieb die Reiterei unverzichtbar und war es noch in jenen Phasen des Ersten Weltkriegs, in denen Bewegungskrieg geführt wurde. Auch Kavallerieraids in das feindliche Hinterland blieben effektive Operationen – bis in den Amerikanischen Bürgerkrieg 1861–1865. Ebenso war eine Reiterattacke in der Schlacht immer noch zu fürchten – zumindest noch in den Napoleonischen Kriegen.

Aber die Reiter mussten sich auf neue Verhältnisse umstellen. Unter anderem wurde die taktische Gliederung verändert. Bisher hatten die Abteilungen der Panzerreiter aus einzelnen Rittern bestanden, wobei jeder Ritter irgendwo hinter den eigenen Linien einen Bediensteten oder auch mehrere hatte. Man zählte daher nach „Helmen". Jetzt, kurz nach der Mitte des 14. Jahrhunderts, setzte sich auf den Kriegsschauplätzen des Hundertjährigen Krieges eine Veränderung durch, die sich schnell in ganz Europa verbreitete. Der einzelne Panzerreiter bildete jetzt den Kern einer Gruppe, die außer ihm noch drei, vier, manchmal fünf weitere, leichter bewaffnete Kämpfer umfasst. Man nannte diese Einheit in Frankreich meist „lance", in Deutschland „Gleve".

In der Anordnung Karls VII. von 1445, welche die stehenden Truppen einrichtete, wurde festgelegt, dass eine „lance" sechs Mann zählen sollte: einen „homme d'armes", den schwer bewaffneten Reiter im kompletten Panzer; einen „coutillier", so genannt, weil dessen wichtigste Waffe ein langes Messer war („couteau"); ein Diener, der sich u.a. um die Pferde zu kümmern hatte; schließlich zwei Bogenschützen, die wiederum über einen Diener verfügten. Späterhin wurde diese Gliederung der Ordonnanz-Truppen etwas verändert. Auch auf anderen Kriegsschauplätzen variierte sie. Der Zweck aber blieb derselbe: Die Panzerreiterei war nicht mehr nur auf die Attacke zu Pferd angewiesen, sondern konnte unterschiedliche Mittel einsetzen, darunter auch den Beschuss des Gegners mit Pfeilen. Häufig kämpften die Panzerreiter auch abgesessen – z.B. die englischen Reiter bei Crécy oder Azincourt.

Zur Anpassung an die veränderten Gegebenheiten zählte auch, dass eine andere Ausrüstung

84 Reiter mit Rüstung und Schaller. Kolorierte Zeichnung Albrecht Dürers von 1498. Die Notiz über dem Bild stammt offensichtlich aus späteren Jahren, als sich die Rüstung bereits wieder verändert hatte: „Dasz ist dy rustung zu der czeit in Teutzschlant gewest."

163 *Von den Panzerreitern zur schweren Kavallerie*

eingeführt wurde. Wie schon erwähnt, setzte sich der Plattenharnisch endgültig durch, weil er Armbrustbolzen und Pfeilen besser widerstand. Außerdem veränderte sich der Helm. In der Mitte des 14. Jahrhunderts wich der Topfhelm dem Helm mit Visier. Dieser erfüllte dieselben Schutzfunktionen wie der Topfhelm, war aber insofern bequemer, als sein Träger in ruhigeren Momenten das Visier hochklappen konnte; dann sah er besser und konnte besser Luft holen. Gegen Ende des 15. Jahrhunderts kamen Helme auf, die man „Schaller“ nannte. Sie hatten kein Visier mehr, aber einen Nackenschutz.

Grundsätzlich aber zogen die Reiter um 1500 nach wie vor mit einer schweren Körperpanzerung ins Gefecht und sie kämpften wie ihre Vorfahren mit einer Lanze. Dies änderte sich erst rund ein halbes Jahrhundert später, und zwar durch die Erfindung der Reiterpistole. Sie war schwer, unhandlich und umständlich zu laden. Aber ihre Kugel reichte weiter als eine Lanze und durchschlug jeden Panzer. Außerdem setzte ihre sachgerechte Benutzung weit weniger Übung voraus als der Stoß mit einer Lanze. Folgerichtig rüstete sich die Reiterei jetzt mit Reiterpistolen statt mit Lanzen aus. Ferner verlor die teure Rüstung ihren Sinn, wenn die Hauptgefahr von Pistolenkugeln ausging und die Rüstung diese nicht abhielt. Arm- und Beinschienen verschwanden nach und nach, beim Helm entschied man sich, wie gesagt, zu einfacheren Modellen. Der Harnisch wurde länger beibehalten, weil das Metall bei ihm dicker sein konnte und weil er – wie der Helm – im Nahkampf gegen Hieb- und Stichwaffen nach wie vor effektiv schützte.

Aus der Panzerreiterei wurde auf diese Weise langsam die schwere Kavallerie, wie sie bis zum Ersten Weltkrieg bestand. Doch es fragt sich, wie die Betroffenen mental auf den vielfältigen militärischen und politischen Wandel reagierten.

Vom Panzerreiter zum Offizier

Auffälligerweise gewannen während des Hundertjährigen Krieges in Frankreich verschiedene Aspekte der ritterlichen Kultur wieder an Bedeutung. Um die Mitte des 14. Jahrhunderts lebten die Ritterromane wieder auf, nachdem 100 Jahre zuvor eine erste Blüte des Genres geendet hatte. Auch durch die Gründung von weltlichen Ritterorden, durch Turniere und anderes mehr wurden ritterliches Verhalten und ritterliche Tugenden wieder inszeniert, mit mehr Pracht als je zuvor.

Lange Zeit deutete man dieses Phänomen als Kennzeichen eines Verfalls oder einer Spätzeit. Am wirkungsmächtigsten tat dies Johan Huizinga in seinem immer noch lesenwerten Buch über den „Herbst des Mittelalters“. Auf breiter Quellenbasis und in mitreißender Erzählung stilisierte er dieses Geschehen zu einem letzten Aufleuchten des Altüberkommenen, Romantischen und doch nicht mehr in die Realität Passenden. Darauf sei das Neue gefolgt: die Renaissance und die Frühe Neuzeit. Huizingas „Herbst“ ist ein farbenprächtiger und zugleich elegischer, ein goldener Oktober, kein nasskalter November.

Überspitzt ließe sich seine These folgendermaßen formulieren: Die Ritter merkten, dass ihre Bedeutung schwand, dass statt Panzerreitern Infanterie, statt Adligen reiche Stadtbürger, statt adligem Grundbesitz Handel, Gewerbe und bald auch Industrie tonangebend sein würden. Kurz: Sie befürchteten, ja erlebten Statusverlust. Sie wehrten sich dagegen, indem sie mit Hartnäckigkeit die alten Ideale nochmals beschworen. Dem Verhalten würde dieser These zufolge etwas von einer Flucht vor der Realität anhaften. Es wäre romantischer Eskapismus. Demgegenüber erscheint das Neue, welches das Rittertum verdrängt, sachlich, rational, unausweichlich.

Implizit geht der Erklärungsversuch, der in Huizingas Tradition steht, davon aus, dass mit dem schwer gepanzerten Reiter der Adel an sich an Bedeutung verlor und damit auch sein Selbstverständnis gefährdet war. Doch gingen die Veränderungen, welche im 14. und 15. Jahrhundert den Adel betrafen, nicht auf das Konto der „Moderne“ schlechthin, der aufkommenden frühkapitalistischen Wirtschaft und der immer reicheren Stadtbürger. Das sind Vorurteile des Bür-

85 Der neuzeitliche Offizier übernahm vom mittelalterlichen adligen Panzerreiter nicht zuletzt Elemente des Ehrbegriffs und Rituale, in denen dieser sich äußerte – so die Überreichung des Schwerts als Zeichen der Kapitulation. Aus einer Handschrift des 15. Jh.

gertums des 19. Jahrhunderts, das nur zu gerne jenem Sieg über die Vorherrschaft des Adels, den es selbst gerade errungen hatte oder erst noch anstrebte, eine lange Vorgeschichte geben wollte. Die Veränderungen, welche die Stellung des Adels in Heer und Staat betrafen, verliefen zugunsten der Könige und – in Deutschland – der Territorialfürsten. Die Staatlichkeit, die zentrale Verwaltung breiteten sich aus. Die Fürsten und ihre Beamten konnten sich über ihre Untertanen weitgehendere Rechte und Eingriffsmöglichkeiten als zuvor sichern – auch gegenüber dem Adel. Ja: Die Adligen verloren Teile ihrer Eigenständigkeit und wurden ebenfalls zu Untertanen des Fürsten, privilegierte Untertanen zwar, aber Untertanen.

Dieser langwierige Prozess betraf viele Bereiche adligen und staatlichen Lebens. Was das Heerwesen angeht, so ist zunächst zu betonen, dass zwar manches sich änderte, aber sehr viel konstant blieb. In der Frühen Neuzeit nahm der Adel im Heerwesen noch immer eine bestimmende Funktion ein. Nach wie vor wurden viele junge adlige Männer während ihrer ganzen Erziehung darauf vorbereitet, dass sie später mit Waffen kämpfen müssten und dass es zur Standesehre gehöre, mit Waffen kämpfen zu können. Auch diejenigen Adligen, die nicht Soldaten wurden, sondern ihre Güter bewirtschafteten oder studierten und als Akademiker in den Staatsdienst traten, hatten grundsätzlich bereit zu sein, ihre eigene Ehre mit der Waffe zu verteidigen.

Allerdings dienten die Adligen im Heer seltener als Panzerreiter denn als hoch gerüstete Einzelkämpfer. Sie waren Offiziere. Der Adel stellte jetzt die meisten Offiziere der europäischen Heere (ob Söldnerheere, ob stehende Truppen). Auf diese Weise erfüllte der Adel jetzt seinen Anspruch, der Stand der „bellatores" zu sein, dessen spezielle Aufgabe es war, den Monarchen, den Staat, den Glauben und letztlich das Wohl aller Untertanen mit Waffen zu verteidigen. Als Offiziere kommandierten Adlige zudem die einfachen Soldaten, die nicht dem Adel angehörten. Auf diese Weise erfüllten sie das Selbstverständnis des Standes, demzufolge der Adel an der Herrschaft der Monarchen und Fürsten teilhatte. Für den Adel und insbesondere für das Offizierskorps galten ferner viele Regeln der Standesehre weiter, manche allerdings in modifizierter Form; sie übertrugen sich z. T. auch auf die nicht-adligen Offiziere.

Dieser Rollenwechsel vom Panzerreiter vom Offizier erscheint recht konsequent und fast harmlos, wenn man aus strukturgeschichtlicher Perspektive die Jahrzehnte überschaut. Der einzelne Adlige freilich, der diese Veränderungen miterlebte, konnte sie nicht überblicken, durchschaute sie womöglich kaum, wusste mit Sicherheit nicht, was bei diesen Neuerungen herauskäme. Ohnehin interessierte ihn weniger der langfristige Blick über mehrere Generationen als die Folgerungen für sein eigenes Leben sowie die beunruhigende Einsicht, dass für sein Fortkommen andere Regeln galten als bisher. Wie einzelne Adlige auf den gesellschaftlichen und militärischen Wandel reagierten, zeigt sich in aufschlussreicher Weise an den Zeichen des Krieges und der Ehre: den Fahnen.

Banner, Standarte und Waffenrock

In der Mitte des 14. Jahrhunderts galt bei den von Adligen geführten Kontingenten nach wie vor das System von Feldzeichen, das sich im 12. Jahrhundert etabliert hatte: Die Anführer der Kontingente führten als Feldzeichen ein Banner, das ihr Wappen zeigte. Die Kontingente wurden dementsprechend selbst „Banner" genannt, ihr Anführer „Bannerherr". Adlige, die nicht Bannerherren waren, führten an ihrer Lanze ein kleineres Feldzeichen, einen Wimpel, der dreieckig war und ihr Wappen abbildete.

Seit den 1380er-Jahren sind dann in Frankreich erstmals Feldzeichen belegt, die neue Formen aufwiesen: Am wichtigsten war die Standarte, das Feldzeichen eines Adligen, der eine Anzahl von Kriegsleuten kommandierte. Sie war länglich und lief häufig in zwei Zungen aus. Außerdem gab es den kleineren, viereckigen Stander, der sich stets beim Kommandeur persönlich befinden und damit dessen Position kennzeichnen sollte. Ferner führten die einzelnen Panzerreiter an ihren Lanzen kleine Wimpelchen. Fürsten und Feldhauptleute verfügten während einiger Jahrzehnte über mehrere Arten von Feldzeichen: Banner, Standarte, Wimpel, Stander. Im Lauf der Zeit wurde das Banner von der Standarte abgelöst.

Auf diesen neuen Fahnen war meist eine neue Art von Zeichen abgebildet, für das sich in der Forschung der Begriff Devise eingebürgert hat. Es handelt sich um ein persönliches Erkennungszeichen, das nicht mit dem Wappen identisch war und häufig nur für einen kurzen Zeitraum geführt wurde. Dieses Zeichen konnte aus einer bildlichen Darstellung, aus Wörtern oder einer Farbkombination oder einer Kombination dieser Elemente bestehen. Die Fürsten und Adligen, welche diese Zeichen führten, verfolgten damit wichtige politische Zwecke. Sie vergaben es als Gunsterweis an hochrangige Getreue oder enge Gefolgsleute, machten zugleich ihre Parteigänger kenntlich und grenzten sie von denen anderer Machthaber ab.

Standarten zeigten mitunter auch Parteizeichen, die wohl schon um die Mitte des 14. Jahrhunderts üblich geworden waren. Früher hatten sich Krieger gelegentlich irgendein Abzeichen, z. B. ein Band, angelegt, um sich damit von ihren

86 Die Schlacht von Patay 1429 in einer Abbildung aus der zweiten Hälfte des 15. Jh. Rechts das französische Banner mit den drei Lilien auf blauem Grund, dahinter eine weiße Standarte, die ein Stachelschwein zeigt, die Devise des Hauses Orléans; ein unehelicher Spross der Familie war einer der bedeutendsten französischen Feldhauptleute dieser Jahre. Links das englische Banner und eine Standarte.

Gegnern zu unterscheiden. Jetzt aber benutzten Engländer und Franzosen Zeichen, die sie auf Dauer behielten: die Ersteren ein rotes Kreuz, die Letzteren ein weißes. Einige Jahrzehnte später verwendeten auch die Truppen französischer Fürsten solche Abzeichen.

Die praktischen wie symbolischen Funktionen von Banner und Standarte waren weitgehend dieselben wie jene der Feldzeichen in früheren Zeiten: Sie übermittelten Kommandos an die Truppe, das Fallen einer Fahne galt als Anzeichen der Niederlage. Doch hatte sich etwas Entscheidendes geändert: Die Standarte zeigte zwar noch häufig die persönliche Devise eines Adligen, aber in anderen Fällen die Devise des Fürsten oder ein Parteizeichen. Vor allem führte dieser Adlige die Standarte nicht mehr aufgrund seines eigenen Ranges innerhalb der adligen Gesellschaft, sondern aufgrund seiner Funktion im Heer, als Anführer einer Kompanie oder einer größeren Formation. Aus dem Feldzeichen, das einen Adligen repräsentierte, war damit die Fahne einer militärischen Einheit geworden.

Sehr deutlich zeigt sich dies in einer Schrift, in welcher der burgundische Höfling Olivier de La Marche 1475 die Marschfolge der Ordonnanzkompanien, des Stehenden Heeres Karls des Kühnen von Burgund, beschreibt: „Es reitet der Stander der Bogenschützen vor der ersten Eskadron und in gleicher Weise die Standarte der Panzerreiter an der Spitze der ersten Eskadron der Panzerreiter.“ Über die Fußtruppen hieß es: „Jede Kompanie von 300 Fußsoldaten hat einen Hauptmann, einen Panzerreiter zu Pferd, und er führt ein Feldzeichen und einen Stander. Und jeweils 100 Mann haben einen Hundertschaftsführer, einen Panzerreiter zu Pferd, der ein anderes, kürzeres Feldzeichen führt.“

In der Standarte bildet sich also die Einordnung des Adels in das königliche Heer ab. Gerade deswegen aber wurde das ältere Feldzeichen, das Banner, im 15. Jahrhundert symbolisch besonders aufgeladen. Dieser Vorgang baute auf dem Umstand auf, dass man wohl zu allen Zeiten das wertvolle Material des Fahnentuchs schonte, wenn das Feldzeichen nicht gebraucht wurde. Auf dem Marsch wurden die Fahnentücher daher um den Schaft gerollt und dann festgebunden, vielleicht sogar durch einen leichten Stoffüberzug geschützt. Vor dem Gefecht wurde die Fahne dann wieder entrollt.

Diesem Vorgang kam im 15. Jahrhundert – und erst jetzt – eine besondere rituelle Bedeutung zu. Dies wird im Zusammenhang mit der Schlacht von Bulgnéville 1431 sehr deutlich erwähnt, in der sich Truppen Renés von Anjou auf der einen Seite und des Grafen von Vaudémont sowie des Herzogs von Burgund auf der anderen gegenüberstanden. Nach der Schlacht wollte Vaudémont beweisen, dass er den Oberbefehl geführt habe und nicht der Marschall, der das burgundische Kontingent kommandiert hatte. Dies belegten seine Beauftragten mit dem folgenden Hinweis: „An dem Tag der Schlacht entfaltete, nachdem mein Herr (der Graf von Vaudémont) als Erster sein Banner entfaltet hatte, jeder Baron im Heer sein Banner, ohne dass es am genannten Tag je ein Banner, einen Wimpel oder ein anderes Feldzeichen des Herrn von Burgund gegeben hätte.“

Der Oberkommandierende war also nicht nur derjenige, unter dessen Fahne alle Truppen kämpften. Er demonstrierte seine Befehlsgewalt zugleich dadurch, dass er als Erster unmittelbar vor dem Kampf sein Banner entrollte und alle anderen erst nach ihm befugt waren, ihre eigenen Feldzeichen zu entfalten. Zu beachten ist auch, dass es hier um das Banner geht, obwohl Vaudémont sicherlich auch eine Standarte führte – aber ihr kam diese symbolische Bedeutung nicht zu.

Besonderes Gewicht erhielt dieser Vorgang dadurch, dass dem Entrollen der Banner eine weitere schwerwiegende rituelle Bedeutung zukam. Unter allen jenen Vorbereitungen, die das spätmittelalterliche Heer für den Kampf treffen musste, war diese besonders symbolträchtig, denn durch das Enthüllen der Banner wurden die Befehlshaber der einzelnen Heeresabteilungen und ihre Truppen für den Feind eindeutig und unwiderruflich identifizierbar. Von diesem Moment an konnten Taten und Unterlassungen von den Beobachtern einzelnen Kommandeuren oder zumindest deren Truppen zugeschrieben werden. Damit stand jetzt ihre Ehre in einem anderen Maße auf dem Spiel als zuvor. Das Entrollen der Banner verpflichtete den Adligen, sich jenen Regeln zu unterwerfen, die für ihn im Kampf galten, und das hieß insbesondere: nicht mehr zurückzuweichen, sondern das Schlachtfeld entweder als Sieger zu verlassen oder zu sterben oder in Gefangenschaft zu fallen.

Adlige, die dennoch vom Schlachtfeld flohen, verloren ihre Ehre, ihnen drohten Schande und Spott. Auch mochte ihnen ihr Fürst seine Gunst entziehen. Doch blieb die Verfehlung eine Frage der Ehre. Ein Adliger, der aus einem Gefecht floh, musste mit der Verachtung seiner Standesgenossen rechnen, nicht mit dem Spruch eines Gerichts. Strafrechtliche Konsequenzen wie eine Anklage wegen Feigheit vor dem Feind gab es offenbar nicht. Bezeichnenderweise wurde das schändliche Verlassen des Schlachtfelds nur dort Gegenstand einer formellen, schriftlich festgehaltenen Untersuchung, wo die Regeln für ritterliches Verhalten in den Statuten einer Korporation eingeschlossen waren und diese Korporation ihre Verletzung mit Zwangsmaßnahmen bedrohte: bei weltlichen Ritterorden.

Als der Fürst von Orange 1430 in einem Gefecht seine Feldzeichen verloren hatte, wurde er aus dem Orden vom Goldenen Vlies ausgestoßen, denn er hatte etwas getan, was die Statuten des Ordens ausdrücklich verboten: Er war vom Schlachtfeld geflohen, obwohl Banner entrollt worden waren. Vier Jahrzehnte später wurde ein anderes Mitglied derselben Rittergemeinschaft, Jean de Neufchâtel, vom Orden angeklagt, weil er 1471 in einem Gefecht geflohen war. Er wurde jedoch keines Vergehens für schuldig befunden, weil er erklärte: „An dem Ort, wo das Abenteuer stattfand, waren keine Banner entrollt." Außerdem hätten die burgundischen Truppen, zu denen er zählte, keineswegs die Absicht gehabt, ein Gefecht zu beginnen.

Diese Beispiele weisen zugleich auf einen wichtigen Mechanismus hin. Das Entrollen der Banner demonstrierte die feste Absicht zum Kampf. Keineswegs aber musste in jedem Kampf das Banner entrollt werden. Wer nicht kämpfen wollte und sich zurückzog, weil er unvermutet auf eine Übermacht getroffen war, durfte dies tun, solange er seine Banner nicht entrollte. Das Entrollen der Banner konnte also nicht vom Feind und durch die Umstände erzwungen werden. Es signalisierte eine Selbstverpflichtung und lastete gerade deswegen auf der Ehre der Adligen.

Nur wenn ein Gefecht von beiden Seiten absichtsvoll eingegangen und dies durch das Entfalten der Banner offen demonstriert wurde sowie ein König oder ein ranghoher Fürst den Oberbefehl führte, entsprach es völlig dem Ideal des ritterlichen Kampfes und durfte als Schlacht bezeichnet werden. Trafen diese Kriterien nicht zu, wurde die Auseinandersetzung anders benannt. Über einen Kampf zwischen burgundischen und französischen Truppen im Jahr 1421 bemerkte ein Chronist ausdrücklich: „So wurde von diesem Tag an dieses Gefecht das Treffen von Mons-en-Vimeux genannt. Und es wurde nicht zur Schlacht erklärt, weil die Parteien einander zufällig begegneten und weil keine Banner entfaltet worden waren."

Eine ähnliche Selbstverpflichtung wie das Entrollen der Fahne stellte auch das Anziehen des Waffenrockes dar. Ein Waffenrock („cotte d'armes") war im 14. und 15. Jahrhundert ein hüftlanges Kleidungsstück, das über der Rüstung getragen wurde und logischerweise erst nach dieser angezogen werden konnte.

Seine rituelle Bedeutung verdankte der Waffenrock zwei praktischen Gegebenheiten: Zum einen markierte er den Abschluss der wichtigsten äußerlichen Vorbereitung des einzelnen Panzerreiters auf den Kampf – nur den Helm musste der Betreffende danach noch aufsetzen. Zum anderen machte er seinen Träger kenntlich, denn er zeigte dessen Wappen. Damit wies der Waffenrock in ähnlicher Weise wie ein Banner seine Taten ihm selbst oder seiner Truppe zu. Beide Aspekte zusammen führten zu der Auffassung, dass das Anziehen des Waffenrockes den Adligen dazu verpflichtete, sich von diesem Moment an gemäß jenen Regeln zu verhalten, die für ihn im Kampf galten. Insbesondere hieß dies, dass er nicht mehr zurückweichen durfte.

Der Kastilier Diego de Valera schrieb um die Mitte des 15. Jahrhunderts in einer Abhandlung über den Adel: „Am Tag der Schlacht soll jeder adlige Ritter und Edelmann seinen Waffenrock tragen (...) und der Grund dafür ist, dass sie von den einfachen Soldaten als Adelsleute erkannt werden und dass sie sich an ihre Verpflichtung erinnern, nicht Schande über sich selbst und ihre Vorväter zu bringen." Ein Heroldshandbuch aus der gleichen Zeit hielt fest, dass, wer den Waffenrock angelegt habe, „an diesem erhabenen und gefahrvollen Tag unter Ehrverlust seines Wappens verlustig gehen kann, außer in drei Fällen: bei Sieg, bei Gefangenschaft oder bei Tod.“

Das Anziehen der Waffenröcke verpflichtete also ebenso wie das Entrollen der Banner den einzelnen Adligen zur Einhaltung der Standesnormen. Sie erhöhten damit potenziell seinen Einsatzwillen. Bezeichnenderweise aber schrieb man diese Bedeutungen den Waffenröcken und Bannern erst zu, als sie am Verschwinden waren. Weil sie die Wappen ihrer Besitzer abbildeten, symbolisierten sie die verlorene, unabhängigere Stellung des Adels. Die Übersteigerung der Symbolik vermochte freilich den Wandel nicht aufzuhalten.

Das Wiederaufleben des Rittertums

Die Reaktionen auf den militärischen und gesellschaftlichen Wandel betrafen auch den Umgang mit den traditionellen ritterlichen Tugenden und ihrer Inszenierung, doch sind hier die Verhältnisse komplizierter. Das beginnt schon damit, dass der erneuten Betonung ritterlichen Verhaltens ein stetiges Sinken der Zahl an Rittern gegenübersteht.

Konkrete Zahlen sind schwer zu ermitteln, da statistisch auswertbare Quellen weitgehend fehlen. Man kann jedoch davon ausgehen, dass in Frankreich um 1300 rund 30% aller Adligen den Rittertitel führten; allerdings gab es große regionale Unterschiede. Insgesamt dürfte es im Königreich damit zwischen 5000 und 10000 Ritter gegeben haben. Um 1500 hingegen trugen wohl nur noch 5% diesen Titel, d.h., im ganzen Land zählte man wohl noch rund 1000 Ritter. Die anderen männlichen Adligen blieben Edelknappen. In England und Holland war die Entwicklung in den Grundzügen vergleichbar. Für Deutschland gibt es bislang keine einschlägigen Untersuchungen, doch dürfte der Prozess ähnlich abgelaufen sein.

Entsprechend sank der Anteil der Adligen mit Rittertitel auch in den Heeren. Im Jahr 1340 waren noch 16% der Panzerreiter eines französischen Heeres Ritter, ein knappes halbes Jahrhundert später waren es in einer anderen französischen Truppe nur noch 11%. Aufschlussreich aber ist, dass unter den Inhabern der höheren Kommandoposten der Rittertitel noch weitaus häufiger anzutreffen war. Unter den Männern, die zwischen 1360 und 1380 im königlichen Heer eine solche Funktion innehatten, lag der Anteil der Ritter desto höher, je wichtiger die Stellung war. Von den 14 Inhabern der bedeutendsten Posten hatten alle den Rittertitel erworben; zwölf waren sogar Bannerherren, zwei weitere wurden es noch.

In den burgundischen Truppen lassen sich während der Regierungszeit Herzog Johanns Ohnefurcht, d.h. von 1404 bis 1419, insgesamt 89 Hauptleute zählen, von denen nur elf nicht den Rittertitel trugen oder erwarben. 52 der 89 Hauptleute waren sogar Bannerherren oder wurden es später. Unter den Adligen insgesamt, die im Heer Herzog Johanns dienten, war das Verhältnis zwischen Rittern und Edelknappen genau umgekehrt: 92% von ihnen blieben Edelknappen.

Um 1400 war der Rittertitel unter den adligen Panzerreitern also eine Ausnahme geworden, während er für den Aufstieg in Führungsposten noch immer bedeutsam war. Hier spielte auch der Rang eines Bannerherrn noch eine Rolle. In den folgenden Jahrzehnten sank der Anteil der Ritter weiter. Unter den Panzerreitern des Stehenden Heeres lag er in der zweiten Hälfte des 15. Jahrhunderts zwischen 2,8 und 4,5%.

Zu dieser Entwicklung trug vor allem bei, dass der Erwerb der Ritterwürde teuer war. Man musste eine Gelegenheit suchen, um sie in angemessener Weise erhalten zu können. Das konnte ein Krieg, ein Turnier, eine Pilgerschaft in das Heilige Land oder ein ähnlicher Anlass sein – kostspielig war es allemal. Außerdem erwartete man von einem Ritter einen höheren Lebensstandard als von einem Edelknappen, was weitere, laufende Kosten verursachte. Diese Investition aber lohnte sich im späteren Mittelalter immer weniger.

Zum einen hatte der Rittertitel in der untersten Schicht des Adels lange Zeit dazu gedient, die Adligkeit der Person und der Familie zu belegen, sie also vom Nicht-Adel abzugrenzen. Um 1300 aber hatte sich der niedere Adel als Stand gefestigt. Jetzt reichte es aus, dass man ritterbürtig war, d.h. einen Ritter unter den Vorfahren zu verzeichnen hatte. Der teure Erwerb der Ritterwürde war also nicht mehr notwendig, um den sozialen Status zu wahren. Zum anderen war der Rittertitel, wie gesehen, für eine militärische Karriere noch eine Zeitlang wichtig, aber wer eine solche Laufbahn nicht anstrebte oder aus einer Familie mit wenig Einfluss stammte und daher auch mit Rittertitel keine Aussicht zum Aufstieg sah, konnte sich die Kosten sparen. Zum Dritten änderte sich schließlich auch das Besoldungssystem des königlichen Heeres. Nach der sozialen Logik der ständischen Gesellschaft erwartete man lange Zeit, dass an den Inhaber eines höheren Ranges auch höhere Ansprüche gestellt werden konnten und mussten – auf die wirtschaftliche Lage des Betreffenden nahm man dabei keine Rücksicht. Ein Ritter wurde im königlichen Heer bis in das 15. Jahrhundert hinein höher besoldet als ein Edelknappe und man ging davon aus, dass der Ritter dementsprechend mit mehr Leuten erschien. Ebenso erhielt ein Bannerherr mehr Sold als ein einfacher Ritter, denn man erwartete, dass er an der Spitze eines Kontingents antrat. Seit den 1420er-Jahren aber wurden die Kämpfer nicht mehr nach Adelsrang besoldet, sondern nach ihrer Funktion, also ein Panzerreiter als Panzerreiter, ob er Ritter oder Edelknappe war, ein Hauptmann einer Kompanie als solcher, unabhängig davon, ob er Bannerherr war. Damit verlor insbesondere der Rang des Bannerherrn jede Attraktivität; er starb aus. Der Rittertitel hielt sich länger, aber er verlor jeden Charakter als Initiationsritus, den er einst gehabt hatte. Er wurde vielmehr als Belohnung für Leistungen verliehen.

Ungeachtet der sinkenden Bedeutung des Rittertitels für den Adel fand bei vielen Chronisten eine Sitte große Aufmerksamkeit, die sich seit den 1260er-Jahren nachweisen lässt: Verleihungen der Ritterwürde vor der Schlacht. Das Aufkommen des Brauchs stand in Zusammenhang mit einer Veränderung des Rituals. Die Ritterwürde wurde nicht mehr wie im 12. und 13. Jahrhundert in einer längeren Zeremonie verliehen, deren Kern die Umgürtung mit dem Schwert war. Vielmehr wurde man jetzt zum Ritter geschlagen, d.h., der neue Ritter erhielt von jemandem, der schon Ritter war, einen Schlag mit der flachen Hand gegen den Hals. Später wurde ein leichter Schlag mit der flachen Seite des Schwertes auf die Schulter üblich.

Einige Chronisten nennen nur die Zahl derjenigen, die vor einem Gefecht zum Ritter geschlagen wurden. Dies gehörte für sie einfach zu den Erzählkonventionen, ähnlich wie Angaben über Tote, Verwundete und Gefangene am Ende des Berichts stehen mussten. Zugleich signalisierten diese Worte, dass den ehrwürdigen ritterlichen Bräuchen Genüge getan wurde. Eine hohe Zahl von Promotionen zeichnete dementsprechend das Heer aus, in dem sie vorgenommen wurden.

Doch standen hinter den Rittererhebungen und der Erinnerung an sie auch soziale Zusammenhänge. Dies wird daran deutlich, dass viele Chronisten auch Namen von neuen Rittern nennen. Pierre de Fénin z.B. schreibt über die Belagerung von Toucy in Burgund 1412: „Als der Herr von L'Isle-Adam nach Toucy kam, machte er Ritter. Es wurden der Herr von Croy, Herr Baudot de Noyelles und Herr Lionel de Bournonville zum Ritter gemacht."

Die schmucklosen Worte erscheinen auf den ersten Blick als pedantische Aufzählung, doch wenn man die Genannten identifiziert, offenbaren diese Sätze ihre ganze Bedeutung. Wie der Chronist, so gehörten auch die drei neuen Ritter und der Herr von L'Isle-Adam zum Hof des Herzogs von Burgund. Alle vier bewährten sich auch später noch im Heer wie am Hof. Der Autor konnte daher – sicherlich zu Recht – annehmen, dass seine Leser diese Namen kannten. Die berichteten Ereignisse gewannen daher für sein Publikum an Relevanz, indem sie mit den bekannten Namen verknüpft wurden. Vor allem aber pflegte der Autor die Erinnerung eines exklusiven Personenkreises, des burgundischen Hofs und des nordostfranzösischen Adels. Zugleich ordnete er sich selbst indirekt diesem Personenkreis zu, indem er diese Ritterpromotionen als relevante Fakten kennzeichnete und die Erinnerung daran weitertrug, und gab seinen Lesern die Gelegenheit, dies ebenfalls zu tun. Jener exklusive, an sich lockere Personenkreis bestätigte sich hier also indirekt seine Zusammengehörigkeit und seine zeitliche Dauer.

An Fénins Worten zeigt sich ferner ein Aspekt, der allgemein von Bedeutung ist. Während die Ritterwürde seltener wurde, blieb sie an den Fürstenhöfen von Bedeutung, ja ihr Ansehen wurde sogar gesteigert, und zwar durch gezielte Maßnahmen der Fürsten. Dies geschah nicht zuletzt durch die Stiftung von weltlichen Ritterorden. Ein recht frühes Beispiel stellt der Hosenbandorden dar, der immer noch besteht. Er ist unter anderem deswegen besonders interessant, weil er anderen Ordensgründungen (vor allem dem burgundischen Orden vom Goldenen Vlies) als Vorbild diente.

Bald nach seinem Sieg bei Crécy 1346 gründete Eduard III. von England eine exklusive Gemeinschaft, die nur 24 Mitglieder zählte; alle waren Ritter. Als Abzeichen des Ordens wählte König Eduard III. jene Devise, die er auf dem gerade siegreich beendeten Feldzug geführt und die daher sicherlich Prestige gewonnen hatte: ein blaues Hosenband (englisch: „garter"), d.h. ein Band, das die „Hosen" hielt. Die so bezeichneten Kleidungsstücke reichten damals nur bis zum Knie, man würde sie also heute eher als Strümpfe bezeichnen. In der Mitte des 14. Jahrhunderts wurde die Oberbekleidung der Männer, die bis dahin über das Knie reichte, immer kürzer; damit wurde das Hosenband sichtbar und konnte ausgeschmückt werden. Wenig später wurden die „Hosen" nach dem Diktat der Mode immer länger, bis sie schließlich auch den Oberschenkel bedeckten und an einem Gürtel um die Hüfte befestigt wurden. Das Hosenband verschwand aus der männlichen Garderobe.

Das Hosenband war blau und mit Gold bestickt. Es trug eine Aufschrift, die man heute noch kennt: „Honni soit qui mal y pense". Gemeinhin übersetzt man dies ins Deutsche mit „Ein Schelm, wer Schlimmes dabei denkt". Doch dies ist nur dann richtig zu verstehen, wenn man die alte Bedeutung von „Schelm" im Sinn hat: Schuft, schlechter Mensch. Man müsste die Worte in das heutige Deutsch also freier übertragen: „Ein Schuft, wer Schlimmes dabei denkt". Was genau diese Worte bedeuteten, warum der König gerade ein Hosenband wählte, warum es blau und gold war – alles dies ist nicht völlig klar. Offensichtlich aber lag der Reiz der Kombination wie ihrer einzelnen Elemente gerade darin, dass sie mehrere Interpretationen zuließ. Hinter der Wahl stand also eine Art Spiel mit den möglichen Bedeutungen, das sozial exklusiv war, weil es die Kenntnis der Zeichen und des dahinter stehenden Zeichencodes voraussetzte. Es grenzte daher Unkundige, nicht zum Hof Gehörige, aus.

Alle Mitglieder des Hosenbandordens mussten sich durch ritterliches Verhalten ausgezeichnet haben und weiterhin den Standeskodex erfüllen. Der Orden als Gemeinschaft kontrollierte, ob dies der Fall war. Andernfalls drohte der Ausschluss. Wie die Mitglieder zu handeln hatten, war in Statuten schriftlich festgelegt. Hierin unter anderem zeigt sich der Einfluss, den die geistlichen Ritterorden als Vorbild für die weltlichen besaßen.

Neben die Einhaltung der Standesnormen trat ein Zeremoniell, das an die Ideale des Rittertums anknüpfte. Der Orden sollte sich jährlich versammeln, in Schloss Windsor, wo für ihn eine Georgs-Kapelle gebaut und an dieser eine Kanonikergemeinschaft eingerichtet wurde. Bei diesen Zusammenkünften gedachte man der verstorbenen Mitglieder und feierte zudem ein prunkvolles Mahl. Beides war bei jeder Gemeinschaft des Mittelalters üblich. Hier aber schloss man sich ausdrücklich den vorbildlichen ritterlichen Gemeinschaften an, die den Zeitgenossen aus der Literatur bekannt waren. Der Hosenbandorden und seine Zeremonien erinnerten mit voller Absicht an die sagenhafte Tafelrunde des Königs Artus.

Literatur wurde hier inszeniert, lebendig gemacht, nachempfunden. Auch in anderen Bereichen ritterlichen Lebens gab es ähnliche Phänomene. Im 15. Jahrhundert entstand z.B. eine Form des Turniers (die „pas d'armes"), die einen schauspielhaften Charakter annahm. Die Kämpfe wurden in Spielhandlungen eingebunden, die sich aus Ritterromanen inspirierten. Jacques de

87 Ein Einzelkampf („Tjost") bei einem Turnier, wie er den Gewohnheiten in der Entstehungszeit dieser kolorierten Federzeichnung (1465–1475) entsprach. Gut zu erkennen sind die „Stechhelme" der Reiter sowie die kleine, dreizackige Krone auf der Lanzenspitze, welche die Wucht des Stoßes verteilen und auf diese Weise die Kontrahenten schützen sollte.

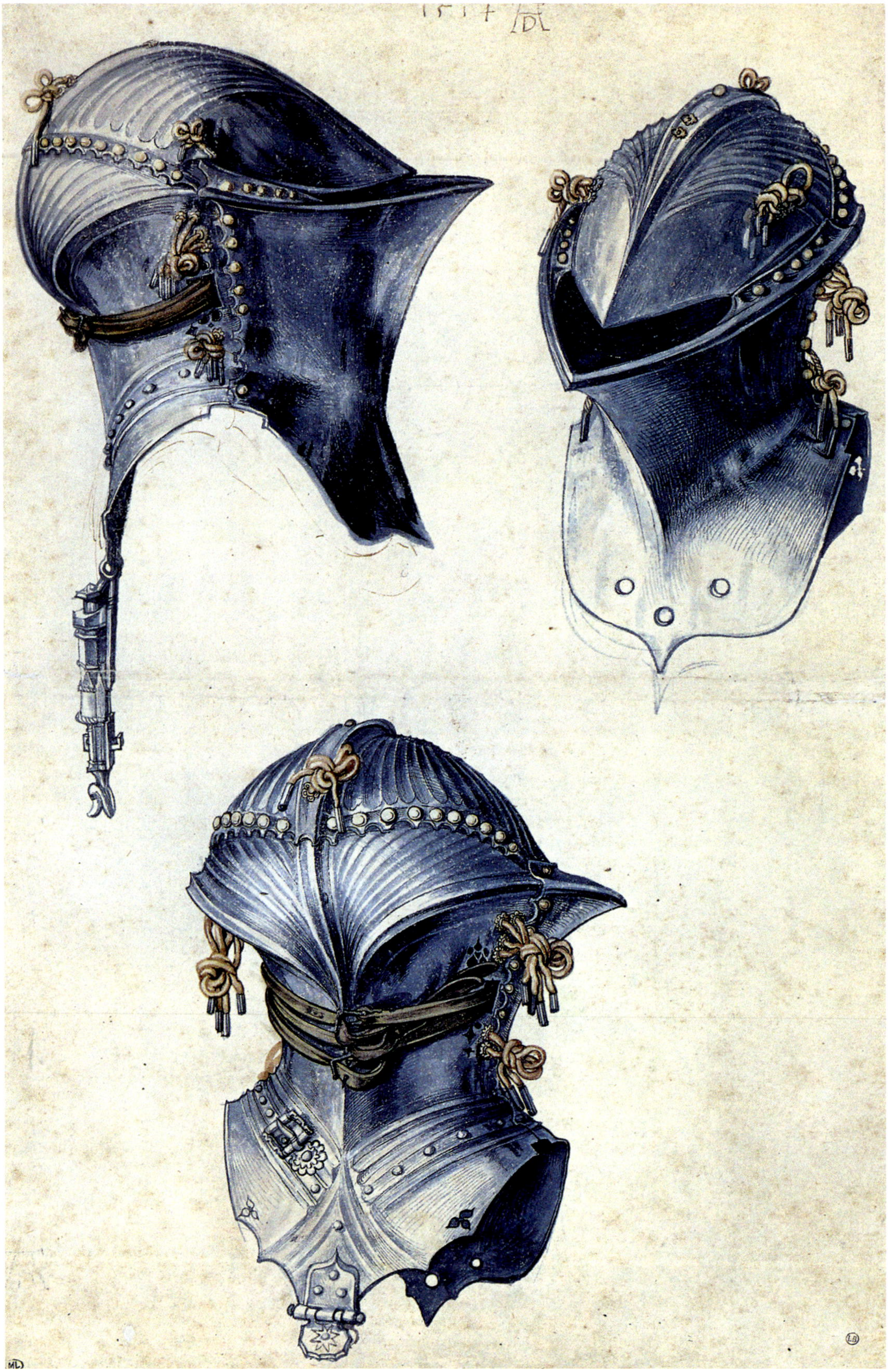

88 Ansichten eines Stechhelms, kolorierte Zeichnung von Albrecht Dürer, 1514. Der Künstler hält nicht nur den einschüchternden Gesamteindruck fest, sondern auch die technischen Details, z. B. den Mechanismus an der Rückseite, mit dem der Helm am Panzer befestigt wurde.

Lalaing z. B., ein Abkömmling aus einer Adelsfamilie, die am Hof Philipps des Guten von Burgund viel Einfluss besaß, forderte 1449 zum Kampf am „Brunnen der Tränen“ auf. Die Modalitäten hatte er selbst genau festgelegt: Auf einer Insel in der Saône bei Chalon wurde ein Zelt errichtet, in dem sich eine Dame, deren Kleid von Tränen befleckt war, und ein Einhorn befanden; in beiden Fällen handelte es sich um eine Art von Puppen. Am Hals des Einhorns hingen drei Schilde, je einer in Weiß, Violett und Schwarz. Je nachdem, welchen Schild ein Herausforderer mit der Lanze berührte, würde er mit Streitaxt, Schwert oder Lanze gegen Lalaing kämpfen. In den zwölf Monaten, die Lalaing sich auf diese Weise den Herausforderungen stellte, kam es tatsächlich zu 22 Zweikämpfen.

Auch insgesamt änderte das Turnier seinen Charakter. Bisher hatte es fast ausschließlich aus Gruppenkämpfen bestanden. Jetzt gewannen Einzelkämpfe immer mehr an Bedeutung. Wichtig war nicht mehr nur Sieg oder Niederlage, sondern der regelgerechte, tapfere Kampf. Auch benutzte man häufig nicht mehr scharfe Waffen, wie es im 12. und 13. Jahrhundert üblich gewesen war, sondern stumpfe Lanzen und Schwerter. Es entwickelten sich sogar Rüstungen, die so speziell für die Bedingungen des Turniers konzipiert waren, dass man sie im Krieg nicht gebrauchen konnte. Nicht mehr die Übung für den Krieg, sondern die Zurschaustellung individueller Tapferkeit und ritterlicher Tugenden beim Einzelnen stand also jetzt beim Turnier im Vordergrund.

Dem Turnier ähnelten jetzt auch Zweikämpfe und Gruppenkämpfe während des Krieges. Spontane Zweikämpfe wie in früheren Zeiten, bei denen ein Krieger die Mitglieder des gegnerischen Heeres herausforderte und einer der Feinde unmittelbar darauf einging, kamen nur noch in den ersten Jahrzehnten des Hundertjährigen Krieges vor; in späterer Zeit gab es allerdings noch einige Ausnahmen. Jetzt hingegen wurden bei einigen Gelegenheiten Zweikämpfe und Gruppenkämpfe zwischen den Kriegsparteien bewusst vereinbart – zunächst zwischen Engländern und Franzosen, in den 1420er- und 1430er-Jahren auch zwischen Franzosen und Burgundern.

Bei aller Feindschaft wurden dabei die Formen vorbildlichen adligen Umgangs gewahrt, wie sehr deutlich aus einer Schilderung des Chronisten Pierre de Fénin hervorgeht. Er beschreibt eine Serie von Zweikämpfen, die 1421 während der Belagerung von Saint-Riquier stattfanden:
„Während der Belagerung gab es bei Pont-de-Remy Waffengänge von sechs Parteigängern des Dauphins (des späteren Königs Karl VII.) gegen sechs Burgunder, bei denen jeder drei Lanzen brechen sollte. Man legte einen Tag fest, um sie bei Saint-Riquier durchzuführen. Dorthin ritt Herr Johann von Luxemburg mit sechshundert Panzerreitern, alles ausgesuchten Leuten. Der Herr von Offremont kam in gleicher Weise mit seinen Leuten zu Herrn Johann von Luxemburg. Jeder hatte dem anderen und seinen Leuten Geleitbriefe ausgestellt. Als der Herr von Offremont und Herr Johann von Luxemburg zusammengekommen waren, bereiteten sie einander einen großen Empfang und ließen diejenigen zum Kampf vorbereiten, welche die Kämpfe bestreiten sollten. (…) Da wurden von beiden Seiten schöne Hiebe verteilt und viele Lanzen gebrochen, ohne dass auf irgendeiner Seite ein Mann verletzt wurde.“

Interessanterweise fanden zwischen Engländern und Franzosen solche Kämpfe auch während der langen Waffenruhe in den 1380er- und 1390er-Jahren statt. Viel Aufsehen erregte der Kampf von Saint-Inglevert 1390, wo sich drei französische Adlige 30 Tage lang jedem stellten, der sie herausforderte. Eigentlich gemeint waren freilich die Engländer, wie sich schon an der Lage des Schauplatzes zeigte; Saint-Inglevert liegt bei Calais, das damals englisch besetzt war. Viele englische Adlige reagierten denn auch wie gewünscht auf die Provokation und stellten sich zum Kampf. Englische wie französische Teilnehmer waren im Übrigen keine Abenteurer, sondern angesehene Adlige; Jean II. Le Meingre, genannt Boucicaut, einer der Franzosen, wurde wenige Monate später zum Marschall von Frankreich ernannt. Die beiden Monarchen unterstützten das Unternehmen nach Kräften. Richard II. von England stellte den drei französischen Organisatoren Geleitschreiben aus, Karl VI. von Frankreich förderte die Durchführung mit Geld und belohnte die drei Streiter noch großzügiger nach ihrem Erfolg – kein Wun-

89 Stechhelm, um 1500, aus Augsburg, Gewicht 14,2 kg. Der Helm war nur für das Turnier geeignet, denn durch den Sehschlitz konnte der Träger nur dann nach vorn sehen, wenn er den Kopf senkte. Kurz vor dem Zusammenprall mit dem Gegner hob er den Kopf wieder und schützte so Augen und Gesicht.

der, hatten sie doch gegen den Erzfeind die Ehre Frankreichs gewahrt. Im jahrzehntelangen Krieg hatten sich Feindbilder etabliert, die von einem bloßen Waffenstillstand nicht außer Kraft gesetzt wurden.

Außer Zweikämpfen und Gruppenkämpfen gab es im Hundertjährigen Krieg auch eine andere Form provokativen Verhaltens, die schon in früherer Zeit aufgetreten war: die Herausforderung zur Schlacht. Der Chronist Jean Le Bel berichtet, dass das englische Heer 1355 einen Verwüstungszug unternommen und sich dann in das sichere Calais zurückgezogen habe. Der französische König forderte den englischen Monarchen daraufhin zur Schlacht. „Der Herzog von Lancaster antwortete darauf, dass der König (von Frankreich), ihr Herr, wenn er es gewollt hätte, genug Zeit gehabt hätte, um die Flammen in seinem Land, das verbrannt wurde, löschen zu kommen, denn er habe es 12 Tage lang brennen sehen und der König von England habe drei Tage auf dem Feld gewartet, nachdem man ihn gefordert hatte."

Wie in früheren Jahrhunderten forderte hier derjenige seinen Gegner zum Kampf, der in der momentanen Lage nichts gegen den Feind ausrichten konnte, und die Annahme der Herausforderung hätte für die Engländer bedeutet, dass sie den Schutz der Befestigungsanlagen hätten verlassen müssen. Darauf gingen sie verständlicherweise nicht ein, doch ihre Antwort machte deutlich, dass sie keineswegs aus Angst ablehnten. Indirekt klagten sie vielmehr den französischen König der Feigheit oder zumindest Saumseligkeit an: Er hätte sie angreifen können, als sie sein Land verheerten, aber er habe die Gelegenheit verstreichen lassen.

Eine Herausforderung zum Kampf konnte auch schlicht darin bestehen, dass ein Befehlshaber das eigene Heer vor den Augen des Feindes in Schlachtordnung aufstellte und damit signalisierte, er sei zum Kampf bereit. Vor allem bei Belagerungen kam dies vor. Auf die Eingeschlossenen müssen die an Zahl stets weit überlegenen Truppen der Angreifer einen sehr einschüchternden Eindruck gemacht haben. Allerdings gestanden sich diese Truppen gerade durch dieses Manöver ein, dass sie den Belagerten in der Festung nichts anhaben konnten, sonst wären sie zum Sturm oder zur Beschießung geschritten. Dieses „Anbieten der Schlacht" war auch noch in der Frühen Neuzeit üblich und wurde auch dann selbstredend von jener Partei durchgeführt, die sich von einer Schlacht einen Erfolg versprach.

Gegenüber früheren Jahrhunderten fehlt im Hundertjährigen Krieg und seinem Umkreis weitgehend das ehrverletzende Spotten und Prahlen, zumindest soweit adlige Kontrahenten und Chronisten betroffen sind. Ausnahmen sind rar, deuten aber darauf hin, dass die Ehre des Gegners durchaus gelegentlich bewusst verletzt worden sein mag, die Chronisten dieses ungehörige Verhalten jedoch ausblendeten – offenbar auch dann, wenn der Gegner sich falsch verhielt.

In sehr auffallender Weise tritt bei allen diesen provokativen und aggressiven Praktiken zum Vorschein, dass sich das Verhalten, das Adlige voneinander erwarteten, gegenüber der Zeit vor dem 14. und erst recht vor dem 12. Jahrhundert sehr geändert hatte. Dahinter steht eine Wandlung des adligen Ehrbegriffs. Ehre definierte sich jetzt dadurch, dass sie von den Standesgenossen zuerkannt oder aberkannt werden konnte. Insofern war Ehre jetzt abhängig vom Konsens der anderen Adligen und dementsprechend nicht nur eine Frage faktischen Erfolgs, sondern der richtigen Durchführung. Gerade deswegen legt Fénin in seiner Beschreibung des Kampfes so viel Wert darauf, dass die Anführer beider Heere einander mitten im Krieg geradezu freundlich begegneten und dass niemand verletzt wurde – dass, anders gesagt, die Teilnehmer ihre Aggressionen im Zaum halten konnten und zwar fairen Kampf, Sieg und Ruhm, nicht aber den Tod des Gegenübers suchten. Auch gab es vor solchen turnierähnlichen Kämpfen (bei Pont-de-Rémy, bei Saint-Inglevert und auch sonst) keine Beleidigungen. Der Appell an die Ehre reichte aus. Wenn eine Herausforderung zum Kampf durch verbale Provokationen unterstrichen wurde, dann handelte es sich höchstens um Sticheleien, nicht um krasse Ehrverletzungen. Fünf oder sechs Jahrhunderte zuvor wäre den Zeitgenossen ein solches Verhalten völlig unverständlich gewesen.

Selbstredend waren diese Zweikämpfe und Gruppenkämpfe sowie die Herausforderungen zur Schlacht nur ein Ausschnitt des tatsächlichen Krieges. Sie beeinflussten nicht dessen Verlauf, sie

Le BASTARD
DE LVXEBOG
1433.
A Dijon
327.

änderten nichts daran, dass man Steuern einnehmen und damit Söldner bezahlen musste, wenn man militärische Erfolge verzeichnen wollte, dass Menschen getötet, Dörfer verwüstet wurden.

Aber sie schufen für den Adel das Bild eines Krieges, in dem die Beachtung ritterlich-adliger Normen von Bedeutung war und in dem persönliche Tapferkeit zählten und belohnt wurden. Das war nicht einfach Eskapismus, sondern es handelte sich um produktive, notwendige Illusionen. Wie in früheren (und späteren) Kriegen musste man dem einzelnen Kämpfer das Gefühl vermitteln, dass sein Einsatz wichtig war – für das Heer wie für seine eigene Stellung in der Gesellschaft. Das war auch nicht völlig falsch. Zwar war die Bedeutung einer tapferen Einzeltat für das Heer nicht so bedeutsam, wie es in den Erzählungen der Chronisten scheinen mochte. Auch trug der Ruhm, eine solche Tat vollbracht zu haben, nur wenige zu höchstem Ansehen. Aber ganz unwichtig war der Einsatz der Einzelnen doch nicht und mancher konnte durch erfolgreiche Teilnahme an einem Krieg wirklich seine soziale Stellung ausbauen.

Auffällig ist ferner, dass die Teilhabe am neuen Kult um das Rittertum keine Angelegenheit jener Adligen war, die bei den Wandlungen in Heer, Politik und Gesellschaft zu den Verlierern zählten. In einem Turnier anzutreten, war kostspielig. Ein Banner führte nur, wer ein eigenes Kontingent stellte oder wer sich in langen Kämpfen bewährt hatte; das Erste kostete viel Geld, das Zweite erbrachte im Allgemeinen zumindest ein erträgliches Auskommen; ein gewisses Vermögen ist also bei Bannerführenden vorauszusetzen. In einen Ritterorden – auch wenn er nicht ganz so exklusiv war wie der Hosenbandorden – wurden ebenso nur wohlhabendere und einflussreichere Männer aufgenommen. Diese Leute arrangierten sich problemlos mit den neuen Verhältnissen. Die Könige und Fürsten warben Infanterieheere an, ohne ein schlechtes Gewissen zu haben und ohne geistig die Orientierung zu verlieren. Jene Adligen, die in den Hosenbandorden und ähnliche Gemeinschaften aufgenommen wurden und die sich an Turnieren beteiligten, führten im Krieg Kontingente, die ganz selbstverständlich auch aus Infanterie und Artillerie bestanden. Kurz: Getragen und inszeniert wurde das Wiederaufleben des Ritterkults von den wohlhabenderen Adligen, ja auch von den allerreichsten und allermächtigsten, den Königen und Fürsten, von jenen also, deren Stellung am wenigsten bedroht war und denen ihre Stellung kaum bedroht erscheinen konnte.

Das Wiederaufleben des Rittertums war also auch eine Propaganda-Aktion der Könige und Fürsten. Während sie einerseits die Abhängigkeit des Adels steigerten, zelebrierten sie andererseits absichtsvoll die altbekannten Ideale. Der Rückgriff auf die Ritterideale überbrückte insofern eine Kluft zwischen traditionellem Verhalten und neuen Gegebenheiten, machte die Veränderungen erträglicher und lenkte von ihnen ab.

Zum anderen aber legitimierten die Könige und Fürsten ihre politische und soziale Stellung – gegenüber dem Adel, aber auch gegenüber den Nicht-Adligen, denn auch die Nicht-Adligen waren in weiten Teilen von der adligen Selbstdarstellung überzeugt. Das Endziel für jeden erfolgreichen Nicht-Adligen – ob Kaufmann, Bankier oder Jurist – war es, geadelt zu werden und adlig zu leben. Indem Könige und Fürsten sich selbst sowie ihre engsten und reichsten Gefolgsleute derart deutlich als vorbildliche Ritter darstellten, füllten sie ein anerkanntes Rollenbild aus und profitierten von dessen Prestige, während sie zugleich ihre Stellung neu gestalteten.

Diese Analyse sollte jedoch nicht verdecken, dass die Motive, die sich hier zeigen, den Zeitgenossen sicherlich nur zum Teil bewusst waren, und die langfristigen Wirkungen noch weniger. Sie handelten großenteils aus der Überzeugung heraus, richtig zu handeln – so zu handeln, wie es sich gehörte. Außerdem folgten die Formalisierung des Verhaltens im Zweikampf und im Turnier und die Wandlung der Ehrauffassung bei aller politischen Instrumentalisierung auch einer kulturellen Eigendynamik, die im Rittertum angelegt war. Schon im 12. Jahrhundert diente die ritterliche Ethik der Verfeinerung der Sitten, der erhöhten Triebkontrolle, der Abgrenzung nach unten. Diese Tendenzen wurden im späten Mittelalter fortgeführt, ja auch in der Frühen Neuzeit. Doch verschob sich dabei das Leitbild: Die Vorstellung davon, wie sich ein Ritter verhalten soll, veränderte sich. Langsam trat neben den Ritter ein neues Leitbild für den Adel: der „cortegiano“, der „gentleman“, der „gentilhomme“. Doch

90 Johann von Luxemburg, Bastard von Saint-Pol, Herr von Haubourdin, in voller Rüstung, mit Helmzier und Waffenrock; das Pferd ist mit einer Kuvertüre bedeckt. Die um 1460 entstandene Abbildung zeigt eine Aufmachung, die zu dieser Zeit vielleicht noch im Turnier, aber seit einem Jahrhundert nicht mehr im Krieg getragen wurde.

endete die Wirkkraft des Ritters als Leitbild und der ritterlichen Tugenden nicht mit dem Ende des Mittelalters. Sie blieb vielmehr bis in das 17. Jahrhundert erhalten.

Einmal mehr haben sich beim Blick auf den Krieg komplexe gesellschaftliche Zusammenhänge gezeigt, welche die Kriegführung beeinflussten und wiederum von ihr beeinflusst wurden. Steuern und Waffenröcke, Soldtruppen und Hosenbandorden, Armbrüste und Banner sind Indizien für einen tiefen Wandel in der europäischen Gesellschaft und in der europäischen Kultur.

91 Landsknechtshaufen mit Piken im Gefecht. Holzschnitt von Hans Leonhard Schäufelein, um 1530.

Krieg und Politik im spätmittelalterlichen Deutschland IX.

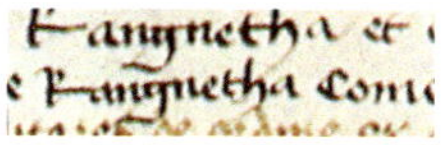

Die Schlacht bei Tannenberg 1410

Bis in das 15. Jahrhundert hinein erlebte das Heilige Römische Reich keinen Konflikt, der seine Existenz bedroht oder auch nur langanhaltende gemeinsame Anstrengungen erfordert hätte. Dieser erfreuliche Umstand führte dazu, dass auch jene Veränderungen in Staat, Heer und Verwaltung, die in den beiden westeuropäischen Königreichen als Folge des Hundertjährigen Krieges notwendig wurden, im Reich nur mit Verspätung einsetzten. Dies wiederum zeitigte Folgen, welche die Strukturen des Reichs bis zu seinem Ende 1806 und das deutsche Geschichtsbewusstsein letztlich bis heute bestimmen.

Allerdings gab es während des 14. und 15. Jahrhunderts im Reich eine Unzahl kleinerer Konflikte, welche den Fehden der Reichsstadt Frankfurt oder der Göttinger Fehde von 1485/86 ähnelten. Daneben kamen auch größere Auseinandersetzungen vor, z.B. der Erste Städtekrieg 1388/89, in dem sich die süddeutschen und rheinischen Reichsstädte gegen eine Reihe von Fürsten stellten, oder der Zweite Städtekrieg von 1449/50, in dem Nürnberg gegen Albrecht Achilles, den Markgrafen von Brandenburg und Ansbach, kämpfte. Neben derartigen Auseinandersetzungen innerhalb des Reichs gab es auch solche, welche einzelne Reichsglieder gegen andere, nicht zum Reich zählende Machthaber führten. Dies betraf z.B. die beiden Kriege hansischer und nichthansischer Städte gegen König Waldemar IV. Atterdag von Dänemark 1362 und 1367–70.

Auch in der größten Schlacht, die im deutschen Sprachraum während der ersten Hälfte des 15. Jahrhunderts stattfand, war ein Kontrahent ein Fürst von außerhalb des Reiches. Bei seinem Widersacher handelte es sich obendrein um den Deutschen Orden und seinen preußischen Staat, dessen Zugehörigkeit zum Reich nicht unumstritten war. Diese Schlacht ist nicht nur als historisches Ereignis aufschlussreich, sondern auch deswegen, weil sie als einzige Schlacht des späten Mittelalters im Geschichtsbild ganz Deutschlands eine große Rolle spielte – allerdings erst mit großer Verzögerung und aus Gründen, die mit dem eigentlichen historischen Geschehen nichts zu tun hatten.

Im Jahr 1410 brach zwischen dem Deutschen Orden und Polen-Litauen ein Krieg aus, der letztlich die alten Streitigkeiten zwischen beiden Staaten fortsetzte. Es ging um Samaiten, den Landstrich nördlich der Memel, der bis 1398 zu Litauen gehört hatte und dann dem Orden in einem Friedensschluss zugesprochen worden war. Am 15. Juli 1410 stießen die Heere im östlichen Masuren aufeinander. Von Anfang an benannten beide Seiten die Schlacht unterschiedlich, der Deutsche Orden nach dem nahe liegenden Dorf Tannenberg, die polnischen Chronisten nach dem ebenfalls nahen Ort Grünfelde, doch verdrehten sie dessen Namen zu Grunwald. Noch heute trägt daher die Schlacht in Polen einen anderen Namen als in Deutschland, in Litauen sogar noch einen dritten: Zalgiris.

Die deutsche Forschung vermutet im Ordensheer 12 000–15 000 Mann, im polnischen rund 20 000. Polnische Historiker setzen beide Zahlen etwas höher an. Entscheidend ist, dass so große Heere auf diesem Kriegsschauplatz neu waren. Die Feldzüge gegen die Prußen und die Litauer hatte der Orden meist mit ein paar Hundert Mann bestritten, allenfalls mit 1000 oder 2000 Kämpfern. Die Zahlen lagen jetzt deswegen so viel höher, weil beide Heere neue Organisationsstrukturen anwendeten. Im Baltikum führte man jetzt Krieg wie in Westeuropa: mit Soldtruppen.

Auf Seiten des Ordens kämpfte jedoch auch eine Anzahl von Adligen aus Westeuropa, die letzten Preußenreisenden. Sie standen in der Schlacht den Litauern gegenüber, die eine bei ihnen gängige, in Westeuropa aber nicht übliche Taktik anwendeten. Sie ritten schnell davon, schienen zu fliehen. Die Westeuropäer setzten ihnen voller Freude nach und lösten dabei ihre Ordnung auf. Doch die Litauer sammelten sich plötzlich wieder. Die zerstreuten Westeuropäer hatten keine Chance gegen sie. Außerdem war durch das Vorpreschen des westeuropäischen Kontingents eine Lücke in der Front des Ordensheeres entstanden. Die Folge war ein militärisches Desaster.

Die Verluste des Ordensheeres lassen sich erahnen, weil einige sehr gut belegte Zahlen überliefert sind, allerdings nur für Teilkontingente des Heeres, vor allem für diejenigen aus den preußischen Städten. Allein 66 Mann aus der kleinen Stadt Christburg in Ostpreußen waren gefallen. 214 „gut gewappnete Männer“ aus Thorn starben oder wurden gefangen genommen. Von 1200 Danzigern kamen angeblich nur 300 zurück. Aus Elbing sollen 550 Mann gefallen sein. Berücksichtigt man, dass diese Städte nur ein paar Tausend Einwohner gezählt haben – Danzig war mit vielleicht 20 000–25 000 Einwohnern die bei weitem größte Stadt unter ihnen –, dann können die Kontingente dieser Städte nicht ein Vielfaches dieser Verlustziffern gezählt haben. Ein großer Anteil der Kämpfer aus städtischen Aufgeboten wurde also getötet oder gefangen genommen. Auch der Orden selbst, der in Preußen nie über mehr als ein paar Hundert Ordensritter verfügt hatte, erlitt schwere Verluste: 203 Ordensbrüder fielen, darunter der Hochmeister und zahlreiche andere hochrangige Funktionsträger.

Die Polen und Litauer besetzten oder verwüsteten große Teile des Ordensstaates. Doch die Marienburg verteidigte sich entschlossen. Das polnisch-litauische Heer musste die Belagerung abbrechen, der Deutsche Orden stabilisierte seine

93 Die polnische Gedenkstätte für die Schlacht von 1410.

nalistische Darbietungen genutzt – in einer absurden Umkehrung des Unfugs, den zuvor die Deutschen getrieben hatten. Die Inschrift auf dem deutschen Gedenkstein wurde symbolisch zerstört, ein anderer Gedenkstein mit polnischer Inschrift aufgestellt – an einer anderen Stelle und doch der gleichen, nämlich dort, wo nach Meinung eines polnischen Historikers der Hochmeister gefallen war. 1960 gab es wieder ein Jubiläum, das 550., wieder wurde es groß gefeiert. In Zusammenhang damit wurden auf dem Schlachtfeld ein polnisches Denkmal und ein Museum errichtet. Auch wurden mehrere archäologische Grabungen vorgenommen, die aber nichts wirklich Wichtiges zu Tage förderten. Seit den 1960er-Jahren, erst recht seit 1989, ist es ruhig geworden um Tannenberg. Die nationalistischen Denkmuster, die die Schlacht von 1410 mit falschen Bedeutungen überfrachteten, sind verschwunden. Die alten Mythen interessieren nicht mehr.

Die Soester Fehde 1444–49

Ein interessantes Beispiel für eine größere militärische Auseinandersetzung, wie sie innerhalb des Reichs häufig vorkamen, bildet die sogenannte Soester Fehde. Die westfälische Stadt Soest hatte sich in verkehrsgünstiger Lage am Schnittpunkt zweier bedeutender Handelswege entwickelt. Fernhandel, unter anderem mit Tuchen, und Salzgewinnung und -verkauf hatten ihr einen beachtlichen wirtschaftlichen Erfolg beschert, der sich in der sehr respektablen Zahl von rund 10 000 Einwohnern ausdrückte. Aus dem Wohlstand resultierte politischer Einfluss. Soest hatte 49 Dörfer und ein Landgebiet von rund 220 Quadratkilometern erworben, in dem abermals ungefähr so viele Menschen wie in der Stadt selbst lebten. Die Stadt gehörte zum Kölner Erzstift, d.h. dem weltlichen Herrschaftsgebiet des Kölner Erzbischofs, doch trieb sie recht eigenständig und sehr aktiv Politik in Westfalen, unter anderem indem sie sich Städtebünden und Landfriedensbündnissen anschloss. Außerdem zählte sie zur Hanse.

Erzbischof Dietrich II. von Moers versuchte, seine Stellung gegenüber den benachbarten politischen Gewalten auszubauen und die Herrschaft über seine Untertanen zu intensivieren, letztlich also seine Einnahmen zu erhöhen. Dabei kollidierte er mit den Interessen der Stadt Soest. Der Streit eskalierte, Vermittlungsversuche schlugen fehl. Man bemühte sich auch, ein Urteil König Friedrichs III. zu erlangen. Doch dieser konnte im Nordwesten des Reichs nicht juristisch, geschweige denn politisch persönlich eingreifen. Immerhin beauftragte er Herzog Bernhard von Sachsen-Lauenburg mit der Untersuchung des Streits. Dieser entschied, die Stadt solle sich unterwerfen, aber sein Urteil zeitigte keine Folgen. Im Gegenteil: 1444 sagte sich die Stadt vom Erzbischof los und unterstellte sich Herzog Adolf IV. von Kleve – eine folgerichtige Wahl, denn der neue Stadtherr war ein mächtiger Konkurrent des Erzstifts am Niederrhein und besaß daher sowohl gute Gründe als auch die machtpolitische Grundlage, um sich energisch für Soest und gegen den Kölner einzusetzen.

Die regionale Streitigkeit war damit zu einem Problem geworden, das die Machtbalance im ganzen deutschen Nordwesten betraf, ja darüber weit hinausgriff und die komplizierten Verwicklungen westeuropäischer Machtpolitik einbezog. Das Klever Herzogshaus lehnte sich eng an Herzog Philipp den Guten von Burgund an, der den Großteil der heutigen Staaten Belgien, Niederlande und Luxemburg beherrschte und dementsprechend den mächtigsten westlichen Nachbarn des Herzogtums Kleve darstellte. Die Bindungen schlugen sich nicht zuletzt darin nieder, dass Adolf IV. von Kleve eine Schwester Philipps des Guten geheiratet hatte. Sein Sohn Johann I. wählte ebenfalls eine Frau aus dem Haus Burgund, die allerdings aus einer anderen Linie als seine Mutter stammte. Burgund aber hatte 1443 das Herzogtum Luxemburg erobert, auf das auch die Herzöge von Sachsen Ansprüche erhoben. Letztere stellten sich folglich im Konflikt um Soest gegen die mit Burgund verbündeten Klever und daher auf die Seite des Kölner Erzbischofs. Ebenfalls ein Rivale Burgunds war König Karl VII. von Frankreich, der daher ebenfalls zur Partei des Kölners neigte.

Mittlerweile führte man auch im Reich Krieg mit Berufskriegern, die zum großen Teil als Fußtruppen fochten. Dank der Vermittlung der sächsischen Herzöge warb der Erzbischof ein Söldnerheer von immerhin rund 15 000 Mann an, die vor allem aus Böhmen und Sachsen stammten; böhmische Söldner genossen als Folge der Hussitenkriege einen guten Ruf. Diese Truppe belagerte im Sommer 1447 Soest, musste das Unternehmen aber aus Geldmangel abbrechen. Damit war der Krieg entschieden. Im Jahr 1449 wurde Friede geschlossen – bezeichnenderweise in Maastricht, einer Stadt, die zur Hälfte der Herrschaft des burgundischen Herzogs unterstand, und unter Vermittlung von Gesandten dieses Fürsten sowie des Papstes. Das Kölner Erzstift trat die Herrschaft über die Stadt Soest an den Herzog von Kleve ab. Durch diese Entscheidung sowie durch die hohen Kosten des Krieges verlor das Erzstift endgültig seine Vormachtbasis im Nordwesten des Reichs.

Die Soester Fehde hatte damit die politischen Konstellationen in einem beachtlichen Teil des Reichs erheblich verändert. Bezeichnenderweise aber hatte der König kaum und schon gar nicht entscheidend eingegriffen. Unmittelbar lag dies daran, dass Friedrich III. von den Schwierigkeiten in seinen Erblanden gelähmt wurde. Der tiefere Grund aber bestand in der Struktur des Reichs. Seit jeher waren die Reichsglieder es gewohnt, Konflikte in einzelnen Regionen innerhalb dieser Regionen zu regeln. Diese Vorgehensweise hatte sich bewährt und reichte aus. Gemeinsames Agieren von Fürsten und Städten aus verschiedenen Teilen des Reichs gab es nur in Ausnahmefällen. Dies sollte sich jedoch ändern. Die Interaktion unter den Reichsgliedern wurde seit 1470 enger. Erzwungen wurde diese zögerliche Entwicklung nicht zuletzt durch eine Folge militärischer Probleme.

Hussiten, Türken, Burgunder: Das Reich vor neuen Herausforderungen

Im 15. Jahrhundert sah sich das Heilige Römische Reich erstmals seit Jahrhunderten mit kriegerischen Auseinandersetzungen konfrontiert, die es als Ganzes betrafen und daher eine Reaktion aller Reichsglieder erforderten. Den Anfang machte ein langwieriger Konflikt mit Böhmen. Dort hatte sich seit längerem eine explosive Stimmung aufgebaut, die unter anderem in sozialen Spannungen, insbesondere zwischen deutsch- und tschechischsprachigen Bewohnern des Landes, und im Unbehagen über kirchliche Missstände gründete. Das Letztere führte sogar zu Auffassungen und Bestrebungen, die der Doktrin der katholischen Kirche widersprachen, also ketzerisch waren. Einer der auffälligsten Wortführer dieser Bewegung, Johannes Hus, wurde 1415 als Ketzer verbrannt. Nach ihm erhielt die Bewegung ihren Namen. Als 1419 König Wenzel IV. von Böhmen starb, kam es zu Unruhen in Böhmen und die bisher verdeckten Konflikte brachen offen aus.

Von größter Bedeutung für den Fortgang des Konflikts erwies sich, dass Sigismund, der römisch-deutsche König und Herrscher von Ungarn sowie Bruder des kinderlos verstorbenen Wenzel IV., den Kampf gegen die ketzerischen Hussiten vom Papst zum Kreuzzug erklären ließ. Auf diese Weise konnte Sigismund seinen Krieg gegen die Aufständischen propagandistisch problemlos rechtfertigen. Darüber hinaus mochte er darauf hoffen, dass sich viele Kämpfer aus religiöser Überzeugung seinem Heer anschlossen. Andererseits war einer Verständigung mit den Aufständischen jetzt auf lange Jahre jeder Weg verbaut, denn von Feinden des christlichen Glaubens durfte man kaum etwas anderes als die vollständige Unterwerfung verlangen. Außerdem schweißte der äußere Druck die sehr unterschiedlichen Gruppierungen unter den Aufständischen fest zusammen und radikalisierte viele unter ihnen. Aus dem Aufstand in Böhmen wurde ein harter Konflikt, der das Reich über anderthalb Jahrzehnte beanspruchen sollte.

Die Feldzüge gegen die Hussiten waren nur selten von Erfolg gekrönt. Im Jahr 1420 gelang es Sigismund immerhin, mit einem Heer nach Böhmen vorzustoßen und sich im Veitsdom auf der Prager Burg zum König von Böhmen krönen zu lassen. Doch nicht einmal die Stadt Prag selbst vermochte er einzunehmen, wenige Wochen später löste sich sein Heer auf. Im Jahr darauf scheiterte ein Reichsheer schon bei dem Versuch, die im Nordwesten Böhmens gelegene Stadt Saaz einzunehmen, und zerstreute sich daraufhin ebenfalls. Einige Monate später marschierte Sigismund aus Ungarn nach Mähren ein, wurde aber bei Deutsch-Brod vernichtend geschlagen. In den folgenden Jahren zogen immer wieder Truppen gegen die Hussiten ins Feld, unter dem Kommando unterschiedlicher Fürsten, mit den Kontingenten unterschiedlicher Reichsstände, stets ohne durchschlagenden Erfolg, manchmal kam es zu herben Niederlagen. Im Jahr 1427 floh sogar ein Reichsheer in Panik, als sich ihm eine unterlegene hussitische Truppe auch nur näherte; zum Kampf war es gar nicht gekommen. Seit 1426 führten die Hussiten ihrerseits Verheerungszüge in den angrenzenden Regionen des Reichs durch, nach Brandenburg, Sachsen, Thüringen, Franken. Fortgesetzte Misserfolge auf Seiten des Reichs, innere Zerwürfnisse auf Seiten der Hussiten machten schließlich den Weg zu einem Friedensschluss frei. Die Hussiten erhielten Zugeständnisse hinsichtlich der Ausübung des Gottesdienstes, Sigismund wurde 1436 als König von Böhmen anerkannt.

Die hussitischen Heere verdankten ihre Erfolge nicht zuletzt dem Umstand, dass sie großenteils aus nicht-adligen Fußkämpfern bestanden und diese für eine Sache kämpften, an die sie fest glaubten und für die sie sich einer strengen Disziplin unterwarfen. Außerdem gewannen viele Kämpfer durch die fortgesetzten, siegreichen Unternehmungen an Erfahrung und Selbstvertrauen. Wie im Hundertjährigen Krieg, wenn auch aus zum Teil anderen Gründen, entstanden also kampfkräftige Truppen von Fußsoldaten, die Panzerreitern standhalten konnten. Allerdings zeigten sich auch hier die Schattenseiten dieses Prozesses, denn viele der hussitischen Kämpfer wurden zu Berufssöldnern, die auf den Krieg als

Einnahmequelle angewiesen waren und deren Disziplin nachließ.

Einige taktische Maßnahmen trugen zum Erfolg der hussitischen Heere bei. Sie führten z.B. Wagen mit sich, die sie im Fall einer Schlacht zu Wagenburgen zusammenstellten und hinter denen sie sich dann verschanzten. Zur Verteidigung dieser Wagenburgen wurden auch verstärkt Schusswaffen eingesetzt. Wenn der Ansturm der Feinde abgewiesen war und ihre Ordnung sich auslöste, griff häufig die Reiterei an, die es im hussitischen Heer durchaus auch gab, und führte die Entscheidung herbei. Allerdings waren diese taktischen Kunstgriffe nicht derart entscheidend, wie man lange meinte. Eine Wagenburg taugte aus naheliegenden Gründen nur zur Defensive, die Schusswaffen waren wenig effektiv.

Bezeichnend für die politischen Strukturen des Reichs war, dass seine Glieder nur mühsam zu gemeinsamen Maßnahmen bewegt werden konnten. Die häufige Abwesenheit König Sigismunds, der vor allem von seinen Verpflichtungen in Ungarn festgehalten wurde, trug ihren Teil dazu bei, auch wenn die Kurfürsten einsprangen und versuchten, die Politik der Reichsglieder zu koordinieren. Ansätze zu politisch-administrativen Neuerungen gab es durchaus. Zum ersten Mal verlangte man von Fürsten und Städten nicht die Stellung von Kontingenten, sondern eine Steuerzahlung. Dazu musste man erst einmal verbindlich feststellen, wer überhaupt unmittelbar dem König unterstand (reichsunmittelbar war, wie man später sagte) und daher verpflichtet war, solche Belastungen mitzutragen. Doch die Steuer war kein Erfolg. Das Reichsheer blieb eine Ansammlung von Kontingenten einzelner Reichsglieder.

Einige Jahrzehnte nachdem die Hussitenkriege durch den Friedenschluss beendet waren, zeigten sich für das Reich neue Gefahren in Gestalt der Türken. Seit längerem expandierte das Osmanische Reich auf dem Balkan. Schon 1396 hatte

94 Nach den Hussiten verwendeten auch andere Heere Wagenburgen. Auf dieser Zeichnung des sog. Hausbuchmeisters, entstanden 1475–90, wird die Darstellung der Wagenburg genutzt, um Größe und Pracht des kaiserlichen Lagers zu demonstrieren.

ein Kreuzfahrerheer versucht, dieser Gefahr entgegenzutreten, doch war es bei Nikopolis im heutigen Bulgarien vernichtet worden. 1444 war es einem weiteren Kreuzheer bei Warna ähnlich ergangen. Nachdem 1453 Konstantinopel gefallen war, gab es erneut Bestrebungen zu einem Krieg gegen die Türken. Im Reich fanden in der Mitte der 1450er-Jahre mehrere Versammlungen der Reichsglieder statt, die zur Aufstellung eines Heeres führen sollten, aber nichts zustande brachten. Einige Jahre später wurde das Problem noch drängender, denn türkische Vorstöße trafen 1469 erstmals Slowenien, 1471 die Steiermark. Danach kamen ähnliche Unternehmungen immer wieder vor. Nun war also das Reichsgebiet unmittelbar betroffen. Da es die habsburgischen Erblande waren, die besonders unter den feindlichen Übergriffen litten, war Kaiser Friedrich III. selbst sehr an der Türkenabwehr interessiert. Auf seine Initiative hin fand 1471 eine Reichsversammlung in Regensburg statt, bei der auch Gesandte von Mächten außerhalb des Reichs erschienen. Wieder blieben die Beschlüsse aber hinter den Erwartungen zurück. Statt des geforderten Heeres bewilligten die Reichsglieder nur kleinere Truppenverbände zur unmittelbaren Verteidigung der Erblande.

Wenige Jahre später wurde die Aufmerksamkeit des Kaisers und der Fürsten nach Westen gelenkt, wo Herzog Karl der Kühne von Burgund eine aggressive Expansionspolitik betrieb. Seinen Unternehmungen gegen das Fürstbistum Lüttich und das Herzogtum Geldern, immerhin zwei Reichsfürstentümer, hatten Kaiser und Reich freilich bislang weitgehend passiv gegenübergestanden. Im Jahr 1473 kam es sogar zu intensiven Verhandlungen zwischen Friedrich III. und Karl, die freilich scheiterten. Dann aber überdehnte der Herzog den Bogen. Im Sommer 1474 mischte er sich in Streitigkeiten zwischen dem Erzbischof von Köln, seinem Domkapitel und den Ständen des Erzstifts ein. Um den Prälaten zu unterstützen, belagerte Karl die Stadt Neuß am Niederrhein. Kaiser Friedrich III. forderte die Reichsglieder zur Stellung von Truppen auf und jetzt waren viele von ihnen bereit, Leistungen zu erbringen, die sie bisher abgelehnt oder herausgezögert hatten. Trotzdem dauerte es noch lange Monate, bis die Truppen zusammengezogen war. Aber die Stadt Neuß verteidigte sich zäh, bis das Reichsheer endlich heranmarschierte. Der Burgunder verzichtete nach ein paar Gefechten auf seine Ziele am Niederrhein und zog sein Heer zurück.

Karl wandte sich ohne Zögern nach Süden. Einige Jahre zuvor hatte er von einem Verwandten des Kaisers, Herzog Siegmund, durch einen Pfandvertrag dessen Besitzungen im Elsass und am Oberrhein erworben. Jetzt brach dort ein Aufstand los, eifrig unterstützt von oberrheinischen Reichsstädten und der Schweizer Eidgenossenschaft. Karl der Kühne eroberte nun das Herzogtum Lothringen, das genau zwischen seinen Besitzungen in den Niederlanden einerseits sowie dem Herzogtum und der Freigrafschaft Burgund andererseits lag. Wieder fand diese Aggression gegen ein Reichsfürstentum wenig Aufmerksamkeit im Reich, weil das Herzogtum zwar formell zum Reich gehörte, aber an der Reichspolitik kaum teilgenommen hatte und stark nach Frankreich orientiert war. Auch der Kaiser sorgte sich nicht um den lothringischen Herzog, sondern schloss einen Frieden mit dem Burgunder, der durch eine Verlobung zwischen Karls einziger Tochter Maria und Friedrichs einzigem Sohn Maximilian besiegelt wurde. Andere Gegner Karls aber setzten ihren Kampf fort, an ihrer Spitze die Schweizer Eidgenossenschaft. In drei Schlachten besiegten die Eidgenossen und ihre Verbündeten den Burgunder: 1476 bei Grandson und Murten, schließlich 1477 bei Nancy, wo der Herzog fiel.

Maximilian von Habsburg, der Sohn des Kaisers, heiratete Maria von Burgund und konnte ihr Erbe für beider Sohn Philipp den Schönen sichern. Dazu bedurfte es langer Aufenthalte in den burgundischen Niederlanden und mehrerer Kriege gegen Frankreich, aber auch gegen die niederländischen Stände. Dabei lernte Maximilian die Neuerungen in der Kriegführung kennen, die sich im Reich noch nicht oder zumindest nicht mit aller Konsequenz durchgesetzt hatten, und führte sie in seinen Erblanden und in seinen Heeren ein.

Der Habsburger warb zuverlässige Söldner an, die zu Fuß fochten und „Landsknechte“ genannt wurden. Sie kämpften in Gevierthaufen, die meisten mit Langspießen, einige mit Büchsen oder mit zweihändig zu führenden Schwertern. Damit verfügte jetzt auch Maximilian über eine zuverlässige, disziplinierte und erfahrene Infanterie. Sie spielte in seiner Kriegführung eine entscheidende Rolle. Die schwere Panzerreiterei war dennoch nach wie vor notwendig. Bei der Artillerie übernahm Maximilian vom burgundischen Heer die Veränderungen an der Lafette, welche die Geschütze beweglicher und damit effektiver machten.

Maximilian sorgte auch für die Infrastruktur, welche für die Kriegführung nötig war. Er gründete Geschützgießereien, welche die erforderlichen Geschützrohre herstellten, und richtete Zeughäuser ein, in denen die Kanonen und anderes Kriegsmaterial im Frieden gelagert wurden. Durch alle diese Maßnahmen gewann Habsburg Anschluss an die militärischen Standards, die in West- und Südeuropa schon längst üblich waren. Auch die Reichsstände übernahmen diese Neuerungen, soweit sie es sich leisten konnten. Hinsichtlich der Aufstellung, der Organisation, der Ausrüstung, der Gliederung und der Kampfweise waren damit Grundlagen geschaffen, welche die Heere bis in die Mitte des 17. Jahrhunderts bestimmen sollten.

Doch die Armee, über die Maximilian unmittelbar verfügte, war eine habsburgische. Als Herr der Erblande befehligte Maximilian die Truppen und rüstete sie aus, die Erblande finanzierten sie durch ihre Abgaben, in den Erblanden standen die Zeughäuser. Viele seiner Feldzüge dienten primär den Interessen der habsburgischen Dynastie. Meinte der Kaiser, in einem Krieg die Interessen des Reichs verteidigen zu müssen, konnte er von den Reichsständen Unterstützung fordern. Dann musste er mit ihnen darüber verhandeln, wie viele Truppen sie stellten oder wie viel Geld sie zahlten. Immerhin hatten sich die politischen Strukturen im letzten Viertel des 15. Jahrhunderts unter dem Druck der militärischen Schwierigkeiten dahingehend weiterentwickelt, dass die Beziehungen zwischen den Reichsgliedern zahlreicher und intensiver geworden waren. So waren nun auch Fürsten aus Gegenden, die bislang in der Reichspolitik abseits gestanden hatten, jetzt in sie integriert; dies betraf nicht zuletzt Norddeutschland. Vor allem etablierte sich 1495 die Versammlung der Reichsglieder, die es schon längst gegeben hatte, als eine eigenständige Institution, die dem Reichsoberhaupt als Verhandlungspartner gegenübertrat. Das beseitigte selbstredend keine Interessengegensätze, schuf aber ein Forum und Mechanismen, um Kompromisse zu finden. Bei dieser Konstruktion blieb es bis zum Ende des Alten Reichs 1806.

Diese politischen Strukturen hatten zur Folge, dass im Kriegsfall immer wieder zwischen den unterschiedlichen Interessen der Reichsstände in oft mühsamen, langwierigen Verhandlungen ein Kompromiss gefunden werden musste. Unter diesen Umständen konnte das Reich keinen Angriffskrieg führen, auch ein Verteidigungskrieg war nur mit Mühen zu organisieren. Allerdings reichten die Möglichkeiten aus, um das Reich und seine Stände zu schützen – auch deswegen, weil das Reich insgesamt und die einzelnen Reichsstände zwar immer wieder Kriege führten, aber das Reich als Ganzes nie vor einer wirklich existenziellen Bedrohung stand.

Diese relative Sicherheit des Gemeinwesens war ein wesentlicher Grund dafür, dass sich der frühmoderne Staat in Deutschland auf der Ebene der Fürstentümer ausbildete. Anders als Frankreich war es nie gezwungen, unter dem Druck lang andauernder, heftiger Feindseligkeiten neue, effektivere Strukturen zu entwickeln und zugleich angesichts des gemeinsamen Feindes Fürsten, Adel und Volk hinter dem Reichsoberhaupt zu vereinen. Ebenso wenig begründete – wie im Fall der Schweizer Eidgenossenschaft – eine Reihe erfolgreicher militärischer Unternehmungen ein Zusammengehörigkeitsgefühl unter bisher nicht zusammengehörigen politischen Einheiten und damit ein neues Gemeinwesen. Einmal mehr erweist sich, dass zwischen den Kriegen, die ein Gemeinwesen führen muss oder will, und seiner politischen Verfassung ein enger Zusammenhang besteht.

Kriege und Heerwesen unter Maximilian I. sind jedoch noch in einem anderen Punkt von allgemeinerer Bedeutung. Mochte der Kaiser hinsichtlich Bewaffnung und Organisation ganz auf dem neuesten Stand sein, so stellte er sich selbst doch konsequent als Ritter dar. Er nahm an Turnieren teil, bestritt Zweikämpfe, förderte das Turnierwesen. Der Krieg gegen die „ungläubigen“ Türken galt ihm nicht nur als eine politisch notwendige Maßnahme, sondern war für ihn ein religiös-moralisches Ziel. Demonstrativ manifestierte er seine Vorliebe für das ritterlich-adlige

Vergnügen der Jagd. Auch ließ er die ritterliche Epik vergangener Jahrhunderte sammeln. Vor allem aber stilisierte er sich selbst und seine Taten in drei autobiografischen Schriften entschlossen nach ritterlichen Vorbildern.

Zwischen militärtechnischer Modernität und ritterlichen Tugenden bestand für Maximilian und seine Zeitgenossen kein Widerspruch. Ähnlich wie schon in den Jahrzehnten zuvor in Frankreich, so mochte gewiss die Betonung des Altbewährten es dem Adel, aber auch dem Kaiser selbst erleichtern, die Neuerungen zu akzeptieren. Doch ging es um mehr. Die ritterlichen Tugenden bildeten im Reich nach wie vor die wichtigsten Normen für das Verhalten des Adels. Wer sie demonstrativ befolgte, konnte daraus hohes Prestige ziehen. Auch am Ende des Mittelalters, an der Schwelle zur Neuzeit zeigt sich damit, was sich immer wieder erwiesen hat: Kriegführung ist nicht nur eine Frage technischer Gegebenheiten und pragmatischer Effizienz, sondern steht in engem Zusammenhang mit den Werten und Deutungsmechanismen, kurz: mit der Kultur einer Gesellschaft.

95 Kaiser Maximilians Landsknechte versuchten wie alle Söldner, sich durch auffällige Kleidung auszuzeichnen – hier durch weite Ärmel, Federbüsche auf der Kopfbedeckung und enge Beinkleider, welche die Genitalien betonen. Holzschnitt von Wolf Huber, vor 1520.

Literaturhinweise

Allgemeine Werke

Philippe Contamine, La guerre au Moyen-Age, 4. Aufl., Paris 1994.

Hans Delbrück, Geschichte der Kriegskunst im Rahmen der politischen Geschichte, Bd. 3: Mittelalter, Berlin 1907.

Wilhelm Erben, Kriegsgeschichte des Mittelalters, München 1929.

John Keegan, The Face of the Battle. A Study of Agincourt, Waterloo and the Somme, London 1976 und öfter; dt. Ausg.: Das Antlitz des Krieges. Die Schlachten von Azincourt 1415, Waterloo 1815 und an der Somme 1916, Frankfurt a. M. 1991.

John Keegan, A History of Warfare, 2. Aufl., London 1994; dt. Ausg.: Die Kultur des Krieges, Berlin 1995.

Maurice H. Keen (Hg.), Medieval Warfare. A History, Oxford 1999.

Charles W. C. Oman, The Art of War in the Middle Ages, AD 378 – 1485, 2 Bde., London 1924.

Michael Prestwich (Hg.), Armies and Warfare in the Middle Ages. The English Experience, New Haven/London 1996, TB-Ausg. 1999.

Malte Prietzel, Kriegführung im Mittelalter: Handlungen, Erinnerungen und Bedeutungen, Paderborn 2006.

Jan Frans Verbruggen, The Art of Warfare in Western Europe during the Middle Ages from the Eighth Century to 1340, second edition, revised and enlarged, übersetzt von Sumner Willard, Woodbridge 1997; zuerst 1954 auf Niederländisch.

I. Organisation und Ausrüstung der Heere im 8. bis 11. Jahrhundert

Zu den karolingischen Heeren allgemein: Bernard S. Bachrach, Early Carolingian Warfare: Prelude to Empire, Philadelphia 2001. – Zu Bewaffnung und Ausrüstung: Heiko Steuer, Bewaffnung und Kriegführung der Sachsen und Franken, in: 799, Kunst und Kultur der Karolingerzeit. Karl der Große und Leo III. in Paderborn, hg. von Christoph Stiegemann und Matthias Wemhoff, Bd. 3, Paderborn 1999, S. 310 – 322; Simon Coupland, Carolingian Arms and Armour in the Ninth Century, in: Viator 21, 1990, S. 29 – 50. – Zur Zahl der Heerespflichtigen im Karolingerreich und zum „Indiculus loricatorum“: Karl-Ferdinand Werner, Heeresorganisation und Kriegführung im deutschen Königreich des 10. und 11. Jahrhunderts, in: Ordinamenti militari in occidente nell'alto medioevo, Tl. 2, Spoleto 1968, S. 791 – 843. – Zur Rolle von Reiterei und Infanterie: Stephen Morillo, The „Age of Cavalry“ revisited, in: Donald Kagay und L. J. Villalon (Hg.), The Circle of War in the Middle Ages. Essays on Medieval Military and Naval History, Woodbridge 1999, S. 45 – 58.

II. Kriegshandwerk und Kriegerethos

Hrabanus Maurus: De procinctu Romanae miliciae, hg. von Ernst Dümmler, in: Zeitschrift für deutsches Altertum 15, 1872, S. 443 – 451. – Zu Wagen und Transport: Bernard S. Bachrach, Animals and Warfare in Early Medieval Europe, in: Settimane di studio del Centro italiano di studi sull'alto medioevo 31/1, Spoleto 1985, S. 707 – 764. – Zur langfristigen Strategie: Reinhard Schneider, Fränkische Alpenpolitik, in: Die transalpinen Verbindungen der Bayern, Alemannen und Franken bis zum 10. Jahrhundert, hg. von Helmut Beumann, Werner Schröder, Sigmaringen 1987, S. 23 – 49; Wilhelm Störmer, Zur Frage der Funktion des kirchlichen Fernbesitzes im Gebiet der Ostalpen vom 8. bis 10. Jh., in: ebd., S. 379 – 403; Jörg Jarnut, Die Eroberung Bergamos (894). Eine Entscheidungsschlacht zwischen Kaiser Wido und König Arnulf, in: Deutsches Archiv 30, 1974, S. 208 – 215; Herbert Krüger, Die vorgeschichtlichen Straßen in den Sachsenkriegen Karls des Großen, in: Korrespondenzblatt des Gesamtvereins der deutschen Geschichts- und Altertumsvereine 80, 1932, S. 223 – 280. – Zur Wichtigkeit von Beute und Tributen: Timothy Reuter, Plunder and Tribute in the Carolingian

Empire, in: Transactions of the Royal Historical Society, 5th series, 35, 1985, S. 75 – 94.

III. Bewertungen und Erinnerungen

Allgemein zur Darstellung von Krieg in der Historiografie der Karolingerzeit: Thomas Scharff, Die Kämpfe der Herrscher und der Heiligen. Krieg und historische Erinnerung in der Karolingerzeit, Darmstadt 2002. – Zur Rolle von Religion und Frömmigkeit: David S. Bachrach, Religion and the Conduct of War, c. 300 – 1215, Woodbridge 2003. – Zu den Ungarn: Maximilian Georg Kellner, Die Ungarneinfälle im Bild der Quellen bis 1150. Von der „gens detestanda" zur „gens ad fidem conversa", München 1997. – Zur Schlacht von 955: Matthias Springer, 955 als Zeitenwende. Otto I. und die Lechfeldschlacht, in: Matthias Puhle (Hg.), Otto der Große, Magdeburg und Europa, Bd. 1, Mainz 2001, S. 199 – 208; Bruno Scherff, Studien zum Heer der Ottonen und der ersten Salier (919 – 1056), Diss. phil. Bonn 1985, S. 50 – 97; Karl Leyser, The Battle at the Lech, 955. A Study in Tenth-Century Warfare, in: ders., Medieval Germany and its Neighbours, 900 – 1250, London 1982, S. 43-67; zuerst in: History 50, 1965, S. 1 – 25. – Das Delbrück-Zitat: Hans Delbrück, Weltgeschichte. Vorlesungen, gehalten an der Universität Berlin 1896/1920, 2. Teil: Das Mittelalter, 2. Aufl., Berlin 1931, S. 387 – 389. – Zu Roland zuletzt: Ulrich Müller, Roland, in: ders. und Werner Wunderlich (Hg.), Herrscher, Helden, Heilige, St. Gallen 1996, S. 305 – 325.

IV. Neuerungen im 11. und 12. Jahrhundert

Zur Kampftechnik: Ulrich Lehnhardt, Die Schlacht bei Worringen 1288. Kriegführung im Mittelalter. Der Limburger Erbfolgekrieg unter besonderer Berücksichtigung der Schlacht von Worringen, 5. 6. 1288, 2. Aufl., Frankfurt a. M. 1994, S. 42 – 92. – Zur Entstehung des Rittertums: Maurice H. Keen, Chivalry, New Haven 1984; dt. Ausg.: Das Rittertum, München/Zürich 1987; C. Stephen Jaeger, Die Entstehung höfischer Kultur. Vom höfischen Bischof zum höfischen Ritter, übersetzt von Sabine Hellwig-Wagnitz, Berlin 2001; Franz-Reiner Erkens, Militia und Ritterschaft. Reflexionen über die Entstehung des Rittertums, in: Historische Zeitschrift 258, 1994, S. 623 – 659. – Zu Turnieren: Juliet Barker, The Tournament in England, 1100 – 1400, 2. Aufl., Woodbridge 2003; Josef Fleckenstein (Hg.), Das ritterliche Turnier im Mittelalter. Beiträge zu einer vergleichenden Formen- und Verhaltensgeschichte des Rittertums, Göttingen 1985. – Zu ritterlichen Konventionen der Kriegführung: Matthew Strickland, War and Chivalry: The Conduct and Perception of War in England and Normandy, 1066 – 1217, Cambridge 1996.

V. Glaubenskrieg und adlige Standespflicht: Der Deutsche Orden in Preußen

Zur Eroberung Preußens: Hartmut Boockmann, Der Deutsche Orden. Zwölf Kapitel aus seiner Geschichte, 4. Aufl., München 1994, S. 66 – 114. – Grundlegend zu den Preußenreisen: Werner Paravicini, Die Preußenreisen des europäischen Adels, Teil 1 – 2, Sigmaringen 1989 – 1995.

VI. Befestigungen und Belagerungen

Die Literatur über Burgen ist überreich. Das neueste Überblickswerk: G. Ulrich Großmann, Burgen in Europa, Darmstadt 2005; Burgen in Mitteleuropa. Ein Handbuch, hg. von Horst Wolfgang Böhme u. a., 2 Bde., Stuttgart 1999. – Hermann Hinz, Motte und Donjon. Zur Frühgeschichte der mittelalterlichen Adelsburg (Zeitschrift für Archäologie des Mittelalters, Beiheft 1), Köln 1981. – Zur Habsburg: Peter Frey, Die Habsburg im Aargau, in: Burgen der Salierzeit, hg. von Horst Wolfgang Böhme, Bd. 2, Sigmaringen 1991, S. 331 – 350. – Zur Modellrechnung über einen Burgenbau: Alexander Antonow, Planung und Bau von Burgen im süddeutschen Raum, Frankfurt a. M. 1983. – Zu den Burgen des Deutschen Ordens: Tomasz Torbus, Die Konventsburgen des Deutschordenslandes Preußen, München 1997. – Zu ihrer Rolle für die Kriegführung: Friedrich Benninghoven, Die Burgen als

Grundpfeiler des spätmittelalterlichen Wehrwesens im preußisch-livländischen Deutschordensstaat, in: Die Burgen im deutschen Sprachraum, hg. von Hans Patze, Bd. 1, Sigmaringen 1976, S. 565–601. – Das Inventar der Burg Kapellendorf: Urkundenbuch der Stadt Erfurt, hg. von Carl Beyer, Bd. 2, Halle 1897, Nr. 1019. – Belagerungen und Pulverartillerie: The Medieval City under Siege, hg. von Ivy A. Corfis und Michael Wolfe, Woodbridge 1995; Jim Bradbury, The Medieval Siege, Woodbridge 1992.

VII. Städte im Krieg

Zum Wehrwesen einzelner Städte: Beate Sauerbrey, Die Wehrverfassung der Stadt Braunschweig im Spätmittelalter, Braunschweig 1989; Brigitte Maria Wübbeke, Das Militärwesen der Stadt Köln im 15. Jahrhundert, Stuttgart 1991. – Zu den Frankfurter Fehden: Elsbet Orth, Die Fehden der Reichsstadt Frankfurt am Main im Spätmittelalter. Fehderecht und Fehdepraxis im 14. und 15. Jahrhundert, Wiesbaden 1973. – Zum Göttinger Beispiel: Dieter Neitzert, Die Stadt Göttingen führt eine Fehde (1485/86). Untersuchung zu einer Sozial- und Wirtschaftsgeschichte von Stadt und Umland, Göttingen 1992. – Zu den Verteidigungsausgaben der Städte: Gerhard Fouquet, Die Finanzierung von Krieg und Verteidigung in oberdeutschen Städten des späten Mittelalters (1400–1500), in: Bernhard Kirchgässner, Günter Scholz (Hg.), Stadt und Krieg, Sigmaringen 1989, S. 41–82. – Zu den Eigenarten kommunaler Erinnerung an Kriege vgl. einige Aufsätze von Klaus Graf, vor allem: Klaus Graf, Schlachtengedenken in der Stadt, in: Bernhard Kirchgässner, Günter Scholz (Hg.), Stadt und Krieg, Sigmaringen 1989, S. 83–104.

VIII. Der Hundertjährige Krieg

Zur französischen Armee in dieser Zeit grundlegend: Philippe Contamine, Guerre, Etat et société à la fin du Moyen-Age. Etudes sur les armées du roi de France. 1337–1494, Paris/Den Haag 1972, ND Paris 2004. – Zu Langbogen und Armbrust: Robert Hardy, The Longbow. A social and military history, Portsmouth 1986; Egon Harmuth, Die Armbrust, Graz 1987. – Zum Wiederaufleben des Rittertums und dessen Rolle für Kriegführung und Staat: Keen, Chivalry (s.o., zu Kap. IV), S. 179–237; Malcolm G. A. Vale, War and Chivalry. Warfare and Aristocratic Culture in England, France and Burgundy at the End of the Middle Ages, London 1981; Roger Sablonier, Rittertum, Adel und Kriegswesen im Mittelalter, in: Josef Fleckenstein (Hg.), Das ritterliche Turnier im Mittelalter. Beiträge zu einer vergleichenden Formen- und Verhaltensgeschichte des Rittertums, Göttingen 1985, S. 532–570. – Zur Bedeutung des Rittertitels in Frankreich: Philippe Contamine, Points de vue sur la chevalerie en France à la fin du moyen âge, in: Francia 4, 1976, S. 255–285. – Zu den weltlichen Ritterorden: D'Arcy Jonathan Dacre Boulton: The Knights of the Crown. The Monarchical Orders of Knighthood in Later Medieval Europe 1325–1520, Woodbridge 1987. – Zu Turnieren: s. o., zu Kap. IV. – Zur Wichtigkeit ritterlicher Tugenden nach 1500: John D. J. B. Trim (Hg.), The Chivalric Ethos and the Development of Military Professionalism, Leiden 2003.

IX. Krieg und Politik im spätmittelalterlichen Deutschland

Zur Schlacht von 1410 und ihrem Nachleben: Sven Ekdahl, Die Schlacht bei Tannenberg 1410. Quellenkritische Untersuchungen, Bd. 1, Berlin 1982; weitere Bände sind nicht erschienen; ders., Die Flucht der Litauer in der Schlacht bei Tannenberg 1410, in: Zeitschrift für Ostforschung 12, 1963, S. 11–19. – Zur Soester Fehde: Heinz-Dieter Heimann, Die Soester Fehde, in: Soest – Geschichte der Stadt, Bd. 2, Soest 1996, S. 173–260. – Zu den Kriegen des Reichs im 15. Jh. und der Reichsstruktur: Peter Moraw, Staat und Krieg im deutschen Spätmittelalter, in: Werner Rösener (Hg.), Staat und Krieg vom Mittelalter bis zur Moderne, Göttingen 2000, S. 82–112; Malte Prietzel, Das Heilige Römische Reich im Spätmittelalter, Darmstadt 2004, S. 107–111, 126–144. – Zum Wirken Maximilians I. im Bereich des Kriegswesens: Hermann Wiesflecker, Kaiser Maximilian I. Das Reich, Österreich und Europa an der Wende zur Neuzeit, Bd. 5, München 1986, S. 501–530.

Register der Ortsnamen

Register der Personennamen

Alle Personen sind, soweit möglich, unter ihrem Vornamen verzeichnet. Bei Personen, die im 14. und 15. Jahrhundert lebten, wird unter dem Familiennamen auf die jeweiligen Vornamen verwiesen.

Sachregister

Abbildungsnachweis

Alle Karten sind von Peter Palm, Berlin.

S. 9, 12: Kirche St. Benedikt in Mals/S. 13: Essen, Domschatzkammer. Foto: Picture-Alliance/S. 15: Stiftsbibliothek St. Gallen/S. 17: Stiftung Schleswig-Holsteinische Landesmuseen Schloss Gottorf, Schleswig/S. 18: Stadtmuseum Düsseldorf/S. 19: Germanisches Nationalmuseum Nürnberg/S. 20: Brandenburgisches Landesamt für Denkmalpflege und Archäologisches Landesmuseum/S. 21: Schweizerisches Landesmuseum Zürich/S. 22: Universitets kulturhistorisk museum, Oslo/S. 23: Württembergische Landesbibliothek Stuttgart, Cod. Bibl. 2° 23, fol. 32v/S. 26: Stiftsbibliothek St. Gallen/S. 29, 44: Universitätsbibliothek Leiden, Ms. PER F 17, fol. 9r/S. 31: Stiftsbibliothek St. Gallen/S. 41: Bibliothèque nationale de France, Ms. Fr. 105, fol. 197v/S. 49: Württembergische Landesbibliothek Stuttgart, Cod. Bibl. 2° 23, fol. 158v/S. 53, 64: Bibliothèque nationale de France, Ms. Fr fr. 6465, f. 113r. Foto: akg-images/S. 61: Forschungsbibliothek Gotha, Memb. I 90, Bl. 87v/S. 67: akg-images/S. 69: Foto: WBG/S. 73: Foto: Malte Prietzel/S. 75: Foto: akg-images/S. 77, 91: Bibliothèque nationale de France, „Bible abregé en français", Arsenal 5211, fol. 339. Foto: akg-images/S. 79: ThULB Jena, Ms. Bos. Q. 6, Bl. 91 v./S. 81: Kunsthistorisches Museum Wien/S. 85: Universitätsbibliothek Heidelberg, Cod. Pal. Germ 848, fol. 24r/S. 88: Burgerbibliothek Bern, Cod. 120.II, f. 131 r/S. 90: Foto: Malte Prietzel/S. 93: Foto: akg-images/S. 96: Foto: picture-alliance/S. 101: Bibliothèque nationale de France, Ms. Fr. 5230, fol. 60v/S. 105: Ifa-Bilderteam/S. 107: Nach Adolf Herrnbrodt: Der Husterknupp, eine niederrheinische Burgenanlage des frühen Mittelalters, Köln 1958/S. 108, 109: Foto: Malte Prietzel/S. 110: Nach: Peter Frey: Die Habsburg im Aargau, in: Burgen der Salierzeit, hg. von Horst Wolfgang Böhme, Bd. 2, Thorbecke Verlag, Sigmaringen 1991/S. 111: Foto: picture-alliance/S. 113: Foto: picture-alliance/S. 116, 118: Bildarchiv Monheim/S. 120: Foto: picture-alliance/S. 122: Musée de La Neuveville/S. 123: Nach Karl Gruber: Die Gestalt der deutschen Stadt, Leipzig 1937/S. 125: ÖNB Wien, Cod. 2533, fol. 7v/S. 129: Bibliothèque nationale de France, Ms. Fr. 2644, fol. 135/S. 131: Foto: picture-alliance/S. 132 oben: Bildarchiv WBG/S. 132 unten, S. 133, 134, 135: Foto: Malte Prietzel/S. 136: Altertumskommission für Westfalen; Grafische Gestaltung: U. Haarlammert, maßwerke GbR Münster/S. 137: Altertumskommission für Westfalen; Foto: A. Kneppe, Münster/S. 138, 141: Foto: Malte Prietzel/S. 144: Historisches Museum Luzern/S. 145: Staatsarchiv Luzern, Foto: Franz Pfyffer, Luzern/S. 146: Kölnisches Stadtmuseum, Rheinisches Bildarchiv Köln/S. 148: ÖNB Bildarchiv Wien, Cod. 2583, fol. 349v/S. 148, 159: picture-alliance/S. 155: Copyright Bibliothèque royale de Belgique, Ms. 9242, f° 184/S. 156, 157: Sven Ekdahl, Berlin/S. 158: Copyright Bibliothèque royale de Belgique, Ms. II 158, f° 11v/S. 161: Churburg/Südtirol, Imareal Krems/S. 163: Foto: picture-alliance/S. 163, 174: Bildarchiv WBG/S. 165: Bibliothèque nationale de France, Ms. Fr. 114, fol. 239v/S. 167: Foto: akg-images/S. 173: ÖNB Wien, Cod. 3044, fol. 146r, Imareal Krems/S. 176: akg-images/S. 178: Bibliothèque de l'Arsenal Paris, Ms. 4790, fol. 157v/S. 181: Foto: akg-images/S. 183: Sven Ekdahl, Berlin/S. 187, 190, 193: picture-alliance.

Nicht immer ist es möglich, die Inhaber von Abbildungsrechten eindeutig zu ermitteln. Berechtigte Ansprüche werden selbstverständlich im Rahmen der üblichen Vereinbarungen abgegolten.